Typos

2

Typos

2

JUDÍOS EN BABILONIA

ESTUDIOS HISTÓRICOS, TEOLÓGICOS, EXEGÉTICOS Y ARTÍSTICOS

Daniel Justel Vicente (ed.)

EDICIONES
UNIVERSIDAD SAN DÁMASO

© 2023
Ediciones Universidad San Dámaso

Jerte, 10
E-28005 Madrid

ISBN: 978-84-17561-85-7
D.L.: M-31160-2023

Impreso en papel 100% procedente de bosques gestionados de acuerdo con criterios de sostenibilidad.

ÍNDICE

PRÓLOGO

Las "Jornadas de estudio" de la *Facultad de Literatura Cristiana y Clásica "San Justino"* del año 2019 se separaron de su línea habitual de investigación, centrada en la profundización filológica, antropológica y teológica de la categoría de "filiación". Aunque esa finalidad no se interrumpió, por su evidente fecundidad para la Facultad y para los especialistas, ese año se dedicaron de manera excepcional a la presentación de un documento del s. VI a. C. adquirido en 2016 por el *Centro de Documentación San Justino* (Universidad San Dámaso) y catalogado como *CDSJ 23638*.

Se trata de un documento original, un ladrillo que se encuadra en el período neobabilónico, con toda probabilidad de la época exílica (s. VI a. C.), proveniente de la región de Babilonia, en el actual Iraq. Sus medidas son 18,5 x 14 x 3 cm y el material es adobe. Está redactado mediante la impresión de un sello en escritura cuneiforme y lengua acadia. A juicio de los especialistas, constituye una pieza única, en razón de su datación y lugar de procedencia, dentro del panorama del patrimonio arqueológico español. En el ladrillo Nabucodonosor II hace constar que fue el responsable del mantenimiento de dos importantes templos: el Esagil de la ciudad de Babilonia –dedicado al dios Marduk– y el Ezida de la ciudad de Borsippa –dedicado al dios Nabû. Las ruinas de ambos templos están separadas por apenas 18 kms.

El ladrillo se sitúa en la época de esplendor de la dinastía neobabilónica (626-539 a. C.), la última dinastía autónoma de la Mesopotamia antigua, antes de la integración de Babilonia en los imperios aqueménida y luego helenístico. El apogeo babilónico tuvo lugar durante el reinado de Nabucodonosor II (en acadio *Nabû-kudurrī-uṣur*, literalmente "Oh, Nabû, protege mi descendencia"). Entre otras muchas actividades, y de ello es un buen ejemplo este documento, el monarca se encargó de dar publicidad a la intensa obra de restauración, embellecimiento y mantenimiento de numerosos templos dedicados a divinidades mesopotámicas.

Para comprender mejor la relevancia de la investigación de nuestros profesores conviene recordar que Nabucodonosor II conquistó el reino de Judá. Tras intentar sin éxito colocar en el trono de Judá a un gobernante afín a sus intereses como era Sedecías, acabó ordenando el sitio, el saqueo y la destrucción de Jerusalén –incluido el primer Templo– en el año 587 a. C. En ese momento miles de judíos son deportados a Babilonia, comenzando así el exilio babilónico, que se prolongará hasta la conquista de la zona por parte de Ciro II de Persia en 539 a. C. Muchos judíos volverán entonces a Jerusalén y pronto se edificará el segundo Templo. Sin embargo, la experiencia del exilio y el contacto con Babilonia serán claves para el pueblo judío a la hora de construir una identidad propia.

Resultan claros los motivos que justificaron la celebración de las Jornadas sobre un ladrillo babilónico en una Universidad como la nuestra. En torno al ladrillo la Facultad presentó el contexto cultural y teológico duradero –aunque no necesariamente definitivo o exhaustivo– para comprender una pieza cargada de significado. La UESD no quiere tan sólo conservar debidamente esta pieza, sino también exponerla de forma estable, en una vitrina situada en la pared entre las puertas de acceso al Aula de Grados en la primera planta, para que sea una fuente de conocimiento y observación del periodo neobabilónico, accesible a la comunidad universitaria, así como a nuestros invitados.

El estudio del documento ofrece una valiosa ayuda en el plano histórico-cultural dado que la escritura cuneiforme señala el inicio de la historia de la cultura. En Mesopotamia ("Tierra entre ríos") se inventó la escritura a mediados del 4º milenio a. C. Se trataba de documentos de arcilla en los que los escribas redactaban con un cálamo los signos. Estos signos eran pictográficos y se fueron esquematizando progresivamente hasta adoptar formas de cuña (de ahí "escritura cuneiforme"). Empleando signos similares se escribieron distintas lenguas, entre ellas el sumerio y acadio (otras lenguas cuneiformes fueron el

JAVIER M.ª PRADES LÓPEZ

elamita, ugarítico, hurrita, etc.). Precisamente a partir de la plasmación de estos textos la humanidad pasa de la lengua oral a la escrita, pasa de escribir signos autónomos como *sellos* (evidencias del 5000 a. C.), a poner por escrito *pensamiento, discurso* (3000 a. C. aprox.). La lengua acadia pertenece a los primeros pasos de este salto decisivo, del cual se quiere hacer eco la UESD dándole este relieve. Para comprender la urgencia de un trabajo riguroso tanto desde el punto de vista cultural como religioso, bastaría releer las consideraciones, por decir poco, aproximativas que ofrece Harold Bloom en el Prefacio de su archiconocida obra *El canon occidental* a propósito del Yahvista y la eventual influencia que sobre él (sobre ella) tuvieron los redactores vueltos del exilio babilónico[1].

En tercer lugar, el periodo al que pertenece el documento que se presenta sugiere otras valiosas razones para la investigación histórica y teológica. Se podrá utilizar como subsidio didáctico no sólo –obviamente– en las clases de Lengua y cultura sumeria y acadia que imparte la FLCC, sino también en otras como *Introducción a la Sagrada Escritura* o *Libros proféticos* que se imparten en la Facultad de Teología. El documento muestra su sentido cuando se cae en la cuenta de que pertenece al momento crítico del exilio de Israel en Babilonia. El estudio del ladrillo y su exposición permanente también tendrá por ello indudable valor para nuestros hermanos judíos. No olvidemos cuántos profetas aprendieron a serlo precisamente en ese momento histórico, como el Deutero-isaías o Jeremías. Los judíos no dejaron nunca de releer ese período actualizándolo y memorizándolo a lo largo de la historia del primer Testamento. Recordemos los salmos que cantan el exilio, entre otros, por ejemplo, el salmo 137 (136):

> Junto a los canales de Babilonia
> nos sentamos a llorar con nostalgia de Sión;
> en los sauces de sus orillas
> colgábamos nuestras cítaras.
> Allí los que nos deportaron
> nos invitaban a cantar;

---

1 "J fue la autora de lo que ahora conocemos como Génesis, Éxodo y Números, pero lo que ella escribió fue censurado, revisado y a menudo abrogado o distorsionado por una serie de redactores a lo largo de cinco siglos, culminando con Ezra, o uno de sus seguidores, en la época del regreso del exilio babilonio. Estos revisores eran sacerdotes y escribas cultuales, y parece que se quedaron escandalizados por la libertad e ironía con que Betsabé retrató a Yahvé" (H. BLOOM, *El canon occidental*, Anagrama, Madrid 2006, p. 10).

nuestros opresores, a divertirlos:
«Cantadnos un cantar de Sión».
¡Cómo cantar un cántico del Señor
en tierra extranjera!

Si la teología cristiana ya se beneficia esencialmente del camino que hizo Israel durante el exilio, recogido y meditado en la Escritura como Palabra de Dios, a su vez no ha dejado de explorar en su oración y su meditación los tiempos y los sucesos que están relacionados con el periodo neobabilónico. A partir de ellos se han inspirado bellísimas composiciones para ser cantadas y rezadas, ya sean antífonas como *Lauda Sion,* o himnos como *Rorate Coeli* en diferentes versiones musicales, desde las más sobrias del gregoriano a las polifónicas clásicas o contemporáneas. Para confirmar la excepcional capacidad inspiradora de los hechos que vivió Israel durante el periodo neobabilónico, y su permanencia en la historia de la Iglesia, del arte y de la cultura, los organizadores de la Jornada propusieron concluirlas con la interpretación de una nueva obra musical inspirada en el himno *Rorate Coeli.*

Las Actas que ahora ven la luz presentan la *editio princeps* del documento cuneiforme, del siglo VI a. C. Además, recogen las aportaciones de ocho profesores e investigadores de cuatro instituciones diferentes, entre ellas, dos extranjeras: la Universidad de Leiden y el *Studium Biblicum Franciscanum.* Además, aúnan en un mismo volumen estudios relativos al exilio babilónico desde distintas perspectivas: historia, epigrafía, lingüística, exégesis, teología, eucología, arte, etc. Esto les confiere un horizonte interdisciplinar que permite cubrir diferentes campos de estudio, y convierte las Actas en una iniciativa poco frecuente, ya que lo normal es concentrarse en estudios solo documentales, o exegéticos o teológicos, sobre el exilio. Por otro lado, las Actas no constituyen simplemente el final previsible de esos procesos según los cuales tras un congreso se publican los estudios correspondientes, sino que constituyen más bien un momento intermedio, al modo de un puente entre aquellas Jornadas y la exposición permanente del documento en la primera planta de la UESD.

Concluyo pues felicitando a los directores de la Jornada, al editor de estas Actas y a todos los participantes. Gracias a la Facultad por su iniciativa y su trabajo.

Prof. Dr. Javier M.ª Prades López
Rector de la Universidad San Dámaso
Madrid, a 5 de julio de 2023

INTRODUCCIÓN

Los días 18 y 19 de noviembre de 2019 se celebraron en el Aula Pablo Domínguez de la Universidad San Dámaso (Madrid) las Jornadas internacionales *Jews in Babylon / Judíos en Babilonia*. Durante estos dos días varios profesores de distintas instituciones se reunieron para compartir su visión, desde diversas perspectivas, sobre el Exilio babilónico.

La aproximación inicial fue de índole histórica. Primeramente Cayetana Heidi Johnson abordó las principales características de la arquitectura sagrada en el Próximo Oriente antiguo, deteniéndose principalmente en el mundo babilónico del Primer milenio a. C. Tras ella, Caroline Waerzeggers propuso un recorrido por la documentación cuneiforme relativa a la vida de los judíos deportados por Nabucodonosor II, con especial atención al significado último de las tablillas de Yāhūdu. Daniel Justel Vicente presentó el documento CDSJ 23638, un ladrillo babilónico de conmemoración con un breve texto acadio en el que se menciona la restauración de dos templos por parte del mencionado rey caldeo Nabucodonosor II.

Ignacio Carbajosa planteó interesantes reflexiones sobre la realidad del Exilio babilónico a partir de los textos veterotestamentarios, especialmente el profeta Isaías, y cómo esta experiencia del pueblo de Israel se vivió como crítica pero a la vez como un revulsivo en la teología judía. El Exilio también tuvo su reflejo en el arte paleocristiano. José Francisco García Gómez se encargó de explicar, a la luz de la exégesis bíblica, los principales motivos artísticos de episodios como los de Daniel en el foso de los leones, los tres jóvenes y el horno, o la casta Susana. Tras él, Francesco Giosuè Voltaggio trazó una magistral aproximación, en sus múltiples y sorprendentes facetas e interpretaciones, al concepto de "Exilio" en tiempos de Jesús a partir de la tradición rabínica, evangélica o helenística. Las lecturas de esta experiencia exílica también se aprecian en la liturgia, y fue Daniel Escobar Portillo, gran conocedor de la eucología católica, el especialista que ilustró el tema a través de varios pasajes que hacen referencia al monte Sion. Como reflexión final, Patricio de Navascués Benlloch planteó varias consideraciones, de naturaleza teológica y basadas en la tradición escriturística y patrística, sobre la relación entre el Exilio y la fe cristiana.

El colofón de las Jornadas, además de la introducción y declamación de poesías barrocas españolas, a cargo de Jesús Ponce Cárdenas, fue el estreno absoluto de una obra de Sebastián Mariné, con título *Concierto de arpa y flauta "En torno a Sion"* e interpretado por María Rosa Calvo-Manzano (arpa) y Vicente Martínez (flauta).

El presente volumen contiene las actas de los estudios referidos, en el orden expuesto. Estas actas salen a la luz en el segundo volumen de la Serie TYPOS de la Facultad de Literatura Cristiana y Clásica San Justino (Universidad San Dámaso), gracias al apoyo y buen hacer de Patricio de Navascués Benlloch, Decano de dicha Facultad cuando se organizaron las Jornadas, y de Pilar González Casado, la actual Decana. Como la "excusa perfecta" para la celebración del evento fue la presentación del ladrillo neobabilónico CDSJ 23638, debemos agradecer la aprobación de la adquisición del documento a Jesús Federico Polo Arrondo, antiguo Director del Centro de Documentación San Justino, así como a su actual Coordinadora, Raquel Oliva Martínez. Este agradecimiento se hace extensible al Director del Departamento de Publicaciones de la Universidad San Dámaso, Luis Sánchez Navarro, y a su personal editorial y administrativo, Elena Martín Ariza y Conchi San Román Bardera.

Las Jornadas *Judíos en Babilonia* tienen un perenne recuerdo en la Universidad San Dámaso, ya que el documento de época caldea se muestra en su segunda planta, en exposición permanente y con las informaciones históricas, lingüísticas y epigráficas correspondientes. Debemos dicha muestra a mucha gente, entre las que destaca Héctor González de la Canal y Raúl Orozco Ruano, respectivamente antiguo y actual Secretarios Generales de la Universidad San Dámaso, así como Francisco Jiménez Sierra.

El último agradecimiento es para Javier María Prades López, Rector de la Universidad San Dámaso, quien con entusiasmo respaldó la celebración de las Jornadas, inaugurándolas y apoyándolas en los planos personal e institucional. Autor del Prólogo de estas actas, el Sr. Rector representa una institución que estimula y favorece el diálogo académico en todas las dimensiones y facetas humanísticas. Este volumen es un buen ejemplo de ello.

Daniel Justel Vicente
Alcalá de Henares, 30 de abril de 2023

ARQUITECTURA SAGRADA EN BABILONIA

Cayetana Heidi Johnson
Universidad San Dámaso

El arte del antiguo Próximo Oriente ocupa una posición peculiar en la historia de la creatividad humana, ya que es origen de muchas de las categorías artísticas que se pueden estudiar en los diversos campos de estudios comparados (iconografía, literatura, arquitectura). Cuando, en Egipto o Mesopotamia, los hombres construyeron templos monumentales o erigieron estatuas o estelas, descubrieron modos de expresión sin precedentes. Estas innovaciones en el campo del arte constituyen sólo uno de los aspectos de un gran cambio por el cual las culturas prehistóricas se transformaron en las primeras grandes civilizaciones. Durante siglos, el antiguo Próximo Oriente, como el resto de Asia, Europa y el norte de África, mantuvo una escasa población de agricultores. Éstos habitaban en pequeñas aldeas o granjas que eran autosuficientes, independientes y prácticamente inmutables al devenir del tiempo; es la impresión que se da cuando las misiones arqueológicas exponen los ancestrales asentamientos. Los oficios de la agricultura y la ganadería, el hilado y el tejido, el pedernal y la producción de vasijas o contenedores de cerámica, eran conocidos y el arte se fue desarrollando para adornar la persona del hombre o de sus herramientas y enseres. Pero entre 3500 y 3000 a. C. dos sociedades de un orden completamente diferente surgieron dentro de este vasto continuo de culturas pre y protohistóricas de agricultores, ganaderos y artesanos. Los mesopotámicos se congregaron en ciudades y los egipcios se unieron bajo el gobierno de un sólo rey divinizado, el faraón. Se inventó la escritura, se empleó cobre para instrumentos, armas o símbolos de poder en lugar de piedra y el comercio con los países vecinos se activó en proporciones sin precedentes conocidos. Fue entonces cuando la arquitectura monumental y la escultura hicieron su aparición.

1. DEFINICIÓN DE LO SAGRADO EN ARQUITECTURA

Las discusiones sobre la arquitectura sagrada a menudo giran en torno al concepto de belleza y su dimensión teológica. Sin embargo, en el contexto de la modernidad, la cuestión de la belleza se ha reducido a reflexiones o juicios de tipo subjetivo, sobre el cual sólo puede ofrecerse un razonamiento limitado. Para aquellos que no comparten los presupuestos de la tradición filosófica clásica, el concepto de belleza es evasivo porque se aparta de lo sagrado[1].

Frente a aquellas opiniones que se oponen al concepto de arquitectura sagrada, aparece con fuerza la del arquitecto suizo-italiano Mario Botta (nacido en 1943) quien se distingue no sólo por el número de iglesias importantes que diseñó, como la Catedral de la Resurrección en Evry, cerca de París, dedicada en 1995, y, más recientemente, la Iglesia del Santo Rostro en Turín, sino también por sus reflexiones teóricas sobre el tema de la arquitectura sagrada. En una conferencia dada en Zurich, Botta observa que los edificios tienen la capacidad de comunicar "valores" que trascienden su función. Uno de esos valores es lo sagrado, que describe como la realización de una conexión que nos lleva más allá de los aspectos técnicos o funcionales de un edificio y nos permite recordar una experiencia de una realidad que trasciende lo que es inmediatamente perceptible para los sentidos[2]. Para Botta, la idea de lo sagrado está vinculada con una historia o memoria particular.

Parece que esta memoria se constituye en el acto de construirse a sí mismo, que él define como un "acto sagrado": "Es una acción que transforma

---

1 R. Scruton, *Beauty. A Very Short Introduction*, Oxford 2009, 147: "The art of desecration represents a new departure, and one that we should try to understand, since it lies at the centre of the postmodern experience. [...] Desacration is a kind of defence against the sacred, an attempt to destroy its claims. In the presence of sacred things our lives are judged and in order to escape that judgment we destroy the thing that seems to accuse us".

2 M. Botta, "Räume des Übergangs," en M. Botta y R. Moneo (ed.), *Sakralität und Aura in der Architektur*, Architekturvorträge der ETH Zürich, Zürich, 2010, 10–51, at 13.

una condición de la naturaleza en una condición de cultura; la historia de la arquitectura es la historia de estas transformaciones"[3]. Botta está convencido, por lo tanto, de que cualquier manifestación arquitectónica lleva consigo la idea de lo sagrado, ya que es una expresión del trabajo humano. El primer paso para "hacer arquitectura" comienza poniendo una piedra en el suelo y esta acción en sí misma tiene un significado sagrado, ya que transforma una condición que no está controlada por la actividad humana; al menos no es, exclusivamente, un espacio vital donde el hombre haya tenido posibilidad de modificar sustancialmente su estado. El segundo paso consiste en marcar un límite, sin el cual no existe arquitectura. Así, un reino o estado "interior y, por lo tanto, sagrado" se separa del exterior[4].

Esto se refiere no solo a la construcción de una iglesia, sinagoga o mezquita, sino de cualquier edificio. Como Botta también sostiene, un edificio es una expresión del trabajo humano que lo creó, con todas sus alegrías y esfuerzos, y comunica sentimientos y aspiraciones que, según él, "pertenecen a la esfera espiritual" y contiene el potencial sagrado como un monumento a la fuerza transformadora del trabajo humano[5].

En consecuencia, la noción de "sacramentalidad" se extiende hasta tal punto que los sacramentos de la Iglesia no se consideran más que manifestaciones, aunque significativas, que hacen explícito lo que ya tiene lugar en el mundo. En 1970, Rahner escribe que los sacramentos constituyen la manifestación de la santidad y el estado redimido de la dimensión secular de la vida humana y del mundo. El hombre no entra en un templo, una estructura que

---

3   Traducción adaptada de M. Botta, "Lo spazio del sacro", en G. Cappellato (ed.), *Architetture del sacro. Preghiere di pietra*, Bologna, 2005, 3–5, at 3.

4   Botta, "Räume des Übergangs", 14

5   C. Donati, "A colloquio con Mario Botta: Le nuove forme della memoria," *Costruire in Laterizio 72* (November/December 1999), 40–44, p. 41: "Io credo che l'architettura porti con sé l'idea del sacro, nel senso che è espressione del lavoro dell'uomo. L'architettura non è solo un'organizzazione materiale; anche la più povera delle capanne ha una sua storia, una sua dignità, una sua etica che testimonia di un vissuto, di una memoria, parla delle più segrete aspirazioni dell'uomo. L'architettura è una disciplina dove— più che in altri settori—la memoria gioca un ruolo fondamentale; dopo anni di lavoro mi sembra di capire come il territorio su cui opera l'architetto si configuri sempre più come 'spazio della memoria'; il territorio fisico parla di una storia geologica, antropologica, ma anche di una memoria più umile legata al lavoro dell'uomo. Ecco che allora, da questo punto di vista, l'architettura porta con sé un potenziale di sacro perché testimonia una saggezza 'del fare' con gioie e fatiche che trasmettono sentimenti ed emozioni che appartengono alla sfera spirituale. Di fronte ad una casa o ad una chiesa proviamo un'emozione che non è solo data dal fatto costruttivo in sé ma dai significati simbolici e metaforici".

encierra lo sagrado y lo separa de un mundo secular e impío que permanece afuera. Más bien, en la amplitud libre de un mundo divino, erige un hito, una señal del hecho de que todo este mundo pertenece a Dios y, por ello, Dios es adorado, experimentado y aceptado en todas partes como aquel que, por su gracia, ha liberado todas las cosas tangibles para alcanzarlo a sí mismo. Esta señal de adoración se lleva a cabo no sólo en Jerusalén sino en todas partes, en espíritu y en verdad localizadas. En este sentido, el sacramento que litúrgicamente se desarrolla en un espacio sagrado concreto, constituye un pequeño signo, necesario, razonable e indispensable, dentro de la infinitud del mundo impregnado por Dios[6].

2. LA ARQUITECTURA COMO CONSTRUCCIÓN Y CREACIÓN EN LA ANTIGUA MESOPOTAMIA

Arvid S. Kapelrud discute la similitud de los relatos históricos sobre la construcción del templo de Gudea de Lagash, de Moisés y el Tabernáculo y de Salomón y el primer templo de los hijos de Israel. También aborda las similitudes entre los relatos míticos de la construcción de templos encontrados en los textos de Ras Shamra (la antigua Ugarit) y el *Enuma Elish*, el poema babilónico de la creación. En su reflexión final enumera las características comunes que observa en estos relatos y las clasifica de la siguiente manera teniendo en cuenta la importancia del papel del rey o líder como verdadero constructor sagrado:

"En los casos donde el rey es el constructor se dan:
1. Alguna indicación de que un templo tiene que ser construido.
2. El rey visita un templo durante la noche.
3. Un dios le dice qué hacer, le indica planes.
4. El rey anuncia su intención de construir un templo.
5. Se contrata un maestro constructor, se traen cedros del Líbano, sillares de construcción, oro, plata, etc. para la tarea.
6. El templo se termina de acuerdo al plan.
7. Ofrendas y dedicación, fijación de normas.
8. Asamblea del pueblo.

---

6 K. Rahner, "Considerations on the active role of the person in the sacramental event", D. Bourke (trans.), *Theological Investigations*, vol. 14: Ecclesiology, Questions in the Church, the Church in the World, Eugene, 1976, 161-184

9. El dios viene a su nueva casa.
10. El rey es bendecido y se le promete dominación eterna"[7].

Según la mitología sumeria, el primer templo construido fue para el dios Enki en Eridu[8]. Thorkild Jacobsen afirma que el dios Enki "era el dios de las aguas dulces subterráneas que salen a la superficie en ríos, lagos y pantanos"[9]. Los sumerios llamaron a este vasto mar subterráneo de agua dulce el Abzu[10]. Un mito que describe la construcción del templo de Eridu por Enki narra cómo "El Señor del abismo, el rey Enki construyó su casa de plata y lapislázuli en el abismo"[11]. El templo también se caracteriza por ser una "casa pura" que fue decorado en gran medida con oro. A esta descripción le sigue Enki planteando "la ciudad de Eridu desde el abismo" y haciéndolo "flotar sobre el agua como una montaña elevada". Los jardines en la ciudad están llenos de pájaros porque hay abundancia de peces. La terminación de la construcción del templo fue celebrada por Enki con su padre Enlil[12] con una fiesta de bueyes, ovejas y bebidas preparadas por Enki. Enlil luego pronuncia una bendición sobre "El abismo, el santuario de la bondad de Enki, acorde con el decreto divino"[13]. Van Buren señala, citando fuentes sumerias, que los templos posteriores se fundaron de conformidad con las ordenanzas y el ritual de Eridu[14] haciendo que el patrón de la construcción del templo del Abismo de Enki fuera el prototipo de todos los demás templos. Si llegó a existir un texto donde estuvieran definidos estos principios rectores de construcción sagrada, no se sabe y facilitaría nuestro conocimiento sobre este tema. Sin embargo, las ordenanzas y el ritual asociado con la fundación del templo de Enki sólo se pueden deducir con el examen de

7   Traducción adaptada de A. S. Kapelrud, "Temple Building, a Task for Gods and Kings", *Orientalia* 1963, Vol. 32, 56-62.
8   E. D. Van Buren, "Foundation Rites for a New Temple", *Orientalia* 21 (1952), 293-306.
9   Th. Jacobsen, "Mesopotamian Religions", en M. Eliade (ed.), *The Encyclopedia of Religion*, New York, 1987, 9: 447-466.
10 "Se creía que el dios Enki vivía en el Abzu desde antes de la creación de la humanidad" (J. Black y A. Green, *Gods, Demons and Symbols of Ancient Mesopotamia*, Londres, 2004, 27).
11 J. Rudhardt ("Water", en *The Encyclopedia of Religion*, 355) describe a Enki en estos términos: "El dios sumerio Enki, que viene por mar de una tierra lejana, estableció su resi-
dencia o templo en las aguas subterráneas de Abzu, a quien ha sometido. Enki es el señor de las aguas. Después de ser el principal organizador del mundo y uno de los creadores de la humanidad, sigue siendo el maestro del destino. Junto con An y Enlil, pertenece a la tríada suprema" (Eliade, *The Encyclopedia of Religion*, 355).
12 "Dios del viento y las tormentas, el miembro más destacado de la asamblea divina y ejecutor de sus decretos" (Th. Jacobsen, "Mesopotamian Religions", 453).
13 S. N. Kramer, *Sumerian Mythology*, Philadelphia, 1972, 62-63.
14 Van Buren, "Foundation Rites for a New Temple", 293.

diversos textos religiosos y las inscripciones fundacionales que sobreviven a los siglos de historia.

2.1. LA ACTIVIDAD CONSTRUCTORA DEL PERÍODO NEOBABILÓNICO

Con la llegada del período neobabilónico, que cierra todo el esplendor de la antigüedad mesopotámica, se observa que el patrón de "rey constructor" apenas ha variado con el tiempo. Los reyes continúan aplicando los mismos procedimientos, quizás con el presentimiento de que su mundo ya estaba en decadencia y, por ello, se buscaba el favor de los dioses, así como mantener la imagen de poder temporal y religioso. De Nabopolassar (626-605 a. C.), fundador del Imperio neobabilónico, hay algunos puntos de interés con respecto a la construcción del templo durante su reinado. Cuando se propone construir la torre del templo, el zigurat, en el recinto principal del templo en Babilonia, Nabopolasar afirma que primero él mismo buscó un oráculo divino. No solo recibió la aprobación divina, sino las medidas de la torre del templo también. El texto afirma que Nabopolasar "mantuvo las medidas en su memoria como un tesoro". Luego, antes de proceder a construir la torre del templo, Nabopolasar declara: "Por medio del acto de exorcismo, la sabiduría de Ea (el nombre acadio del vetusto dios sumerio de las aguas Enki) y Marduk, yo purifiqué este sitio". Cuando la obra del templo comenzó en el plazo establecido, el rey declara que estaba involucrado en el transporte de los ladrillos[15].Más adelante, cuando Nabucodonosor II (605-562 a. C.) reconstruyó el Ebabbara en Larsa, afirma: "yo puse tierra limpia sobre sus cimientos antiguos y coloqué su trabajo de ladrillos"[16]. Una afirmación similar se hace en la reconstrucción de Emah, el templo de Ninmah: "Rodeé con un grueso revestimiento de betún y ladrillos cocidos. Llené su interior con tierra limpia"[17]. En otra inscripción, Nabucodonosor afirma que "cuidadosamente buscó la antigua base de su templo en Marad, cuya antigua fundación ningún rey había visto desde los viejos tiempos". Cuando lo encontró, el rey afirmó que era la fundación establecida por "Naram-Sin, mi ancestro lejano". Luego sentó las bases de su nuevo templo exactamente sobre el antiguo[18]. De las losas de piedra encontradas en Harrán, se nos da una narra-

---

15   S. Langdon. *Die Neubabylonischen Konigsinschriften,* Vorderasicatische Bibliotek 4. Leipzig, 1912, 63.

16   Traducción adaptada de R. S. Ellis, *Foundation Deposits in Ancient Mesopotamia.* New Haven / London, 1968, 180.

17   Traducción adaptada de Ellis, *Foundation Deposits,* 180.

18   Traducción adaptada de Ellis, *Foundation Deposits,* 181.

ción interesante en la que Nabonido (ca. 555-539 a. C.), rey de Babilonia, recibe la orden de los dioses Marduk y Sin de reconstruir el templo, el *Ehulhul*. Un texto dice: "En la noche (el dios) me hizo contemplar un sueño (diciendo) así "Ehulhul el templo de Sin que (está) en Harrán construye rápidamente, (ya que) las tierras, todas ellas, en tus manos están comprometidas"[19]. En otro texto se puede leer:

"Durante mi gobierno legal, los grandes señores se reconciliaron con esta ciudad y su templo. por amor a mi realeza; tuvieron piedad (sobre la ciudad) y me dejaron ver un sueño en el primer año de mi gobierno eterno: Marduk, el Gran Señor, y Sin, la luminaria del cielo y tierra, estaban (allí) ambos; Marduk me dijo: "Nabonido, rey de Babilonia, trae ladrillos en tu propio carro (dibujado por tu propio caballo), (re) construye el templo E.HUL.HUL y deja que Sin, ¡Gran Señor, toma su morada allí!"[20]

Una última nota de interés del reinado de Nabonido procede de la arqueología. Según Sir Leonard Woolley[21], cuando Nabonido construyó el "Templo del Puerto" en Ur, comenzó cavando un pozo rectangular profundo, en el fondo del cual trazó la planta del templo, y, a continuación, levantó muros perfectamente enlucidos y encalados. En el templo construyó con ladrillos cocidos las mesas de ofrenda apropiadas, un altar y una base para colocar una estatua, puertas fijas con sus accesos y un techo temporal. Todas estas acciones dan a entender que sin duda hubo una consagración en el edificio, con la estatua del dios puesta en su base. Después de eso, se quitó el techo y todo el edificio se llenó de arena; la vieja tierra que había sido excavada no podía ser purificada, pero la arena limpia sería un buen sustituto para la nueva dedicación. Como la arena era vertida desde arriba, los trabajadores pusieron ladrillos en el altar y las mesas, siguiendo el ritmo del ascenso de la arena hasta que, cuando todo estaba lleno, sólo se podía ver como si fuera un plano básico formado por la parte superior de las paredes y los muebles del templo, al ras de la superficie de la arena. Entonces comenzó una nueva fase y la arena estaba cubierta con un nuevo pavimento de ladrillos que se convirtió en una nueva base donde se levantaron

19 Traducción adaptada de C. J. Gadd, *"The Harran Inscriptions of Nabonidus", Extrait d' Anatolian Studies*, VIII (1958), 35- 92.

20 Traducción adaptada de A. L. Oppenheim, "The Interpretation of Dreams in the Ancient Near East", *Transactions of the American Philosophical Society*. 1956, Vol. 46, 250.

21 L. Woolley, *Ur of the Chaldees*, London, 1982, 247-248.

nuevos muros, nuevas mesas de ofrendas, etc.; es decir, todo descansaba sobre la vieja estructura. Es un comportamiento similar en otros pueblos: los antiguos santuarios o templos no se desmontaban, sino que quedaban "enterrados'" de manera ceremoniosa y consagrada para dar vida al nuevo recinto sagrado.

2.2 EL MODELO DE TEMPLO EN BABILONIA

El antiguo prototipo de santuario fue reemplazado por dos edificios: uno en lo alto del montículo, cuyas dimensiones se incrementaron considerablemente y que se convertiría en una de las maravillas del mundo de la antigüedad, el otro en un suelo nivelado. La torre (acadio *siqqurratu*, "zigurat") estaba destinada a recibir a la deidad en su descenso del cielo, mientras que el edificio inferior, que sigue la estructura de una casa privada típica del sur de Mesopotamia, sería la morada del dios cuando se quedara en la tierra. Ninguna de las pequeñas estructuras sagradas erigidas en la parte superior de la torre ha sobrevivido, por su exposición a las inclemencias del tiempo y al deterioro inevitable de los siglos. Ninguna evidencia literaria describe claramente su función, pero sí se puede seguir las descripciones de otros, como la del griego Heródoto quien relata que el elevado santuario contenía una cama bellamente decorada y una mesa dorada, pero ninguna imagen, y que una sacerdotisa elegida por el dios dormía allí[22]. La evidencia arqueológica nos informa, además, de escaleras monumentales que conducen a las partes superiores de la torre, mientras que las inscripciones históricas nos presentan muros con ladrillos esmaltados de color azul, adornos con poderosos cuernos de cobre que indican, tal vez, que un altar era el remate principal de la torre de Babilonia.

En la parte inferior del zigurat había una serie de habitaciones de las cuales la principal, situada en la fachada sur por estar a la sombra, contenía la imagen de la divinidad. Aquí, en la sala de estar que reproduce una casa privada de Babilonia, la imagen sagrada se encontraba en un escalón inferior del umbral ante un nicho en forma de puerta en la pared y frente a la puerta principal de la habitación transversal. Esta puerta conducía a través de una o dos antecámaras transversales al patio principal, donde la multitud se reunía para mirar a través de una puerta monumental, que imitaba el diseño de puerta de la ciudad, a la imagen bellamente vestida que brillaba en la oscuridad del santuario. Sólo los sacerdotes y los funcionarios sacerdotales, denominados "[los que podían] entrar a la casa", tenían acceso a ella. Únicamente se le permitía al rey de Babilonia entrar al naos de la Esagila (templo principal de esta ciudad) una vez al año, en el festival del Año Nuevo llamado *Akītu*, pero era despojado de sus insignias o símbolos de poder para acceder como un penitente humilde y devoto[23]. Un detalle de cómo eran los protocolos ceremoniosos de este santuario lo tenemos, por ejemplo, con el rey asirio Salmanasar III (858-824 a. C.) cuando vino a Cutha en Babilonia para adorar al dios Nergal, porque se puede leer en sus inscripciones del acto piadoso: "Hizo humildemente la postración en la puerta del templo, ofreció su cordero de sacrificio y dio los regalos [necesarios]"[24]. Sin embargo y, obviamente, el rey no tenía permitido entrar al santuario.

El corazón mismo del templo era el lugar donde tenía que estar la imagen de la divinidad tutelar de la ciudad. Normalmente su habitación sagrada estaba construida con ladrillos cocidos al horno y arena limpia por su pureza ritual; se protegían los cimientos con numerosas figuras o estatuillas mágicas incrustadas en cajas de ladrillos (Fig.1). La orientación del edificio quedaba determinada por la configuración del *libittu maḫritu* (el "primer ladrillo") que se colocaba ceremoniosamente en tierra limpia, rodeado de piedras preciosas y ungido con aceite perfumado. Este ladrillo estaba concebido para albergar la *numina* protectora del edificio, el "dios", la "diosa" y el "genio" (Ilu, Ishtaru, Lamassu, los tres dioses principales contenedores de la energía o fuerza vital de la ciudad) con los que el templo estaba dotado como cualquier ser humano vivo: el macrocosmos es uno con el microcosmos (Fig. 2)[25]. En caso de que se diera la profanación del santuario o que fueran necesarios hacer trabajos de reparación o reconstrucción, el *libittu maḫritu* tiene que ser sacado de su ubicación por el arquitecto del templo y llevado a un lugar aislado y ritualmente limpio al aire libre. Aquí, se recitan canciones penitenciales, se realizan aspersiones y fumigaciones rituales para el sustento de este "templo en el exilio" hasta que pueda volver a su lugar. Normalmente son los arquitectos y los topógrafos quienes determinan estas acciones junto con los sacerdotes. También establecen los espacios sagrados al definir los límites del *temmēnu* ("fundación", sumerio temen; cf. griego: *témenos*), con sus cuerdas y barras: es la gran plataforma en la que también se depositaría el documento de los cimientos. En el caso de la reconstrucción de un templo en ruinas, los arquitectos tenían que seguir exactamente, "sin proyectar ni hundir la longitud de un dedo", los contornos del viejo *temmēnu*. Gra-

22 J. MacGinnis. "Herodotus' description of Babylon", *Bulletin of the Institute of Classical Studies*, no. 33, 1986, Oxford, 67–86.

23 A. L. Oppenheim, "The Mesopotamian Temple", *The Biblical Archaeologist*, Vol. 7, No. 3 (Sep.1944), 54-63.

24 Traducción adaptada de Oppenheim, "The Mesopotamian Temple", 56.

25 Cf. "Le rituel du kalu" en F. Thureau-Dangin. *Rituels accadiens*, Paris, 1921, 1- 59.

cias a esta costumbre, se hace más fácil el trabajo de los arqueólogos pues se encuentran capas sobre capas encima de los cimientos y se puede leer el yacimiento como las páginas de un libro, colocadas por decenas de generaciones piadosas.

Fig. 1 Los *apkallu* protectores llamados *purādu* = "hombres pez". Eran los guardianes que se colocaban en los cimientos de santuarios. De Nínive, período Neo-Asirio (800-600 a. C.). Museo Británico de Londres

Fig. 2. Clavo fundacional hurrita (2200-2100 a. C.). Museo Metropolitano de Nueva York

La última fase del trabajo de construcción venía marcada cuando las puertas se enmarcaban hábilmente. A continuación, las pesadas puertas, revestidas con láminas de cobre o metales preciosos que el artista había grabado, se colocaban en sus bisagras con cerraduras importantes y cuerdas gruesas para facilitar su apertura. Las paredes de ladrillo estaban revestidas por ambos lados con revestimientos blancos a menudo decorados con colores u otras decoraciones murales más caras como las combinaciones de mosaicos o ladrillos esmaltados (por ello las obras de mantenimiento eran costosas porque se degradaban los materiales con facilidad). Cuando se completaba el trabajo, la imagen era traída a su nueva casa en una procesión solemne y jubilosa (Fig. 3). Como regla general, cada imagen habitaba en un santuario separado: el dios tutelar en la sala principal, los miembros de la familia divina o los funcionarios de la corte divina en santuarios más pequeños. También se incorporaban las estatuas de reyes y de personas privadas, en actitudes de adoración con inscripciones piadosas de dedicación, suntuosas ofrendas votivas que alaban tanto al dios como al donante; adicionalmente, varios muebles sagrados como altares, mesas de sacrificio, santuarios portátiles, toldos, etc., completaban el santuario. La casa del dios debía reproducir el modo de vida de los humanos ya que se proyecta la idea de ser una gran familia con los seres humanos. De igual manera y desde el punto de vista institucional, la deidad fue concebida como viviendo en el santuario tal como el rey vivía en su palacio. Por ello las salas del trono de los palacios babilónicos (y, por extensión, los asirios) se corresponden exactamente en sus características arquitectónicas con los santuarios de la región.

Fig. 3. Maqueta de la vía procesional y Puerta de Ishtar (su santuario estaba localizado a la entrada de Babilonia). Museo de Pérgamo, Berlín

Después de haber sido *despertada* por una asamblea ceremonial de divinidades menores, la imagen del dios debía tener las comodidades de un rey que vive en palacio. Por ello se le suministra agua para su aseo personal diario, luego se le viste y adorna con suntuosas prendas, coronas, etc., de acuerdo con los requisitos de las ceremonias del día. La comida no puede faltar y se sirve dos o tres veces al día, en platos exquisitos y preciosos; recibe las visitas de los miembros de su familia o corte, y también "pasea" por sus dominios en procesiones festivas por las calles de su ciudad a través de ritos realizados en santuarios al aire libre; igualmente se dan estas situaciones cuando hay un cortejo festivo nupcial con su divina esposa. Los dioses semitas son muy "humanos" y "disfrutan con la vida"[26].Para el adorador, sin embargo, las relaciones que se establecían entre lo divino y lo humano tenían serias consecuencias. Si bien podía admirar con asombro religioso el glamour de la imagen mostrada en el fondo del santuario, estaba siempre separado de ella por una barrera insuperable que lo excluía del santuario, ya que el recinto estaba controlado por los sacerdotes[27]. Aunque podía disfrutar de las visiones fugaces de las antiguas estatuas llevadas de aquí para allá en ceremonias elaboradas pero, a menudo, ininteligibles, sólo podía esperar ser asperjado por los sacerdotes con algunas gotas del agua ritual procedente del lavado de la divinidad. Aparte de eso, su participación en los eventos religiosos era colectiva, bien sea en las grandes fiestas, bien los duelos fruto de la muerte del rey, por ejemplo; no se daba un espacio o tiempo para la intensa sutileza que vincula al individuo con su dios. Por la misma localización de la "casa-templo de Dios", separada del suelo humano con lo que conlleva de intensidad religiosa individual en este plano, un abismo se abría entre el templo y el adorador al mismo tiempo que entre el palacio del rey y la masa de súbditos leales.

3. CÓMO INTERPRETA ISRAEL EL CONCEPTO DE ARQUITECTURA SAGRADA EN SU CONTEXTO

Dentro del marco de la cultura semítica que les acoge, tanto hebreos como babilonios tenían en común la clara conciencia de que a través de la construc-

26 Para las descripciones iconográficas, cf. P. S. Peache Handcock, *Mesopotamian archaeology: an introduction to the archaeology of Babylonia and Assyria*, London, 1912, 197-199.

27 Sobre el aspecto solemne de las construcciones en la época final de Babilonia con Nabucodonosor II, cf. H. Frankfort, *The Art And The Architecture of The Ancient Orient*, London, 1970. 202-203.

ción de viviendas, templos o palacios, se estaba trabajando en armonía con la sabiduría divina como parte de la Creación porque el macrocosmos quedaba así reflejado en el microcosmos de habitantes y las sociedades que habitaban[28]. Ambos pueblos concebían el mundo como una "casa" macrocósmica, con sus campos, aguas y diversas actividades: "En casa, los dioses más importantes eran simplemente señores territoriales que administraban sus grandes propiedades del templo, velando para que las acciones de arar, sembrar y cosechar se hicieran en los tiempos correctos y, así, mantener el orden en las ciudades y pueblos que pertenecían a su señorío"[29].Cuando se habla del contenido de las construcciones, se suele emplear la forma verbal-raíz מלא, que significa "rellenar", porque en primer lugar se refiere a los muebles y habitantes de una casa, y, en segundo lugar, a todo lo que hace que la vida en la casa sea abundante y rica: los alimentos y las bebidas, la fertilidad y la adquisición de bienes materiales. Junto con todo ello, está la parte externa, como el suministro de agua y la gestión del suelo, sea urbano o rural. Por ello, desde el punto de vista del ser humano constructor en la antigüedad, se daba un proceso binario:

1. de diseño, aprovisionamiento de materiales y trabajadores, construcción y terminación;
2. de llenar la casa con los contenidos adecuados. Como resultado de ese doble proceso, la casa o estructura, sea grande o pequeña, transmite bondad para sus moradores, que suele quedar reforzado por bellos jardines alrededor como metáfora de un mundo más amplio y generoso con las personas y los animales[30].

Además del relleno material interior o exterior, tanto en la antigua Mesopotamia como en Israel sus habitantes construían casas y hacían cosas *con sabiduría*. Esta afirmación sólo se puede entender aplicado a los templos, palacios y lugares ordinarios. Se percibe que hay sabiduría porque las casas con sus muebles están bien pensadas y construidas para brindar resistencia, estabilidad, belleza,

28 O. Keel, "Altägyptische und biblische Weltbilder, die Anfänge der vorsokratischen Philosophie und das ἀρχή Problem in späten biblischen Schriften," en B. Janowski and B. Ego (eds.), *Das biblische Weltbild und seine altorientalischen Kontexte* (=Das biblische Weltbild; FAT 32; Tübingen 2001) 34–36 y 46–47.

29 Traducción adaptada de Th. Jacobsen, *The Treasures of Darkness: A History of Mesopotamian Religion*, New Haven 1976, 81

30 D. J. Wiseman, "Palace and Temple Gardens in the Ancient Near East," in T. Mikasa (ed.), *Monarchies and Socio- Religious Traditions in the Ancient Near East*, Wiesbaden 1984, 37–43.

y majestad (especialmente los palacios y los santuarios, porque ya de por sí son instrumentos de poder divino y temporal). Si se construía técnicamente bien, también ello reflejaba la creación cósmica y el desarrollo cultural humano, como ya se ha mencionado más arriba. En la Biblia, el texto revelado de los hijos de Israel, la construcción de viviendas y su *llenado* es el dominio metafórico fundamental para la creación de Yhwh quien interviene sistemáticamente en la historia de su pueblo y de las otras naciones[31].Los reyes (humanos o divinizados) y sus consejeros demuestran arquetípicamente su sabiduría construyendo casas (grandes) y haciendo el *relleno* correspondiente para ellos[32]. La asociación profunda de construir grandes casas se hace mucho más evidente desde el punto de vista etimológico y semántico en las lenguas semíticas. La metáfora de la creación como edificio ha dejado sus huellas en la raíz semítica común *bny*, "construir / crear" (ver בנה en Génesis 2,22). El mismo sentido tiene en acadio como "crear" y en ugarítico aparece como "construir" y "arquitecto, constructor, creador". La forma plural *bnwot* se utiliza con el significado de "criaturas". Por ello uno de los epítetos del dios El de los cananeos es *bny bnwot*, "el creador de criaturas"[33]. Para *llenar* una casa, los dioses y reyes también deben hacer que la tierra sea fructífera, especialmente mediante la construcción y gestión de obras hidráulicas, para llenar los equivalentes *edificios* cósmicos con cosas buenas. En un nivel práctico y humano, como metáfora, este *topos* era un medio básico por el cual los mesopotámicos e israelitas articulaban sus cosmovisiones en espíritu y en la práctica. Un ejemplo de ello se puede leer en el Código de Hamurabi, donde el rey babilonio demuestra su sabiduría real no tanto por su ejercicio de la justicia *per se* sino por las referencias a la construcción o restauración de numerosos templos y la generosidad con la que Hammurabi dotaba estos edificios, sus alrededores y las personas que dependían de ellos[34]. De igual manera en el lado bíblico, la sabiduría legendaria de Salomón se manifiesta por la construcción de casas divinas y humanas, proporcionando a su reino de una riqueza desbordante, además de una administración juta. Por lo

31 Cf. Sal 104,1-3: "Bendice al Señor, alma mía: ¡Señor, Dios mío, qué grande eres! Estás vestido de esplendor y majestad y te envuelves con un manto de luz. Tú extendiste el cielo como un toldo y construiste tu mansión sobre las aguas. Las nubes te sirven de carruaje y avanzas en alas del viento".

32 R. F. G. Sweet, "The Sage in Akkadian Literature: A Philological Study", en J. G. Gammie and L. G. Perdue (eds.), *The Sage in Israel and the Ancient Near East*. Winona Lake 1990, 45–65.

33 G. del Olmo Lete y J. Sanmartín, *Diccionario de la Lengua Ugarítica*. AuOrSup 18. Barcelona 1996, 113–114.

34 M. T. Roth, *Law Collections from Mesopotamia and Asia Minor*, WAW 6, Atlanta 1995, 71–142.

que se puede leer en diversas partes del libro santo de los hebreos, la reina de Saba está asombrada por la sabiduría con la que Salomón dirige su reino y, especialmente, en los asuntos de construcción y aprovisionamiento de su casa (1 Reyes 10, 4-8; 23-24 // 2 Crónicas 9, 3-7). En Eclesiastés, el sabio Qohelet se describe a sí mismo al "estilo salomónico" como alguien que construye y organiza armoniosamente el espacio: "Construí para mí casas / planté para mí viñedos" (Qoh 2,4). Pero también hay una visión negativa de tanta opulencia como se percibe en la lectura sapiencial de Job donde se lamenta de aquellos reyes y consejeros "que construyeron ruinas para sí mismos, que llenaron sus casas con plata" (Job 3, 14-15).45En Génesis, el cosmos mismo es implícitamente la casa o templo / palacio de Dios. Las *habitaciones* de la creación se construyen mediante un proceso de mandatos reales y separaciones de los diversos elementos en los tres primeros días. La metáfora del *relleno* continúa cuando se llenen los reinos correspondientes de la naturaleza, y ambos, los animales y los humanos, reciben la bendición explícita, "sed fructíferos y *llenad*[35] la tierra" y sus reinos (1,22 y 28). Por ello la hermenéutica rabínica también presta atención a este aspecto de Dios, como sabio constructor que se apoya en la Torah como guía del gran proyecto de la Creación. Así, cuando en Génesis Rabbah 1,1 hace alusión a Proverbios 8:30[36], no hace más que destacar explícitamente el dominio que va más allá de la metáfora del papel de Dios en el mundo:

> "La Torá dice: 'Yo era la herramienta artesanal de Hashem'. En el camino del mundo, un rey de carne y hueso que construye un castillo no lo hace por su propio conocimiento, sino por el conocimiento de un arquitecto, y el arquitecto no lo construye a partir de su propio conocimiento, sino que él tiene pergaminos y libros para saber cómo hacer habitaciones y puertas. Así también Hashem miró la Torá y creó el mundo"[37].

Más lecturas que refuerzan a Dios como el mayor de los arquitectos las tenemos en Isaías 66, 1-2, donde Yhwh declara: "Los cielos son mi trono y la tierra es mi escabel. ¿Qué tipo de casa podrías construir para mí? ¿Dónde podría estar mi lugar de descanso?" Las metáforas individuales "trono" y "escabel" no están

---

35 En el texto hebreo utiliza la forma verbal מָלֵא, "llenar", como expresión de contenido bueno y próspero.

36 "Con él yo estaba ordenándolo todo, y era su delicia de día en día, teniendo solaz delante de él en todo tiempo".

37 Traducción adaptada de Midrásh Rabbah al Génesis, 1,1.

solos, sino que implican toda la "casa de Dios", que es el cosmos mismo. Esto se hace explícito por el uso de la palabra 'casa'= *byt* בית en el v. 2. Irónicamente, el empleo de las expresiones *trono* y *escabel* sugieren que el cosmos en sí mismo no es una *casa* lo suficientemente grande para Dios[38]. Del mismo modo, la doble simbología del templo y el cosmos está implícita en Isaías 6,1-8, como se puede ver en el triple paralelismo de *llenar* la "casa" con la sagrada túnica y humo y la tierra con gloria[39]. Por otra parte, Salmo 104, 24 resume los sabios actos de sabiduría como algo esencial para el buen llenado de las cosas hechas:

> "¿Cuántas son las cosas que has hecho, oh Señor;
> Las hiciste todas con sabiduría (בחכמה),
> La tierra está llena (מלאה) de tus criaturas"[40]

4. CONCLUSIÓN

El santuario mesopotámico no sólo significaba el edificio principal de un extenso complejo de templos, sino que también era el sitio en el que se localizaban las viviendas de los numerosos sacerdotes que dirigían y realizaban las ceremonias, acompañaban con canciones y música, fabricaban los costosos utensilios del culto y cuidaban el mantenimiento del santuario. Igualmente era un centro cultural, ya que había escuelas y bibliotecas donde jóvenes sacerdotes se entrenaban y preparaban para sus deberes y allí trabajaban los eruditos, copiando tablillas viejas y manteniendo vivo el saber de sus ancestros. Además de todo esto, el factor económico era asimismo significativo, ya que había se encontraban grandes almacenes, talleres, graneros y establos donde la inmensa riqueza de la deidad era almacenada, administrada y aumentada por un cuerpo especial de sacerdotes y funcionarios destinados expresamente a ello. Esta parte del templo significaba mucho más para el babilónico promedio que el esplendor propio del santuario, porque interfería mucho más con su vida

---

38 Cf. 1 Reyes 8,27: "Pero ¿es verdad que Dios morará sobre la tierra? He aquí que los cielos, los cielos de los cielos, no te pueden contener, ¿cuánto menos esta casa que yo edifiqué?"

39 Cf. Ex 40,34-35: "Entonces una nube cubrió el Tabernáculo de reunión y la gloria de Yhwh llenó el Tabernáculo; y no podía Moisés en-trar en el Tabernáculo de reunión porque la nube estaba sobre él y la Gloria de Yhwh lo llenaba".

40 Cf. Prov 3, 19-20: "Yhwh con sabiduría fundó la tierra, afirmó los cielos con inteligencia; con su ciencia los abismos fueron divididos y destilan rocío los cielos".

diaria. El peso económico de esta institución era una realidad tangible en la ciudad-Estado, y su poderosa influencia se sintió en todos los ámbitos de la vida política, social y económica de la comunidad. La riqueza del santuario era la señal de que los dioses eran propicios y colmaban de bendiciones a los habitantes, y traía la victoria militar de sus reyes para, así, disfrutar de un tiempo de paz y prosperidad.

BIBLIOGRAFÍA

Black, J. y Green, A., *Gods, Demons and Symbols of Ancient Mesopotamia*, Londres, 2004.

Botta, M., "Lo spazio del sacro", en G. Cappellato (ed.), *Architetture del sacro. Preghiere di pietra*, Bologna, 2005, 3–5.

Del Olmo Lete, G y Sanmartín, J., *Diccionario de la Lengua Ugarítica*. AuOrSup 18. Barcelona 1996.

Frankfort, H., *The Art And The Architecture of The Ancient Orient*, London, 1970.

Gadd, C. J., "*The Harran Inscriptions of Nabonidus*", Extrait d' *Anatolian Studies*, VIII (1958), 35- 92.

Jacobsen, Th., "Mesopotamian Religions", en M. Eliade (ed.), *The Encyclopedia of Religion*, New York, 1987, 9: 447-466.

The Treasures of Darkness: A History of Mesopotamian Religion, New Haven 1976.

Kapelrud, A. S., "Temple Building, a Task for Gods and Kings", *Orientalia* 1963, Vol. 32, 56-62.

Keel, O., "Altägyptische und biblische Weltbilder, die Anfänge der vorsokratischen Philosophie und das ἀρχή Problem in späten biblischen Schriften," en B. Janowski and B. Ego (eds.), *Das biblische Weltbild und seine altorientalischen Kontexte* (=Das biblische Weltbild; FAT 32; Tübingen 2001) 34–47.

Kramer, S. N. *Sumerian Mythology,* Philadelphia, 1972.

S. Langdon, S., *Die Neubabylonischen Konigsinschriften,* Vorderasicatische Bibliotek 4. Leipzig, 1912.

MacGinnis, J., "Herodotus' description of Babylon", *Bulletin of the Institute of Classical Studies*, no. 33, 1986, Oxford, 67–86.

Oppenheim, A. L., "The Interpretation of Dreams in the Ancient Near East", *Transactions of the American Philosophical Society*. 1956, Vol. 46.

— "The Mesopotamian Temple", *The Biblical Archaeologist*, Vol. 7, No. 3 (Sep.1944), 54-63.

P. S. Peache Handcock, *Mesopotamian archaeology: an introduction to the archaeology of Babylonia and Assyria*, London, 1912.

K. Rahner, K., "Considerations on the active role of the person in the sacramental event", D. Bourke (trans.), *Theological Investigations, vol. 14: Ecclesiology, Questions in the Church, the Church in the World*, Eugene, 1976, 161-184.

Roth, M. T., *Law Collections from Mesopotamia and Asia Minor*, WAW 6, Atlanta 1995.

Rudhardt, J., "Water", en *The Encyclopedia of Religion*, New York- MacMillan, 1987, 355-356.

Scruton, R., *Beauty. A Very Short Introduction*, Oxford 2009.

Sweet, R. F. G., "The Sage in Akkadian Literature: A Philological Study", en J. G. Gammie and L. G. Perdue (eds.), *The Sage in Israel and the Ancient Near East*. Winona Lake 1990, 45–65.

Thureau-Dangin, F., *Rituels accadiens*, Paris, 1921.

Van Buren, E. D., "Foundation Rites for a New Temple", *Orientalia* 21 (1952), 293-306.

Wiseman, D. J., "Palace and Temple Gardens in the Ancient Near East," in T. Mikasa (ed.), *Monarchies and Socio- Religious Traditions in the Ancient Near East*, Wiesbaden 1984, 37–43.

Woolley, L., *Ur of the Chaldees*, London, 1982.

CUNEIFORM WRITING AND POWER AT YĀHŪDU AND ITS ENVIRONS

Caroline Waerzeggers
Leiden University

1. INTRODUCTION

In 2015, the Bible Lands Museum in Jerusalem hosted an exhibition on the Babylonian Exile entitled "By the Rivers of Babylon"[1]. The core of the exhibition consisted of a group of looted cuneiform tablets from Iraq in the possession of a private collector. The clay tablets were written c. 2,500 years ago in Babylonia, in a village of Judean deportees who had been forcefully removed from their homes by the army of king Nebuchadnezzar II. The village was called Yāhūdu, a reference to the place of origin of its residents. This community is thought to descend from the victims of deportation who are told about in the Hebrew Bible.

* This article was written in the context of project *Persia & Babylonia* (P682241), financed by the European Research Council under the Horizon 2020 framework (Consolidator Grant). Earlier versions of this paper were presented at the SBL *Annual Meeting* in San Antonio (2016), the *World Congress of Jewish Studies* in Jerusalem (2017) and the conference *Judíos en Babilonia* at the University San Dámaso in Madrid (2019). I am grateful to the attendants of these conferences for their critical remarks. I also wish to thank Tero Alstola (Helsinki) for reading and commenting upon an earlier version of this paper. Cornelia Wunsch's newest volume of Yāhūdu texts published in *Judaeans by the Waters of Babylon* (2022) came out after this article was submitted and copy-edited; references to these new texts could be added at the stage of proof-reading.

1 F. Vukosavović, *By the Rivers of Babylon: The Story of the Babylonian Exile*, Jerusalem 2015.

The documents trace the fate of this community from a few years after their settlement in Babylonia under Nebuchadnezzar II until several decades after the so-called Edict of Cyrus should have set them free, according to the traditions of the book of Ezra. In the words of the exhibition's curator, Filip Vukosavović[2], the tablets reveal that the captives established 'rich lives' for themselves in Babylonia, an achievement that would have encouraged their descendants to remain in Babylonia, even when some returned to build the Second Temple of Jerusalem.

The academic edition of the privately-owned tablets by Laurie Pearce and Cornelia Wunsch, which coincided with the exhibition[3], inspired dozens of lectures, conference panels and workshops and resulted in the publication of many articles, monographs and dissertations. A central theme in this scholarship is the notion, echoed by the curator's words, that the Exile was not as sombre as previously thought[4].

2. A WINDOW ON LIFE IN EXILE?

Many authors writing on the Yāhūdu tablets share the expectation that these artefacts bear direct witness to the historical experiences of displaced Judean persons[5]. The old metaphor of the archive as a window on the past emerges

2 https://www1.cbn.com/cbnnews/insideisrael/2015/march/by-the-rivers-of-babylon (accessed 22/03/2022).

3 L. E. Pearce and C. Wunsch, *Documents of Judean Exiles and West Semites in Babylonia in the Collection of David Sofer*, Bethesda 2014.

4 E.g. L. E. Pearce, "How Bad Was the Babylonian Exile?", *Biblical Archaeology Review* 42/5 (2016), 49–64; A. Berlejung, "New Life, New Skills, and New Friends in Exile: The Loss and Rise of Capitals of the Judeans in Babylonia", in I. Finkelstein, C. Robin and T. Römer (eds.), *Alphabets, Texts and Artefacts in the Ancient Near East: Studies Presented to Benjamin Sass*, Paris 2016, 12–46; A. Berlejung, "Social Climbing in the Babylonian Exile", in A. Berlejung, A. M. Maeir, and A. Schüle (eds.), *Wandering Arameans: Arameans Outside Syria. Textual and Archaeolog-*

ical Perspectives, Wiesbaden 2017, 101–124). Similarly B. Becking, "Does Exile Equal Suffering? A Fresh Look at Psalm 137", in B. Becking and D. Human (eds.), *Exile and Suffering: A Selection of Papers Read at the 50th Anniversary Meeting of the Old Testament Society of South Africa OTWSA/OTSSA, Pretoria, August 2007*, Leiden 2009, 190: '… the actual fate of the exiled Judaeans was not as harsh and bitter as often has been assumed'. More sobering thoughts are offered by T. E. Alstola, *Judeans in Babylonia: A Study of Deportees in the Sixth and Fith Centuries BCE*, Leiden and Boston 2020.

5 The first tablet mentioning the settlement of Yāhūdu was published by Joannès and Lemaire (F. Joannès and A. Lemaire, "Trois tablettes cunéiformes à onomastique ouest-sémitique (collection Sh. Moussaïeff) (Pls. I-II)" *Transeuphratène* 17 (1999), 17–34,

often in Yāhūdu scholarship. The texts are said to offer a 'glimpse', to 'paint a picture', to 'shed new light' and to give 'insight into what it was like to live in exile'[6]. Nevertheless, it is well known that archives shape as much as they depict[7]. Three factors seem to instill confidence in the truth value of these clay tablets. First, the mundane nature of the transactions recorded in the texts lends them an aura of innocent objectivity. Judeans are seen paying taxes, selling fish, and setting up plough teams—activities that hardly seem to require much critical interpretation. Second, the tablets are thought to constitute the private, or personal, archive of one Judean family, an idea that shores up readers' expectations that these records will invite them into the intimacy of these

no. 1). Some texts that, in hindsight, belong to the same archive had been published by the same authors in 1996 (F. Joannès and A. Lemaire, "Contrats babyloniens d'époque achéménide du Bît-Abî-râm avec une épigraphe araméenne," *Revue d'Assyriologie et d'Archéologie Orientale* 90/1 (1996), 41–60). Early expectations of the historical significance of the texts can be found in L. E. Pearce, "New Evidence for Judeans in Babylonia", in O. Lipschits and M. Oeming (eds.), *Judah and the Judeans in the Persian Period*, Winona Lake 2006, 399–411; W. G. Lambert, "A Document from a Community of Exiles in Babylonia", in M. Lubetski (ed.), *New Seals and Inscriptions: Hebrew, Idumean, and Cuneiform*, Sheffield 2007, 201–5; Abraham, "The Reconstruction of Jewish Communities in the Persian Empire", in H. Segev and A. Schor (eds.), *Light and Shadows: The Story of Iran and the Jews*, Tel Aviv 2011, 261-4. A critical voice was raised by Rom-Shiloni in 2017, who concludes her review of the tablets edited by Pearce and Wunsch (*Documents of Judean Exiles*) with the observation that, despite the Yāhūdu tablets compensating 'for the gaps in our information concerning the fate of the deportees', 'the Hebrew Bible compositions' remain invaluable 'as sources for this same period, revealing aspects of life that administrative texts cannot yield' (D. Rom-Shiloni, "The Untold Stories: Al-Yahūdu *and* or *versus* Hebrew Bible

Babylonian Compositions", *Die Welt des Orients* 47 (2017), 134).

6   These quotes are from the following publications, resp. L. E. Pearce, "'Judean': A Special Status in Neo-Babylonian and Achaemenid Babylonia?", in O. Lipschits (ed.), *Judah and the Judeans in the Achaemenid Period: Negotiating Identity in an International Context*, Winona Lake 2011, 267–77 (274) (cf. C. Wunsch, "Glimpses on the Lives of Deportees in Rural Babylonia", in A. Berlejung and M. P. Streck (eds.), *Arameans, Chaldeans and Arabs in Babylonian and Palestine in the First Millennium B.C.*, Wiesbaden 2013, 247); Abraham, "The Reconstruction of Jewish Communities in the Persian Empire", 264; C. Waerzeggers, "Review of Documents of Judean Exiles and West Semites in Babylonia in the Collection of David Sofer by Laurie E. Pearce and Cornelia Wunsch," *Strata* 33 (2015), 179; R. Magdalene and C. Wunsch, "Slavery between Judah and Babylon: The Exilic Experience", in L. Culbertson (ed.), *Slaves and Households in the Near East*, Chicago 2011, 113–34 (114).

7   For reading archives as products of power, that silence oppressed voices and normalize the order of things, see (among many) A. L. Stoler, "Colonial Archives and the Arts of Governance," *Archival Science* 2 (2002), 87–109; and the literature cited in E. Yale, "Archives and Paperwork", in S. Eliot and J. Rose (eds.), *A Companion to the History of the Book*, Wiley Blackwell [2]2020, 129–42.

ancient lives[8]. Third, because these supposedly 'private' texts were written in the cuneiform script and the Babylonian language, and in keeping with Babylonian legal custom, the very existence of these textual artefacts is seen as proof that the Judeans integrated easily, and on their own volition, in their new environment[9].

Some of these intuitive responses to the Yāhūdu tablets may be questioned. In literate societies—especially where the spread of literacy is unequally distributed, like in Babylonia—writing can be an effective tool of control in the hands of the powerful[10]. Even if it were correct that the Yāhūdu tablets were the personal possession of a Judean family, we would still need to consider the implications of the fact that these documents saw the light of day in a context of extreme power asymmetries. In a community that suffered severely at the hands of the empire, we should approach any cache of texts recorded in the language and script of that same regime with the utmost care, especially if these texts turn out to record debt relationships more than anything else[11]. We need to address the question of how this archive came into being and whose viewpoint it represents. This question forces us to consider the social dynamics of record-production in the colony. In the wake of the archival turn, many voices can be heard calling for a re-consideration of archives as sites of power—sites where power is created and negotiated. One of these calls comes from historian Kathryn Burns who admonishes us to 'tak[e] on our archives anthropologically, as part of our fieldwork'[12]. At Yāhūdu, this invitation arrives with compelling force[13]. Why was cuneiform used in a community that was accustomed to writing alphabetic texts in Hebrew, if not also in Aramaic? This legacy should have allowed Judean captives to benefit from the authority of Aramaic as an

8   This idea circulates widely in Yāhūdu scholarship and is based on the introductory chapter by Pearce and Wunsch, *Documents of Judean Exiles*.

9   See a.o. Abraham, "The Reconstruction of Jewish Communities in the Persian Empire", 264; Pearce, "New Evidence", 402, 408; Pearce, ""Judean": A Special Status", 274; Pearce, "Cuneiform Sources for Judeans in Babylonia", 237.

10 Yale, "Archives and Paperwork", with extensive references to literature in the so-called 'archival turn'.

11 On the predominance of debt records in the archive, see J. Hackl, "Babylonian Scribal Practices in Rural Contexts: A Linguistic Survey of the Documents of Judean Exiles and West Semites in Babylonia (CUSAS 28 and BaAr 6)", in A. Berlejung, A. M. Maeir and A. Schüle (eds.), *Wandering Arameans: Arameans Outside Syria. Textual and Archaeological Perspectives*, Wiesbaden 2017, 125–40 (127).

12 K. Burns, *Into the Archive: Writing and Power in Colonial Peru*. Durham and London: 2010, 143. For the ethnographic approach to (colonial) archives, see N. B. Dirks, *Autobiography of an Archive: A Scholar's Passage to India*. New York 2015.

13 The title of this paper is a salutation to Burns' 2010 monograph *Into the Archive: Writing and Power in Colonial Peru*.

emerging *koine* in the Near East, in the same way as this language benefited their fellow Judeans in Elephantine who participated actively in the Aramaic legal traditions of the island. Instead, the Judeans of Yāhūdu saw their transactions (or, transactions involving them) being recorded by outsiders, in a script and language that was, at least in the beginning, alien to them.

3. THE TABLETS FROM YĀHŪDU AND ENVIRONS

The cuneiform tablets from Yāhūdu and its environs were looted in the 1990s at an unknown location in Iraq, (partly) moved out of the country, sold to private collectors, and published piecemeal in academic journals and monographs since 1996. The tablets on show at the "By the Rivers of Babylon" exhibition in 2015 represent one part of this dispersed material. A major new addition to this corpus, primarily from the private collection of M. Schøyen, was made recently by Cornelia Wunsch[14]. How many tablets originally belonged to this ancient archive is not known. So far, 215 texts are known to be, or to have been, held in private ownership. Another 41 tablets intercepted by Iraqi customs and conserved at the Iraq Museum in Baghdad have also been linked to this group by Aminah Fadhil Al-Bayati[15]. Currently, the breakdown of texts according to (known)[16] whereabouts and academic edition is as follows:

14 C. Wunsch, *Judaeans by the Waters of Babylon: New Historical Evidence in Cuneiform Sources from Rural Babylonia Primarily from the Schøyen Collection*, Dresden 2022.

15 A. Fadhil Al-Bayati, *The Archive of Zababa-šar-ru-uṣur. Texts from the Iraq Museum*, Dresden 2021.

16 The current whereabouts of many of these artefacts is, in fact, unknown as access to these private collections is regulated through trusted networks of experts, see e.g. the reconstruction of the mechanisms behind the acquisition and publication of the Schøyen collection by Chr. Prescott and J. M. Rasmussen, "Exploring the 'Cozy Cabal of Academics, Dealers and Collectors' through the Schøyen Collection", *Heritage* 3 (2020), 68–97. It is unclear which parts of this extensive collection were recently seized by Norwegian police and which parts remain in the collector's possession (https://www.morgenbladet.no/kultur/2021/09/03/okokrim-med-stor-aksjon-mot-norsk-samler/).

Publication	Number of tablets [17]	Collection
Joannès and Lemaire, "Contrats babyloniens"	7 [18]	Moussaieff collection
Joannès and Lemaire, "Trois tablettes cuneiforms"	3 [19]	Moussaieff collection
Abraham 2005[20]	1	Moussaieff collection
Abraham 2007[21]	1	Moussaieff collection
Pearce and Wunsch, *Documents of Judean Exiles*	104 [22]	Sofer collection
Fadhil Al-Bayati, *Archive of Zababa-šarru-uṣur*	41	Iraq Museum
Wunsch, *Judaeans by the Waters of Babylon*	98	Schøyen collection
Niederreiter and Wunsch 2023[23]	1	Museums of Art and History, Brussels
Total	256	

Table 1: Cuneiform tablets from Yāhūdu and its environs currently known.

The tablets display texts written in the Babylonian cuneiform script and language, and sometimes feature short Aramaic or Hebrew annotations and other markings in their margins. With few exceptions, they contain legal contracts—such as debt notes, receipts, lease and sale contracts. Lists, accounts and other

17 Note that this figure relates to the total number of tablets; duplicate texts are counted twice.

18 A new edition of one of these tablets is presented by P. Zilberg, L.E. Pearce and M. Jursa, "Zababa-šar-uṣur and the town on the Kabar canal", *Revue d'Assyriologie et d'Archéologie Orientale* 113 (2019), 165–169.

19 Note that I count tablet no. 3, written in Bīt-rēʾi (Camb 00), to the archive.

20 K. Abraham, "West Semitic and Judean Brides in Cuneiform Sources from the Sixth Century BCE", *Archiv für Orientforschung* 51 (2005), 198–219.

21 K. Abraham, "An Inheritance Division among Judeans in Babylonia from the Early Persian Period", in M. Lubetski (ed.), *New Seals and Inscriptions: Hebrew, Idumean, and Cuneiform*, Sheffield 2007, 206–21.

22 Duplicate texts C16a and 16b are counted separately.

23 Z. Niederreiter and C. Wunsch, "A Tablet from the Zababa-šarru-uṣur Text Group in the Royal Museums of Art and History, Brussels", in P. Clancier and J. Monerie (eds.), *L'empreinte des empires au Proche-Orient Ancien: Volume d'Hommage à Francis Joannès*, Oxford 2023, 278–285.

book-keeping records are not present[24]. In keeping with Babylonian legal custom, the contracts are witnessed, supplied with the name of the scribe, and concluded with the place and date of writing. This allows us to date the archive between Nbk 33 and Xer 09 (572–477 BCE)[25].

'Yāhūdu' refers to one of several localities mentioned as a place of writing in the archive. In the Babylonian language 'Yāhūdu' refers both to the city of Jerusalem and to the kingdom of Judah[26]. The settlement bearing this name in Babylonia was a 'twin town' of the Judean capital; it was named after the place of origin of its inhabitants. Mirrored place names of this kind were a common element of the resettlement schemes run by the Babylonians in the late seventh and early sixth centuries[27]. Spanning nearly a hundred years, from c. fifteen years after the destruction of Jerusalem until the reign of Xerxes, the tablets offer information on how members of this uprooted community survived in their new environment. One family in particular stands out in the tablets written in Yāhūdu: Rapā-Yāma (son of Samak-Yāma) and his wife Yapa-Yāhû, their son Ahīqam, Ahīqam's five sons, and some other relatives[28]. Because of this family's centrality, the Yāhūdu tablets have sometimes been considered the 'archive of Ahīqam', suggesting that it was a private collection of texts comparable to other Babylonian private archives[29]. However, this assumption of private ownership is far from unproblematic, as we will see.

24 Exceptions are C54, an unwitnessed and undated list of expenses, and B43, a memorandum.

25 Pearce and Wunsch, *Documents of Judean Exiles*, 4.

26 (Āl-)Yāhūdu refers to Jerusalem in the Babylonian chronicle ABC 5 rev. 12.

27 For recent discussions of this onomastic practice, see G. Tolini, "From Syria to Babylon and Back: The Neirab Archive", in Stökl and Waerzeggers, *Exile and Return*, 63–6; Alstola, *Judeans in Babylonia*, 240, 255. I. Eph'al ("The Western Minorities in Babylonia in the 6th–5th Centuries B.C.: Maintenance and Cohesion", *Orientalia* 47 [1978], 74–90) was the first to draw attention to the scale of twin-town nomenclature and to the cultural and economic implications of the phenomenon. The practice has older antecedents in Mesopotamian history (D. Charpin, "La 'toponymie en miroir' dans le Proche-Orient amorrite", *Revue d'Assyriologie et d'Archéologie Orientale* 97 [2003], 3–34).

28 Wunsch, *Judaeans by the Waters of Babylon*, 18–19 offers a significantly expanded family tree of this family, which includes a branch headed by a brother of Rapā-Yāma as well as the main protagonist of the tablets written in Našar (Ahīqar). See also F. Vukosavović, "The Family Tree of Samak-Yāma from the Āl-Yāhūdu Archive," *Revue d'Assyriologie et d'Archéologie Orientale* 113 (2019), 159–163,

29 Pearce and Wunsch, *Documents of Judean Exiles*, 7–9; K. Abraham, "Negotiating Marriage in Multicultural Babylonia: An Example from the Judean Community in Āl-Yāhūdu", in J. T. Stökl and C. Waerzeggers (eds.), *Exile and Return: The Babylonian Context*, Berlin 2015, 33–57 (34–5).

Many tablets in the archive were written in other localities than Yāhūdu. Chief among these are Našar and Bīt-Abī-râm[30]. Tablets written in those places feature different sets of protagonists than those from Yāhūdu. At Našar, a Judean man called Ahīqar, perhaps a relative of Ahīqam, was active; at Bīt-Abī-râm a Babylonian state agent called Zababa-šarru-uṣur served as 'manager of the crown prince's estate'. Yāhūdu and Našar each produced roughly the same amount of tablets, whereas Bīt-Abī-râm yielded about twice as many.

Inevitably, the question arises whether all these texts belong together. Despite the lack of provenance, this question has been answered in the affirmative[31]. First, tablets from these various subgroups were traded, and therefore probably unearthed, together. Second, a small number of persons is recorded in several of these places, creating 'bridges' across subgroups[32]. And third, all texts spring from the same geographic and economic framework[33]. They were written in Babylonia's eastern borderland and document transactions in the land-for-service system, a government-initiated project aimed at internally colonising the virgin steppe beyond Nippur[34].

4. THE PLAIN OF NIPPUR IN TRANSFORMATION

The plain of Nippur was a wide stretch of land, reaching from the city of Kish on the eastern edge of Babylon's metropolitan zone, past Nippur and across the Tigris river towards Iran. The northern demarcation of this borderless area can be situated around Kār-Nergal, where Nebuchadnezzar II had his southernmost cross-country wall connected to the Tigris river. Its southern demarcation can be situated near the city of Uruk. If one were to draw a straight line between Babylon and Susa, this space would be cut right through the middle.

In the course of the sixth century this plain underwent major transformations in response to empire. Nebuchadnezzar II unlocked its agrarian poten-

---

30 Pearce and Wunsch, *Documents of Judean Exiles*, 7–9; Alstola, *Judeans in Babylonia*, 104–108; Wunsch, *Judaeans by the Waters of Babylon*, 7–8.

31 Pearce and Wunsch, *Documents of Judean Exiles*, 9.

32 The connections between the various subgroups are studied in detail by Alstola, *Judeans in Babylonia*, 110–159.

33 Alstola, *Judeans in Babylonia*, 111.

34 P. Zilberg ("Lands and Estates around Yāhūdu and the Geographical Connection to the Murašû Archive," *Archiv für Orientforschung* 54 (2021), 414) locates Yāhūdu near a number of major canals in the Nippur countryside.

tial by bringing it under state cultivation through a massive re-population program. People from elsewhere in the empire were uprooted, deported and resettled, and given land for their sustenance, against the obligation to serve in the army, provide labour and make payments to the state. In scholarship, this is known as the 'land-for-service' sector[35]. The impact of this policy was far-reaching. In the territory of Judah, where extensive excavations have been conducted, population levels dropped dramatically after the Babylonian wars, even to the extent of the area becoming near-depleted[36]. Other peripheries of the empire, albeit less excavated in modern times, probably suffered similarly[37]. These exploitative actions against subject populations generated tangible benefits for the centre. On the vast plain beyond Nippur, deportees were made into colonists, farmers, labourers, soldiers and tax-paying subjects. In this way, the re-population program brought cultivation to the land, food to the cities, and muscle to the army.

By the time of Nabonidus, one or two generations later, we have to imagine an eastern frontier with a large presence of multiethnic communities, whose farms and canals encroached on formerly pastoral land. The effect of the process of 'internal colonisation' is visible in the grid-like organisation of the landscape behind Nippur[38]. Surveys conducted in the mid-20th century revealed

35 G. van Driel, *Elusive Silver. In Search of a Role for a Market in an Agrarian Environment. Aspects of Mesopotamia's Society*, Leiden 2002, 226–273; Alstola, *Judeans in Babylonia*, 108–110.

36 A. Faust, "Deportation and Demography in Sixth-Century B.C.E. Judah", in B. E. Kelle et al. (eds.), *Interpreting Exile: Interdisciplinary Studies of Displacement and Deportation in Biblical and Modern Contexts*, Atlanta 2011, 91–103; A. Faust, *Judah in the Neo-Babylonian Period: The Archaeology of Desolation*, Atlanta 2012; O. Lipschits, "Shedding New Light on the Dark Years of the "Exilic Period": New Studies, Further Elucidation, and Some Questions Regarding the Archaeology of Judah as an "Empty Land", in Kelle et al., *Interpreting Exile*, 57–90.

37 For Moab, see M. Steiner, "Moab during the Iron Age II Period", in M. Steiner and A. E. Killebrew (eds.), *The Oxford Handbook of the Archaeology of the Levant: c. 8000–332 BCE*, Oxford 2014, 770–781; for Jordan, B. W. Por-

ter, "Moving Beyond King Mesha: A Social Archaeology of Iron Age Jordan", in A. Yasur-Landau, E. H. Cline and Y. M. Rowan (eds.), *The Social Archaeology of the Levant from Prehistory to the Present*, Cambridge 2019, 333.

38 The transformation of the borderland was described as a 'project of internal colonization' by A. L. Oppenheim ("The Babylonian Evidence of Achaemenian Rule in Mesopotamia", in I. Gershevitch [ed.], *The Cambridge History of Iran*, Cambridge 1985, 577, 580). Note that he wrote at a time when many states, from Holland and Sweden to the USSR, had been pursuing large-scale projects of internal colonization that turned 'the rural world [into] a site of social and economic planning' (L. van de Grift, "Introduction: Theories and Practices of Internal Colonization: The Cultivation of Lands and People in the Age of Modern Territoriality", *International Journal for History, Culture and*

the existence of parallel canals, transversed at regular intervals by secondary canals. The regular organisation of space has been interpreted as a sign of 'government-sponsored development'[39]. Grids of canals did not only serve an agricultural purpose but also an administrative purpose, as canals delineated districts[40].

An additional benefit for the state might have been the undermining of the pastoral lifeways and alliances of indigenous tribes. The land where newly deported communities like the Judeans were settled may have been virgin land in agricultural terms, but it had supported the pastoral lifestyles of Aramaic communities. We thus have to reckon with multiple displacements happening at the same time: those of deportees turned into colonists and those of indigenous pastoral groups driven away from their homeland of many centuries[41].

Under the Persians, the geopolitical importance of the area changed dramatically again. The backcountry of Nippur now became a corridor in the heartland of the new empire, between Babylon and the Iranian capitals of Susa and Persepolis. A network of royal roads and canals was rolled out to allow easy movement of people and goods across the plain in both directions[42]. The multi-ethnic agro-military colonies, once stationed on the edge of the (Babylonian) empire, now found themselves positioned at the centre of the Persian empire. With increased centrality came the need to improve the management of these communities and their resources. The empire answered to this need in at least two ways. First, it formalized the legal status of these displaced communities to one of permanent servitude (*šušānûtu*). This legal status created unity among the multi-ethnic population of the imperial corridor, by encapsulating all these people into the same category of subjects. Second, the introduction of *šušānûtu* as a tool to manage people went hand in hand with an effort to make the management of farmlands more efficient by combining them in collective units

Modernity 3/2 [2015], 141). While these modernist schemes are a far cry from what was happening in the plain of Nippur in the sixth century, there are some similarities as well, such as the planned nature of the state's intervention in a marginal area driven by its wish not only to improve agricultural productivity but also to (re)design population groups.

39 M. W. Stolper, *Entrepreneurs and Empire. The Murašû Archive, the Murašû Firm, and Persian Rule in Babylonia*. Istanbul 1985, 37.

40 Stolper, *Entrepreneurs and Empire*, 37 n. 1.

41 K. Brown (*A Biography of No Place: From Ethnic Borderland to Soviet Heartland*, Cambridge 2003, 173–91) describes similar dynamics on the plains of Kazakhstan in mid-20 century USSR.

42 G. Tolini, *La Babylonie et l'Iran: Les relations d'une province avec le coeur de l'empire achéménide (539-331 avant notre ère)*. Diss. Université Paris I - Panthéon-Sorbonne, 2011.

CAROLINE WAERZEGGERS

placed under a rent-farm system. It could be argued that the controlled return of groups of deportees to their homelands in the early Persian period also featured in this overall effort to exploit their productivity and loyalty for the empire[43].

5. WRITING AT YĀHŪDU

Ever since the first tablets from Yāhūdu came to light, it has struck readers as significant that the colonists had their records written on clay tablets, in cuneiform script and in the Babylonian language. The use of Babylonian literacy at the colony has mostly been seen as a sign of the colonists' acculturation and integration in Babylonian society. Pearce, for instance, talks about Judean 'adaptation' to the Babylonian milieu, whereas Magdalene and Wunsch state that the Judeans were 'readily integrated' and that they pro-actively endorsed Babylonian legal forms[44]. Abraham pondered the possibility that the Judeans strategically adopted the cuneiform writing system because it 'facilitated recourse to Babylonian jurisdiction in the future'[45]. These and other authors assume a voluntary engagement with archival literacy in the colony. They also assess the relationship between community and scribe in commercial terms[46]. Scribes are imagined as travelling professionals who scored the illiterate countryside in search of paying clients. They would have found their customers among 'social climbers' who were able to pull themselves up from their bootstraps by taking risks and acting upon opportunities[47]. There is an uneasy dissonance between such positive appraisals of Judean agency in the archive and the historical reality of Judean dispossession and displacement[48]. Most of the tablets relate to debt administration of some kind, and ultimately, it was the state who claimed labour, resources and payments from this community.

43 R. Zadok, "The restricted repatriation of the Judeans", N.A.B.U. 2018/31.

44 Pearce, ""Judean": A Special Status", 274; Magdalene and Wunsch, "Slavery between Judah and Babylon", 114. Similarly, D. Bodi, "The Mesopotamian Context of Ezekiel", in C. Carvalho (ed.), *The Oxford Handbook of Ezekiel*, 2020, 12, online publication: DOI 10.1093/oxfordhb/9780190634513.013.1 (accessed 23/03/2022).

45 Abraham, "Negotiating Marriage in Multicultural Babylonia", 35.

46 Berlejung, "New Life, New Skills, and New Friends in Exile", 26, 33; Y. Bloch, *Alphabet Scribes in the Land of Cuneiform: Sēpiru Professionals in Mesopotamia in the Neo-Babylonian and Achaemenid Periods*, Piscataway 2018, 340–1.

47 Berlejung, "Social Climbing in the Babylonian Exile".

48 Rom-Shiloni, "The Untold Stories".

5.1. WHO WROTE?

If we look at the social dynamics of writing documented in the archive, it strikes me as highly significant that writing was an activity from which Judean men were excluded[49]. Judeans acted in multiple ways that can be understood as emancipatory, at least in theory, but writing does not feature among these activities. Judeans can be seen pledging a slave, dividing their inheritance, extending or taking out loans, etc., but they never wrote a cuneiform tablet. Why not? Was it because, being Judean, they did not know how to draft a cuneiform tablet and therefore had to rely on Babylonian scribes to write on their behalf? If the initiative for writing indeed lay with the Judeans, their choice of the cuneiform system is rather puzzling. Their own textual culture would have made the alphabetic Northwest Semitic script more attractive, especially given that Aramaic was already a recognised medium in the realm of contract law in the Neo-Babylonian empire[50]. The so-called "Starcky tablet" proves this beyond doubt. This clay tablet records a debt notice redacted in Aramaic language and script using terminology and phrases closely following the Babylonian legal conventions of the time of Nebuchadnezzar, e.g. it is dated, witnessed and closed off with the name of the scribe[51]. Moreover, there is indirect evidence that Aramaic was accepted and used as a language in Babylonian courts[52].

The exclusion of Judeans from the practice of writing was persistent. In a hundred years of recorded history, not a single member of the Judean community drafted a tablet for himself, for his family, or for one of his fellow Judeans[53].

---

49 Waerzeggers, "Review of Documents of Judean Exiles and West Semites", 186–7.

50 Note that Yigal Bloch assumes that the Judeans used the services of both cuneiform and alphabet scribes, apparently at will: 'Some residents of Āl-Yāḫūdu had their deeds drawn in cuneiform by cuneiform scribes. Others, probably more numerous, employed *sēpiru* professionals to draw their deeds in the Northwest Semitic alphabet, in Aramaic (or perhaps in Hebrew), on sheets o parchment or papyrus' (Bloch, *Alphabet Scribes in the Land of Cuneiform*, 340–1). There is, however, no evidence that two parallel archival traditions existed in Yāhūdu.

51 J. Starcky, "Une tablette araméenne de l'an 34 de Nabuchodonosor (AO 21.063)", *Syria* 37 (1960), 99–115; according to A. Lemaire

(*Nouvelles tablettes araméennes*, Genève 2001, 64–8, no. 6A) the tablet records a slave sale rather than a loan. The tablet's provenance is unknown; Starcky suggested Sfire near Aleppo, with a question mark ("Une tablette araméenne", 99), but C. Müller-Kessle ("Eine aramäische 'Visitenkarte'. Eine spätbabylonische Tontafel aus Babylon", *Mitteilungen der Deutschen Orient-Gesellschaft zu Berlin* 130, 1998, 190) considered Babylonia proper a more likely provenance.

52 F. Joannès, "Diversité ethnique et culturelle en Babylonie récente", in P. Briant and M. Chauveau (eds.), *Organisation des pouvoirs et contacts culturels dans les pays de l'empire achéménide*, Paris 2009, 219, 222, 227–9.

53 Judeans did not 'write legal documents' as claimed by S. E. Holtz ("Preliminary

Rather than offering a path towards emancipation, the practice of writing created enduring differences between the colonists and the host society[54].

Urban Babylonian communities, by contrast, were largely autonomous in matters of writing. Most Babylonians who curated archives were capable of reading and writing. They often wrote their own tablets or relied on relatives, colleagues or other social peers to write for them[55]. In those archives, it is not uncommon to encounter a person, who is known as a scribe in one text, in an altogether different capacity in another text, for instance as witness, creditor, seller, etc. At Yāhūdu, scribes only interacted with the colonists through writing; they never appear in any other capacity[56]. To put it in other words, there was a complete separation between clients and scribes. Hence, quite contrary to the *communis opinio*, which sees cuneifrom writing at Yāhūdu as a sign of social integration, I would argue the opposite: writing was an activity of systematic social exclusion[57]. This did not only affect the residents of Yāhūdu proper, but also those living in other villages occasionally mentioned in the texts, including at the estate of Našar. Literacy thus created, and maintained over many generations, a structural difference between the (descendants of) deportees and those Babylonian men who came in to record their affairs.

It is instructive to compare the lack of access to archival writing in Yāhūdu with the situation that prevailed in the community of Judean military colonists at Elephantine in the fifth century BC. Among the Aramaic legal documents and letters

Observations on Trial Procedure in the Al-Yahūdu Texts", in A. J. Koller et al. [eds.], *Semitic, Biblical and Jewish Studies in Honor of Richard C. Steiner*, Jerusalem 2020, 35*) in passing. Note that Pearce and Wunsch (*Documents of Judean Exiles*, 305–6), in their overview of attested scribes in the archive, list two names that might suggest a non-Babylonian origin but both entries are mistaken as the listed men do not appear as scribes in the relevant tablets (Waerzeggers, "Review of Documents of Judean Exiles and West Semites", 191). On the exclusive Babylonian background of the scribes, see now also Wunsch, *Judaeans by the Waters of Babylon*, 123.

54 Waerzeggers, "Review of Documents of Judean Exiles and West Semites", 186–7.

55 M. Jursa, "Cuneiform Writing in Neo-Babylonian Temple Communities", in K. Radner and E. Robson (eds.), *Oxford Handbook of Cunei-*

form Culture, Oxford 2011, 191; and H. D. Baker, "Record-Keeping Practices as Revealed by the Neo-Babylonian Private Archival Documents", in M. Brosius (ed.), *Ancient Archives and Archival Traditions: Concepts of Record-Keeping in the Ancient World*, Oxford 2003, 243 n. 10 with literature.

56 There are two exceptions to my knowledge. B41 is a receipt recording the payment of house rent by the scribe Niqūdu. Note that this tablet does not record an instance of the scribe's interaction with clients; it rather constitutes a 'personal' record of Niqūdu that was added to the archive, presumably by Niqūdu himself. The second case is recorded in Āl-šarri where three-time scribe Bēl-lē'i appears as debtor (C51).

57 Waerzeggers, "Review of Documents of Judean Exiles and West Semites", 186–7.

found on the island are reported two private archives of Judean families[58]. The texts of these archives were written by Judean as well as non-Judean scribes who were firmly embedded in the social networks of their clients: several of them appear multiple times in these archives, as witnesses and occasionally as contracting party as well[59]. In other words, we encounter at Elephantine a Judean community that practiced archival writing as an activity *inter pares*, among equals[60]. The autonomy awarded to this mercenary community in documenting their own affairs stands in sharp contrast to the monopoly of writing that Babylonian men enjoyed at Yāhūdu. It is unclear how this contrast needs to be explained. Perhaps the two communities—one consisting of mercenary soldiers in an urbanised island community on the imperial border and the other consisting of agro-military deportee-settlers near the imperial heartland—were granted different levels of autonomy in drafting their own legal records[61]. It is also possible that cuneiform education was inaccessible to those residing in the remote settlement of Yāhūdu.

5.2. TWO SCRIBES

In how far the relationship between scribe and client was infused with power, becomes clear when we investigate the careers of two better-documented scribes. Arad-Gula is responsible for the creation of 44 documents in the archive (Cyr 03–Dar 04)[62]. He was active mostly in Bīt-Našar, where his office was located, but he also worked in other locations, including in Babylon. The texts that he composed for the archive are all legal contracts, mostly in the sphere of credit extension. As witnessed transactions between individuals, these tablets appear to be private in nature. Yet Arad-Gula's role entailed more than providing notarial service to private individuals. This transpires from the unexpected course that his career took during the succession crisis after Cambyses's death. As long as the area was controlled by the Per-

---

58 B. Porten, *Archives from Elephantine. The Life an Ancient Jewish Military Colony*, Berkeley and Los Angeles 1968, 191–4.

59 E. Cussini, "The Career of Some Elephantine and Murašû Scribes and Witnesses", in A. F. Botta (ed.), *In the Shadow of Bezalel: Aramaic, Biblical, and Ancient Near Eastern in Honor of Bezalel Porten*, Leiden 2013, 49–52.

60 J.D. Moore, "Judeans in Elephantine and Babylonia: A Case Study on Rights and Tenancy Status", ZAW 132/1 (2020), 40–56 (41) comments in passing on the differences in liter-

61 On the mercenary origin of the garrison at Elephantine, see recently K. van der Toorn, *Becoming Diaspora Jews: Behind the Story of Elephantine*, Yale 2019, 89–95. James Moore points out that despite the two communities belonging to different milieux, they occupied structurally similar positions in the Achaemenid Empire's system of land tenancy, "Judeans in Elephantine and Babylonia", 41, 55.

62 Wunsch, *Judaeans by the Waters of Babylon*, 129–30 and 463.

acy between the Judean communities in Elephantine and Babylonia.

sians, Arad-Gula was in office. But when allegiance switched to the Babylonian rebel Nebuchadnezzar IV, his job was taken over by another scribe, only to revert back to him when Darius got back in the saddle some months later. This shows that Arad-Gula's position as a scribe was part of the exercise of power in the area[63]. As argued by Alstola, the estate of Našar functioned as a collection point of commodities that were produced in the environs. Arad-Gula did 'not only wr[i]te documents ... but actually supervised his clients' activities'[64].

A similar conclusion can be drawn for other scribes in the archive. For instance, Šamaš-ēreš, one of the prolific scribes at Yāhūdu, wrote texts recording the rents due from Judeans to the army. At the beginning of his career, these rents were due to the Deputy of the Mares (C14–15–17–18–22, B6–12; dated between Dar 04 and Dar 12), later on they were due to another army official, the Chief of the Reserve Troops (C24, dated to Dar 14). Even though he is nowhere explicitly described as a state official, Alstola considers him 'evidently a member of the local administration in the land-for-service sector'[65], because he was a (literate) member of the harvest assessment committee that came into Yāhūdu to inspect the fields, establish the rent, and write down a tangible record of who owed what—all information that was of interest to the military officer.

5.3. SCRIBES AS 'BRIDGES' BETWEEN TEXT CLUSTERS

The Yāhūdu archive defies classification along the familiar models developed for Babylonian archives. Whereas Pearce and Wunsch regard the archive as essentially 'private' in nature[66], Alstola suggests that it is rather 'administrative'[67]. Pearce and Wunsch divided the corpus in three sub-groups, 'loosely connected through a few faint links'[68], while Alstola divided it in nine sub-groups[69], a reconstruction that, in turn, is open to further modification and adaptation depending on each (modern) reader's insights. In my own understanding, we can distinguish the following clusters and sub-groups.

63 Waerzeggers, "Review of Documents of Judean Exiles and West Semites", 187.

64 Alstola, *Judeans in Babylonia*, 125.

65 Alstola, *Judeans in Babylonia*, 145.

66 Pearce and Wunsch, *Documents of Judean Exiles*, 7–9.

67 Alstola, *Judeans in Babylonia*, 154-9.

68 Pearce and Wunsch, *Documents of Judean Exiles*, 9.

69 Alstola, *Judeans in Babylonia*, 110-54.

	Date	Description
Set 1	Nbk 33 – Nbn 9	Debts of colonists living in and around Yāhūdu
Set 2	Nbn 7 – Cyr 4	Partnerships near Hamath and environs
Set 3	Cyr 1 – Dar I 7	Transactions recorded at the estate in Našar
Subset 3a	Cyr 1 – Cyr 7	Tablets written at the estate in Našar about affairs taking place at Yāhūdu
Subset 3b	Cyr 6 – Nbk IV	The new bowlands of 'Kingstown'
Set 4	Dar I 04 – Xer 07	Administration of rent farms at Yāhūdu
Set 5	Cyr 01 – Xer 05	Crown prince's estate at Bīt-Abī-râm

As can be seen from this table, the stratigraphic structure of the archive consists of several superimposed layers[70]. This stratigraphy reveals the existence of two parallel 'stacks' of texts in the archive. The first stack, reaching furthest back in time, is made up of four layers (set 1-2-3-4). Each of these four layers has its distinctive profile, relating to different localities, persons and transaction types. In Wunsch's classification system these layers comprise both 'group one' (focusing on Yāhūdu) and 'group two' (focusing on Našar)[71]. The second stack of texts consists of a single large file that matches the first stack in size and runs partly parallel to it in time. This is the dossier pertaining to Bīt-Abī-râm and the manager of the crown prince's estate, Zababa-šarru-uṣur (set 5).

A possible explanation for the diffuse focus of the archive can be sought in the underlying scribal practices. Whereas in most Babylonian archives the (legal) protagonist is the entity driving the accumulation of texts, in the case of the Yāhūdu archive scribes play a structural role. Their configurative function manifests itself in two ways. First, scribes are among the most prolific individuals recorded in the texts (see n. 81 below). Second, scribes are not only numerically, but also structurally, significant in the archive. Between the main dossiers, scribes function as connecting figures. Arad-Gula wrote almost all the tablets in set 3, and then provided the connection with set 4 by writing its first tablet too[72].

---

70 See also Alstola (*Judeans in Babylonia*, 155–6) on the layered structure of the archive.

71 Wunsch, *Judaeans by the Waters of Babylon*, 7–8.

72 Waerzeggers, "Review of Documents of Judean Exiles and West Semites", 187; and Alstola, *Judeans in Babylonia*, 123–4, 156.

5.4. SCRIBES AS ESCORTS

The scribes who produced the Yāhūdu archive had another function that can be understood in terms of control: escorting Judeans when they traveled outside the immediate vicinity of Yāhūdu.

Once settled on the plain of Nippur and charged with their obligations, the colonists seem to have experienced little surveillance or physical constraint. From the very first texts contained in the archive, Judeans can be seen moving about the wider Yāhūdu area with apparent ease. This mobility accounts for the large number of place names recorded in the archive. But when they traveled further away[73], and especially to the metropole of Babylon, they did not go without supervision. Whenever the archive situates one of Yāhūdu's residents in that city, a scribe can be seen to have followed him from the borderland. In the third year of Cyrus's reign, the scribe Nabû-ēṭir son of Niqūdu accompanied Ahimmê son of Rēmūtu in Babylon (C61). This same scribe had written tablets for Ahimmê's father in a village located in the environs of Yāhūdu some years earlier (C57, 58). In the fourth year of Darius' I reign, we encounter Ahīqam in Babylon in the company of a scribe who came along with him from back 'home' (B5). The accompanying scribe was the prolific Arad-Gula whom we met before as 'bridge' between the archival layers[74]. Later, in Darius's mid-reign, Ahīqam's heirs had the inheritance document about their father's brewery drafted in Babylon[75]. They were accompanied on this trip by a sizeable group of Judean compatriots, as well as by a scribe of whom there is some evidence to suggest that he too had joined the Judeans from their countryside location[76].

The figure of the escort-scribe can be explained in various ways. It is possible that the Judeans simply asked these men to come along to

73 Their mobility increased in the Persian period, when we encounter members of the Yāhūdu community for the very first time in the city of Babylon instead of only in rural villages. It is striking that Babylon's gates opened up to them almost immediately upon Nabonidus's defeat (C61; Cyr 03). Had the colonists been actively kept out from the city under the Babylonian dynasty? Or is this merely an accidental effect of patchy sources? Gauthier Tolini observes a similar widening of horizons for the Neirabeans around the same time, which would sug-gest that it is more than coincidence ("From Syria to Babylon and Back", 87–9).

74 See also Wunsch, *Judaeans by the Waters of Babylon*, 127 on Arad-Gula's appearance in Babylon.

75 There are two copies of the inheritance document in the archive, C45 and Abraham, "An Inheritance Division".

76 The scribe, Ša-Marduk-ul-inni, probably re-occurs under the shorter name Marduk-ul-in-ni in the village of Kār-Adad in the dossier from Bīt-Abī-râm (B79). See on this scribe now also Wunsch, *Judaeans by the Waters of Babylon*, 127–128.

Babylon—e.g. in order to serve as guides, translators and scribes—but it is not necessarily on Judean initiative that scribes were engaged as escorts. Given that Judeans were dependents of the state, it is not unlikely that they required official approval to go on these trips. As we have seen, most scribes active in the borderland, and certainly the more prolific ones like Arad-Gula, were associated with the state. These men were ideally positioned as guardians: they were acquainted with the colonists; they knew their superiors; and they were trained to keep track of events in writing or by memory.

5.5. RECRUITMENT OF SCRIBES

The scribes who produced tablets in this archive all bear Babylonian names, patronymics, and (often) family names. This onomastic information indicates that they were members of the native population, oftentimes hailing from the urban elite[77]. How or why they came to live or work in the backcountry of Nippur is not immediately evident. In the case of Arad-Gula, it seems reasonably certain that he was stationed in Našar by official appointment. His temporary dismissal during the short-lived revolt of Nebuchadnezzar IV indicates that the office where he worked stood under state supervision (see above). Šamaš-ēreš was involved in rent assessment procedures that were meant to finance the office of an army official. He, too, was probably present in Yāhūdu in an official capacity. Another pattern that tells us something about scribal authority in this environment is the repeated association between certain scribes and particular villages. We assume that scribes were assigned certain villages (and their associated lands) to administer, sometimes in teams[78]. All these indications suggest

---

77 On the scribes who wrote the Yāhūdu tablets, see Alstola, *Judeans in Babylonia*, 121-125; Hackl, "Babylonian Scribal Practices in Rural Contexts"; Wunsch, *Judaeans by the Waters of Babylon*, 123–134.

78 Nabû-na'id (alias Nabû-nāṣir) son of Nabû-zēru-iqīša wrote four tablets in Yāhūdu in set 1 (C1, 3, 4, 10). At the same time, Šumu-uṣur son of Ṣillāya was active in Yāhūdu and its environs (C8, 7). In set 2, Marduk-šumu-uṣur of the Dābibī family drafted two records in the twin town of Hamath (C55, 56); Nabû-ēṭir son of Niqūdu wrote two tablets in Bīt-Dibušiti and one in Babylon (C57, 58, 61); and Rēmūt-Bēl (alias Rēmūtu) son of Nabû-zēru-ibni wrote two tablets in

Bāb-ṣubbāti (B18, 22). In set 3, the tours of duty of Niqūdu of the Aškāpu family and of Arad-Gula of the Amēl-Ea family at the estate of Našar overlapped, they even wrote partly the same tablets (C98 and C99): Niqūdu was active in Cyr 01, Cyr 07, Camb 05 and Dar 07 whereas Arad-Gula was present for longer stretches of time (from Cyr 03 to Camb 05 and from Bard 00 to Dar 05; see for Arad-Gula as a 'scribe-in-residence' at Našar, Alstola, *Judeans in Babylonia*, 121–125 and Wunsch, *Judaeans by the Waters of Babylon*, 129-130). Bēl-lē'i of the Ša-nāšišu family wrote three out of six tablets from Āl-šarri (C48, 49, 50). In set 4, Šamaš-ēreš of the Mudammiq-Adad family wrote eight

that scribes should be seen as part of the state's presence in the area. The details and modalities of their appointments remain unclear.

We find some clues about their professional training in the very texts that they wrote. Johannes Hackl noticed that the Yāhūdu tablets display a high degree of scribal ideosyncracies, including errors of orthography, unusual syntax, and creative or unidiomatic sign use. The poor redaction of the tablets led Hackl to conlude that 'many, if not the majority, of the scribes ... had difficulties with the 'classical' language of Babylonian legal records'[79]. Features of their spoken Babylonian language slipped through because they did not adequately grasp the intricate textual conventions. The sub-standard quality of their work is indicative of a low level of scribal training. In the cities, where clients and scribes often shared the same levels of literacy, the standard of work was higher. Scribes working in Yāhūdu and its environs had perhaps been trained in a fast track, leading to a quick posting in the borderland.

A last point that needs to be addressed is the penetration of scribal infrastructure in the environs of Yāhūdu. The fact that a large percentage of tablets were written by a small number of scribes indicates that relatively few scribes were present in these areas. In urban settings the incidence of recurring scribes is much lower. For instance, in the Bēl-rēmanni archive from Sippar, the two most prolific scribes (besides Bēl-rēmanni himself), Lâbâši and his father Nergal-ēṭir, produced less than 5% of the total number of texts[80]. Of the Yāhūdu archive, Arad-Gula and Nabû-ittannu wrote more than 30% of texts[81].

tablets in Yāhūdu and environs between Dar 05–14 (C14, 15, 18, 22, 24, B12, 11, B6 // C17), afterwards, Iddin-Bēl of the Dābibī family wrote eight tablets at Yāhūdu in Dar 14 and 15 (C25, 29, 30, 35, 36, 43, 44; B10). Enlil-iqīša son of Arad-Ninurta wrote three tablets in Āl-šarri and Yāhūdu (C41, 40, 31). In set 5, 38 texts were produced by a certain Nabû-ittannu of the Dēkû family and twelve by one Bēl-kāṣir of the Amēl-Ea family, whom Wunsch suspects might be a relative of Arad-Gula stationed in Našar (*Judaeans by the Waters of Babylon*, 130).

79 Hackl, "Babylonian Scribal Practices in Rural Contexts", 136.

80 Together, they wrote 7 tablets of a total of 153 texts (M. Jursa, *Das Archiv des Bēl-rēmanni.* Leiden 1999). Note that Bēl-rēmanni, with 9 texts written by himself, was the most prolific scribe of his own archive.

81 Based on the prosopographical index provided by Wunsch, *Judaeans by the Waters of Babylon*, Arad-Gula wrote 44 tablets and Nabû-ittannu 38 texts, together making up c. 32% of the (presently known) total of 256 tablets in the archive.

6. CONCLUSIONS

Scribes played an important role in the genesis of the archive, and not only because they were the persons who literally produced it, by fashioning lumps of clay into tablets and inscribing them, sign after sign, with legally binding contracts. The story of the Yāhūdu archive has often been told as a narrative of Judean families coming to terms with their captivity and making the best of it. This narrative feeds on the idea that the tablets are the personal property of enterprising Judean individuals who lived in the village. However, caution is urged in light of the dominance of Babylonian scribes, of whom at least the most prolific ones can be affiliated to institutions that had every intention of controlling the productivity of the Judean farms. These scribes were not only writers but makers of the archive. Their intervention rendered the ties between the deportee community and the state 'archivable'—hence, traceable—in the shape of legal contracts.

Abbreviations

ABC   text editions in A. K. Grayson, *Assyrian and Babylonian Chronicles*, Locust Valley, NY 1975.

B   text editions published by Wunsch, *Judaeans by the Waters of Babylon*.

C   text editions in Pearce and Wunsch, *Documents of Judean Exiles*.

7. BIBLIOGRAPHY

Abraham, K. 2005. "West Semitic and Judean Brides in Cuneiform Sources from the Sixth Century BCE," *Archiv für Orientforschung* 51, 198–219.

Abraham, K. 2007. "An Inheritance Division among Judeans in Babylonia from the Early Persian Period." Pages 206–21 in *New Seals and Inscriptions: Hebrew, Idumean, and Cuneiform*. Edited by M. Lubetski. Hebrew Bible Monographs 8. Sheffield: Sheffield Phoenix.

Abraham, K. 2011. "The Reconstruction of Jewish Communities in the Persian Empire: The Āl-Yāhūdu Clay Tablets." Pages 261–4 in Light and Shadows: The Story of Iran and the Jews. Edited by H. Segev and A. Schor. Tel Aviv: Beit Hatfutsot.

Abraham, K. 2015. "Negotiating Marriage in Multicultural Babylonia: An Example from the Judean Community in Āl-Yāhūdu." Pages 33–57 in *Exile and Re-*

turn: *The Babylonian Context*. Edited by J.T. Stökl and C. Waerzeggers. BZAW 478. Berlin: De Gruyter.

Alstola, T.E. 2020. *Judeans in Babylonia: A Study of Deportees in the Sixth and Fith Centuries BCE*. Culture and History of the Ancient Near East 109. Leiden and Boston: Brill.

Baker, H.D. 2003. "Record-Keeping Practices as Revealed by the Neo-Babylonian Private Archival Documents." Pages 241–63 in *Ancient Archives and Archival Traditions: Concepts of Record-Keeping in the Ancient World*. Edited by M. Brosius. Oxford: Oxford University Press.

Becking, B. 2009. "Does Exile Equal Suffering? A Fresh Look at Psalm 137." Pages 181–202 in *Exile and Suffering: A Selection of Papers Read at the 50th Anniversary Meeting of the Old Testament Society of South Africa OTWSA/ OTSSA, Pretoria, August 2007*. Edited by B. Becking and D. Human. Old Testament Studies 50. Leiden: Brill.

Berlejung, A. 2016. "New Life, New Skills, and New Friends in Exile: The Loss and Rise of Capitals of the Judeans in Babylonia." Pages 12–46 in *Alphabets, Texts and Artefacts in the Ancient Near East: Studies Presented to Benjamin Sass*. Edited by I. Finkelstein, C. Robin and T. Römer. Paris: Van Dieren.

Berlejung, A. 2017. "Social Climbing in the Babylonian Exile." Pages 101–124 in *Wandering Arameans*: *Arameans Outside Syria. Textual and Archaeological Perspectives*. Edited by A. Berlejung, A.M. Maeir, and A. Schüle. Leipzig Altorientalische Studien 5. Wiesbaden: Harrassowitz.

Bloch, Y. 2017. "From Horse Trainers to Dependent Workers: the šušānu Class in the Late Babylonian Period, With a Special focus on Āl-Yāhūdu Tablets," *Kaskal* 14, 91–118.

Bloch, Y. 2018. *Alphabet Scribes in the Land of Cuneiform: Sēpiru Professionals in Mesopotamia in the Neo-Babylonian and Achaemenid Periods*. Gorgias Studies in the Ancient Near East 11. Piscataway, NJ: Gorgias Press.

Bodi, D. 2020. "The Mesopotamian Context of Ezekiel." In *The Oxford Handbook of Ezekiel*. Edited by C. Carvalho. Online publication: DOI 10.1093/oxfordhb/9780190634513.013.1 (accessed 23/03/2022).

Brown, K. 2003. *A Biography of No Place: From Ethnic Borderland to Soviet Heartland*. Cambridge, MA: Harvard University Press.

Burns, K. 2010. *Into the Archive: Writing and Power in Colonial Peru*. Durham and London: Duke University Press.

Charpin, D. 2003. "La 'toponymie en miroir' dans le Proche-Orient amorrite," *Revue d'Assyriologie et d'Archéologie Orientale* 97, 3–34.

Cussini, E. 2013. "The Career of Some Elephantine and Murašû Scribes and Witnesses." Pages 39–52 in *In the Shadow of Bezalel: Aramaic, Biblical, and Ancient Near Eastern in Honor of Bezalel Porten.* Edited by A.F. Botta. Culture and History of the Ancient Near East 60. Leiden: Brill.

Dirks, N.B. 2015. *Autobiography of an Archive: A Scholar's Passage to India.* New York: Columbia University Press.

van Driel, G. 2002. *Elusive Silver. In Search of a Role for a Market in an Agrarian Environment. Aspects of Mesopotamia's Society.* Leiden: NINO.

Eph'al, I. 1978. "The Western Minorities in Babylonia in the 6th–5th Centuries B.C.: Maintenance and Cohesion," *Orientalia* 47, 74–90.

Fadhil Al-Bayati, A. 2021. *The Archive of Zababa-šarru-uṣur. Texts from the Iraq Museum.* Dresden: ISLET.

Faust, A. 2011. "Deportation and Demography in Sixth-Century B.C.E. Judah." Pages 91–103 in *Interpreting Exile: Interdisciplinary Studies of Displacement and Deportation in Biblical and Modern Contexts.* Edited by B.E. Kelle et al. AIL 10. Atlanta: Society of Biblical Literature.

Faust, A. 2012. *Judah in the Neo-Babylonian Period: The Archaeology of Desolation.* ABS 18. Atlanta: Society of Biblical Literature.

Grayson, A.K. 1975. *Assyrian and Babylonian Chronicles.* Texts from Cuneiform Sources 5. Locust Valley, NY: J.J. Augustin.

van de Grift, L. 2015. "Introduction: Theories and Practices of Internal Colonization: The Cultivation of Lands and People in the Age of Modern Territoriality," *International Journal for History, Culture and Modernity* 3/2, 139–58.

Hackl, J. 2017. "Babylonian Scribal Practices in Rural Contexts: A Linguistic Survey of the Documents of Judean Exiles and West Semites in Babylonia (CUSAS 28 and BaAr 6)." Pages 125–40 in *Wandering Arameans: Arameans Outside Syria. Textual and Archaeological Perspectives.* Edited by A. Berlejung, A.M. Maeir, and A. Schüle. Leipzig Altorientalische Studien 5. Wiesbaden: Harrassowitz.

Holtz, S.E. 2020. 'Preliminary Observations on Trial Procedure in the Al-Yaḫūdu Texts." Pages 27*–37* in *Semitic, Biblical and Jewish Studies in Honor of Richard C. Steiner.* Edited by A.J. Koller et al. Jerusalem: Bailik Institute.

Janković, B. 2013. *Aspects of Urukean Agriculture in the First Millennium BC.* Diss. Universität Wien.

Joannès, F. 2009. "Diversité ethnique et culturelle en Babylonie récente." Pages 217–36 in *Organisation des pouvoirs et contacts culturels dans les pays de l'empire achéménide*. Edited by P. Briant and M. Chauveau. Persika 14. Paris: de Boccard.

Joannès, F. and A. Lemaire 1996. "Contrats babyloniens d'époque achéménide du Bît-Abî-râm avec une épigraphe araméenne," *Revue d'Assyriologie et d'Archéologie Orientale* 90/1, 41–60.

Joannès, F. and A. Lemaire 1999. "Trois tablettes cunéiformes à onomastique ouest-sémitique (collection Sh. Moussaïeff) (Pls. I-II)," *Transeuphratène* 17, 17–34.

Jursa, M. 1999. *Das Archiv des Bēl-rēmanni*. Leiden: NINO.

Jursa, M. 2011. "Cuneiform Writing in Neo-Babylonian Temple Communities." Pages 184–204 in *Oxford Handbook of Cuneiform Culture*. Edited by K. Radner and E. Robson. Oxford: Oxford University Press.

Lambert, W.G. 2007. "A Document from a Community of Exiles in Babylonia." Pages 201–5 in *New Seals and Inscriptions: Hebrew, Idumean, and Cuneiform*. Edited by M. Lubetski. Hebrew Bible Monographs 8. Sheffield: Sheffield Phoenix.

Lemaire, A. 2001. *Nouvelles tablettes araméennes*. Hautes Études Orientales 34. Genève: Droz.

Lipschits, O. 2011. "Shedding New Light on the Dark Years of the "Exilic Period": New Studies, Further Elucidation, and Some Questions Regarding the Archaeology of Judah as an "Empty Land"." Pages 57–90 in *Interpreting Exile: Interdisciplinary Studies of Displacement and Deportation in Biblical and Modern Contexts*. Edited by B.E. Kelle et al. AIL 10. Atlanta: Society of Biblical Literature.

Magdalene, R. and C. Wunsch 2011. "Slavery between Judah and Babylon: The Exilic Experience." Pages 113–34 in *Slaves and Households in the Near East*. Edited by L. Culbertson. Oriental Institute Studies 7. Chicago: The Oriental Institute of the University of Chicago.

Moore, J.D. 2020. "Judeans in Elephantine and Babylonia: A Case Study on Rights and Tenancy Status," *Zeitschrift für die Alttestamentliche Wissenschaft* 132/1, 40–56.

Müller-Kessler, C. 1998. "Eine aramäische 'Visitenkarte'. Eine spätbabylonische Tontafel aus Babylon," *Mitteilungen der Deutschen Orient-Gesellschaft zu Berlin* 130, 189–95.

Niederreiter, Z. and C. Wunsch 2023. "A Tablet from the Zababa-šarru-uṣur Text Group in the Royal Museums of Art and History, Brussels." Pages 278–285 in *L'empreinte des empires au Proche-Orient Ancien: Volume d'Hommage à*

Francis Joannès. Edited by P. Clancier and J. Monerie. Études Mésopotamiennes vol. 3. Oxford: Archaeopress.

Oppenheim, A.L. 1985. "The Babylonian Evidence of Achaemenian Rule in Mesopotamia." Pages 529–87 in *The Cambridge History of Iran*. Edited by I. Gershevitch. Cambridge: Cambridge University Press.

Pearce, L.E. 2006. "New Evidence for Judeans in Babylonia." Pages 399–411 in *Judah and the Judeans in the Persian Period*. Edited by O. Lipschits and M. Oeming. Winona Lake: Eisenbrauns.

Pearce, L.E. 2011. ""Judean": A Special Status in Neo-Babylonian and Achaemenid Babylonia?" Pages 267–77 in *Judah and the Judeans in the Achaemenid Period: Negotiating Identity in an International Context.* Edited by O. Lipschits, G.N. Knoppers and M. Oeming. Winona Lake: Eisenbrauns.

Pearce, L.E. 2016a. "How Bad Was the Babylonian Exile?," *Biblical Archaeology Review* 42/5, 49–64.

Pearce, L.E. 2016b. "Cuneiform Sources for Judeans in Babylonia in the Neo-Babylonian and Achaemenid Periods: An Overview," *Religion Compass* 10/9, 230–243.

Pearce, L.E. and C. Wunsch 2014. *Documents of Judean Exiles and West Semites in Babylonia in the Collection of David Sofer*. CUSAS 28. Bethesda, MD: CDL Press.

Porten, B. 1968. *Archives from Elephantine. The Life an Ancient Jewish Military Colony.* Berkeley and Los Angeles: University of California Press.

Porter, B.W. 2019. "Moving Beyond King Mesha: A Social Archaeology of Iron Age Jordan." Pages 324–36 in *The Social Archaeology of the Levant from Prehistory to the Present*. Edited by A. Yasur-Landau, E.H. Cline and Y.M. Rowan. Cambridge: Cambridge University Press.

Prescott, Chr. and J.M. Rasmussen 2020. "Exploring the 'Cozy Cabal of Academics, Dealers and Collectors' through the Schøyen Collection," *Heritage* 3, 68–97.

Rom-Shiloni, D. 2017. "The Untold Stories: Al-Yahūdu *and* or *versus* Hebrew Bible Babylonian Compositions," *Die Welt des Orients* 47, 124–34.

Starcky, J. 1960. "Une tablette araméenne de l'an 34 de Nabuchodonosor (AO 21.063)," *Syria* 37, 99–115.

Steiner, M. 2014. "Moab during the Iron Age II Period." Pages 770–781 in *The Oxford Handbook of the Archaeology of the Levant: c. 8000–332 BCE*. Edited by M. Steiner and A.E. Killebrew. Oxford: Oxford University Press.

Stoler, A.L. 2002. "Colonial Archives and the Arts of Governance," *Archival Science* 2, 87–109.

Stolper, M.W. 1985. *Entrepreneurs and Empire. The Murašû Archive, the Murašû Firm, and Persian Rule in Babylonia*. Istanbul: NINO.

Tolini, G. 2011. *La Babylonie et l'Iran: Les relations d'une province avec le coeur de l'empire achéménide (539-331 avant notre ère)*. Diss. Université Paris I - Panthéon-Sorbonne.

Tolini, G. 2015. "From Syria to Babylon and Back: The Neirab Archive." Pages 58–93 in *Exile and Return: The Babylonian Context*. Edited by J. Stökl and C. Waerzeggers. BZAW 478. Berlin: De Gruyter.

van der Toorn, K. 2019. *Becoming Diaspora Jews: Behind the Story of Elephantine*. Yale: Yale University Press

Vukosavović, F. 2015. *By the Rivers of Babylon: The Story of the Babylonian Exile*. Jerusalem: Bible Lands Museum.

Vukosavović, F. 2019. "The Family Tree of Samak-Yāma from the Āl-Yāhūdu Archive," *Revue d'Assyriologie et d'Archéologie Orientale* 113, 159–163.

Waerzeggers, C. 2015. "Review of Documents of Judean Exiles and West Semites in Babylonia in the Collection of David Sofer by Laurie E. Pearce and Cornelia Wunsch," *Strata* 33, 179–94.

Wunsch, C. 2013. "Glimpses on the Lives of Deportees in Rural Babylonia." Pp. 247–60 in *Arameans, Chaldeans and Arabs in Babylonian and Palestine in the First Millennium B.C.* Edited by A. Berlejung and M.P. Streck. Leipzig Altorientalische Studies 3. Wiesbaden: Harrassowitz.

Wunsch, C. 2022. *Judaeans by the Waters of Babylon: New Historical Evidence in Cuneiform Sources from Rural Babylonia Primarily from the Schøyen Collection*, Dresden: ISLET.

Yale, E. 2020. "Archives and Paperwork." Pages 129–42 in *A Companion to the History of the Book*. 2nd edition. Edited by S. Eliot and J. Rose. Hoboken and Chichester: Wiley Blackwell.

Zadok, R. 2018. "The restricted repatriation of the Judeans," N.A.B.U. 2018/31.

Zilberg, P. 2021. "Lands and Estates around Yāḫūdu and the Geographical Connection to the Murašû Archive," *Archiv für Orientforschung* 54, 413–5.

Zilberg, P., L.E. Pearce and M. Jursa 2019. "Zababa-šar-uṣur and the town on the Kabar canal," *Revue d'Assyriologie et d'Archéologie Orientale* 113, 165–169.

UNA NUEVA INSCRIPCIÓN DE ÉPOCA NEOBABILÓNICA

Daniel Justel Vicente
Universidad de Alcalá

1. EL CONTEXTO

En octubre del año 539 a. C. las tropas de Ciro el Grande, rey de Persia, entraron en la ciudad de Babilonia, acabando no solo con el reinado de Nabonido sino también con la dominación caldea de Mesopotamia[1]. Poco después, el mismo Ciro proclamó un edicto en el que permitía a todos los judíos cautivos en Babilonia volver a Israel, acabando así un exilio de casi media centuria de duración (586-539 a. C.)[2]. El cautiverio judío terminaba de tal manera, pero dicho momento constituía asimismo un punto de inflexión en la construcción de la identidad israelita, intrínseca e inexorablemente ligada a partir de entonces al hecho exílico[3]. Por su parte, y aunque Babilonia siguió manteniendo su estatus de capital y los poderes locales no fueron modificados, pronto se produjo un traslado de

---

[1] Por entonces el rey Nabonido no se hallaba en Babilonia, pero sí su hijo y corregente Bêl-šar-uṣur. Aún así, fuentes griegas posteriores nos informan de que Nabonido murió ese mismo año en otra parte del ya Imperio persa (cf. R. H. Sack, *Images of Nebuchadnezzar. The Emergence of a Legend*, Cranbury 2004, 122).

[2] Cf. Esdras 6, 3-6.

[3] Sobre la relación entre la historicidad y la ideología de Nabucodonosor II, véase especialmente R. H. Sack, "Nebuchadnezzar II and the Old Testament: History versus Ideology", en O. Lipschits—J. Blenkinsopp, *Judah and the Judeans in the Neo-Babylonian Period*, Winona Lake 2003, 221-233.

centros de decisión política hacia Irán[4]. A partir de entonces el Imperio persa controlará el vasto territorio hasta la conquista de Alejandro.

Con la toma de Babilonia por parte de los persas terminaba un período de esplendor e independencia política babilónicos que había transcurrido a lo largo de casi un siglo, desde la victoria de Nabopolasar ante el Imperio asirio (626 a. C.). Durante este período, especialmente los reinados de Nabopolasar (626-605 a. C.), Nabucodonosor II (605-562 a. C.) y Nabonido (556-539 a. C.) conferirán al llamado Imperio neobabilónico o caldeo una posición dominante en todo el Próximo Oriente[5]. La abundancia de recursos, motivada por las constantes conquistas y excelente organización del reino, entrañó una capacidad constructiva y producción literaria sin precedentes.

A lo largo de la época neobabilónica la documentación nos habla de dos estructuras socioeconómicas que funcionan de manera simultánea[6]. Por una parte, varias familias con patrimonios generosos nos han provisto con numerosos archivos de carácter privado y familiar. Estas personas, adineradas y preocupadas por ascender o al menos mantener su privilegiada posición socioeconómica, se podían encargar asimismo de la administración oficial o incluso de ciertos organismos cultuales.

Por otro lado, las grandes instituciones del período eran el palacio y los numerosos templos existentes. Ambos poseían extensas tierras en propiedad, ingente mano de obra servil y un sistema sumamente eficiente para administrar todos los bienes. Los numerosos documentos de carácter administrativo conservados, especialmente procedentes de los templos Ebabbar y Eanna, arrojan significante luz sobre la gestión cultual y palaciega. Ambas instituciones pretendían potenciar en última instancia el poder del monarca de turno mediante la construcción de magníficas obras y la búsqueda de un orden que beneficiara al grueso de la población.

De entre todos los reyes que acometieron la empresa de fortalecer el Imperio neobabilónico destaca sin duda Nabucodonosor II. Su labor como cons-

---

4 Para la conquista persa de Babilonia, con atención especial al nuevo estatus de Babilonia dentro de su nueva condición, véase F. Joannès, *La Mésopotamie au 1er millénaire avant J.-C.*, Paris 2000, 95–97.

5 De menor importancia, los otros soberanos de esta dinastía caldea fueron Amēl-Marduk (562-560 a. C.), Neriglissar (560-556 a. C.) y Labāši-Marduk (556 a. C.). Sobre los reyes de esta dinastía véase F. Joannès, "Néo-babyloniens (rois)", en F. Joannès (dir.), *Dictionnaire de la civilisation mésopotamienne*, Paris 2001, 568–570.

6 F. Joannès, "Les textes judiciaires néo-babyloniens", en F. Joannès (dir.), *Rendre la justice en Mésopotamie. Archives judiciaires du Proche-Orient ancien (IIIe-Ie millénaires avant J.-C.)*, Saint-Denis 2000, 201–202.

tructor, restaurador y benefactor de templos se encuentra ampliamente atestiguada a través de inscripciones reales votivas que han llegado hasta nuestros días. Un ejemplo dentro de este corpus es CDSJ 23638, documento alojado en el Centro de Documentación San Justino de la Universidad Eclesiástica San Dámaso (Madrid), y cuya *editio princeps* ofrecemos en el presente trabajo.

Nabopolasar (626-605 a. C.)
Nabucodonosor II (604-562 a. C.)
Amēl-Marduk (562-560 a. C.)
Neriglissar (560-556 a. C.)
Labaši-Marduk (556 a. C.)
Nabonido (556-539 a. C.)

Fig. 1: Cronología de los reyes neobabilónicos

2. FUENTES DE ÉPOCA DE NABUCODONOSOR II

Junto al rey Hammurapi (s. XVIII a. C.), Nabucodonosor II es sin duda el monarca babilónico más afamado de la Antigüedad, y su aureola llega incluso hasta nuestros tiempos[7]. Esta reputación viene dada por sus conquistas, actividad constructora o por el embellecimiento de centros urbanos en los que destaca la ciudad de Babilonia. Su dilatado reinado[8] facilitó este intenso y eficiente programa político, incluso desde antes del inicio de su gobierno[9]. Por tanto, contó con el tiempo, la energía e inteligencia para llevar a cabo un programa de amplias conquistas, que probablemente concentró durante los primeros años de su reinado. Una fuente fundamental para valorar la cuestión de su expansión territorial es la Crónica Babilónica. Este texto cuneiforme nos informa especialmente sobre la victoria contra Egipto, así como la posterior ofensiva sobre la región siro-palestina. Sirva como ejemplo el pasaje del ataque a Siria (noviembre-diciembre de 598 a. C.) y Jerusalén (marzo de 597 a. C.):

[7] Es bien conocido que el mismo Saddam Hussein se hizo representar en esculturas y murales junto a Nabucodonosor II, como su *alter ego*, comparando ambos poderes.

[8] Cf. Fig. 1: un total de 43 años, al igual que Hammurapi (ca. 1810-1750 a. C.).

[9] Recuérdese que en 605 a. C., siendo aún príncipe heredero, Nabucodonor II derrotó a los egipcios en Carquémis.

"En el séptimo mes: en el mes de Kislev el rey de Akkad congregó a sus tropas y marchó hacia la tierra de Ḫattu. Acampó frente a la ciudad de Yaḫudu [Jerusalén], y el segundo día del mes de Addaru se apoderó de la ciudad y capturó al rey. Un rey de su elección colocó en la ciudad. Tomando un gran botín, lo llevó a Babilonia"[10].

Otos textos cuneiformes, especialmente los de carácter administrativo hallados en el palacio meridional de la ciudad de Babilonia, hablan sobre la entrega y distribución de productos como dátiles, trigo o aceite de sésamo. Entre los beneficiarios de dichos alimentos encontramos al mismo Joaquín, rey de Judá que fue deportado en 597 a. C. junto a su familia a Babilonia. Por desgracia, la conservación de la Crónica Babilónica no nos informa sobre lo acontecido tras el año 594 a. C. Aún así, sabemos por fuentes bíblicas y arqueológicas que tras esta fecha el monarca caldeo siguió intentando someter la zona siro-palestina[11].

En su ímpetu conquistador, la segunda y definitiva toma de Jerusalén por parte de Nabucodonosor II se produjo en el verano de 586 a. C.:

"Ahora bien, en el mes quinto, el séptimo día del mes —o sea, el año diecinueve del rey Nabucodonosor, rey de Babilonia—, Nᵉbu-zar'adán, jefe de la escolta, servidor del monarca babilonio, entró en Jerusalén y quemó el Templo de Yahveh, el palacio real y todas las casas de Jerusalén; a todas las casas grandes prendió fuego"[12].

Cientos —si no miles— de habitantes del reino de Judá, especialmente los judíos de un alto estrato social, fueron trasladados forzosamente a la capital del Imperio. Algunos de ellos, así como sus descendientes, volverían tras la liberación de Ciro el Grande (539 a. C.), si bien otros se quedarían en Babilonia, también en época aqueménida[13]. Sea como fuere, tras la toma de Jerusalén la situación

---

10 Texto BM 21946, líneas 11-13 (cf. A. K. Grayson, *Assyrian and Babylonian Chronicles*, New York, 1975, 102).

11 Sobre estas cuestiones véase Juan Luis Montero Fenollós, *Breve Historia de Babilonia*, Madrid 2012, pp. 143ss.

12 2 Re 25, 8-9.

13 Sobre la interesante documentación cuneiforme para el estudio de las comunidades de exiliados judíos en épocas neobabilónica y persa, reseñables son los volúmenes de Laurie E. Pearce y Cornelia Wunsch (*Documents of Judean Exiles and West Semites in Babylonia in the Collection of David Sofer. CUSAS 28*. Bethesda: CDL Press, 2014) y el reciente de Cornelia Wunsch (*Judaeans by the Waters of Babylon. New historical evidence in cuneiform sources from rural Babylonia primarily from the Schøyen Collection*, Dresden: ISLET, 2022). Para otros análisis, véase especialmente el trabajo de Caroline Waerzeggers en el presente trabajo.

se estabilizó por lo general en toda la zona siro-palestina. A partir de entonces las inscripciones reales apuntan a una época de relativa paz y, sobre todo, de prosperidad.

Es precisamente en este período donde atestiguamos más testimonios cuneiformes que nos hablan sobre la vida de los babilónicos (contratos de diversa índole, textos administrativos, etc.) y también sobre los hechos y hazañas del propio rey. La documentación emanada de la cancillería de Nabucodonosor II no es sino un reflejo intencionado del amplio programa publicitario del monarca. Ello no es de extrañar y de hecho está justificado, ya que, como se apuntaba, nos encontramos ante el período de mayor esplendor de toda la dinastía caldea. Babilonia fue sin duda una de las mayores, más cosmopolitas y prósperas ciudades del mundo antiguo. Sus monumentos (jardines, templo, zigurat, murallas, puertas bellamente decoradas, etc.) eran conocidos en toda Mesopotamia.

El período neobabilónico nos ha provisto con decenas de miles de documentos, tanto publicados como aún inéditos[14], y de varios géneros literarios. La mayor parte de dichos textos provienen de los archivos de Babilonia, Borsippa, Nippur, Sippar y Uruk. Aún así, apenas contamos con documentación procedente de la administración real, y la mayor parte del corpus neobabilónico, de carácter legal y administrativo, procede de dos enormes excavaciones en archivos de los principales templos de Uruk y Sippar[15].

14 Contamos con más de 16.000 textos publicados para la época que nos ocupa. Con respecto al material inédito, y en palabras de Jursa, "there are tens of thousands of unpublished texts in museums all over the world" (M. Jursa, *Aspects of the Economic History of Babylonia in the First Millennium BC. Economic Geography, Economic Mentalities, Agriculture, the Use of Money and the Problem of Economic Growth*, Alter Orient und Altes Testament 377, Münster 2010, 6). Sobre los archivos babilónicos de esta época véanse especialmente O. Pedersén, *Archives and Libraries in the Ancient Near East. 1500-300 B.C.*, Bethesda 1998, 181–213; M. Jursa, *Neo-Babylonian Legal and Administrative Documents. Typology, Contents and Archives*, Guides to the Mesopotamian Textual Record 1, Münster 2005, 60–152; O. Pedersén, *Archive und Bibliotheken in Babylon. Die Tontafeln der Grabung Robert Koldeweys 1899-*

1917, Abhandlungen der Deutschen Orient-Gesellschaft (ADOG) 25, Saarbrücken 2005, 109–296 (Babilonia); Jursa, *Aspects of the Economic History of Babylonia*, 2–13.

15 Conocemos unos 8.000 textos del Eanna en Uruk (cf. Pedersén, *Archives and Libraries*, 205-209; P.-A. Beaulieu, *The Pantheon of Uruk During the Neo-Babylonian Period*, Cuneiform Monographs 23, Leiden 2003, 2-4; Jursa, *Aspects of the Economic History of Babylonia*, 11–12) y más de 35.000 del Ebabbar en Sippar (cf. A. C. V. M. Bongenaar, *The Neo-Babylonian Ebabbar Temple at Sippar*, Publications de l'Institut historique-archéologique néerlandais de Stamboul (PIHANS) 80, Leiden 1997, 2-4, Pedersén, *Archives and Libraries*, 193–194; R. Da Riva, *Der Ebabbar-Tempel von Sippar in frühneubabylonischer Zeit (640-580 v. Chr.)*, Alter Orient und Altes Testament 291, Münster 2002; Jursa, *Aspects of the Economic History of Babylonia*, 8–9).

También poseemos inscripciones reales que narran actividades del monarca de turno[16]. Su última función era la de asegurar al rey un lugar en la historia. Estos textos garantizaban el *zikir šumi*, la fama del rey por toda la eternidad, y estaban destinados no solo a los dioses y monarcas venideros, sino también a sus lectores contemporáneos[17]. Es precisamente el caso del texto presentado, un pequeño documento con un texto breve de época de Nabucodonosor II en el que éste se autoexalta como un rey piadoso.

3. EDICIÓN DE CDSJ 23638

El Centro de Documentación San Justino (CDSJ) es un centro de estudio perteneciente a la Facultad de Literatura Cristiana y Clásica de la Universidad San Dámaso (Madrid). Cuenta con numerosos fondos de investigación, destacando especialmente los más de 25.000 volúmenes dedicados a la Antigüedad, Antigüedad Tardía, Patrística y Estudios Bíblicos. Además, se pueden señalar como singulares los centenares de microfilmes de textos de manuscritos antiguos, la colección de mapas históricos o, en menor medida, el material histórico-arqueológico. Catalogados todos estos fondos según su orden de entrada[18], una de las piezas más significativas es el documento que aquí se presenta.

El documento CDSJ 23638 fue adquirido por el CDSJ el año 2016. Su material es adobe, y sus medidas son 18,5 cm (anchura), 14 cm (altura) y 3 cm (profundidad). Se trata del típico ladrillo de fundación y restauración de templos de época de Nabucodonosor II, con una inscripción estampada con caracteres cuneiformes. Aunque se encuentre fracturado en las partes superior e inferior izquierdas, la conservación por lo general es buena, y no hay dificultad alguna a la hora de leer lo presente e interpretar lo no conservado. La lengua del texto es acadia, si bien los elementos sumerios, como ocurre con este tipo de documentos de la época, son abundantes. Cabe señalar que los trazos de varios signos cuneiformes fueron repasados con lápiz de grafito en la modernidad, en todo caso antes de la adquisición por parte del CDSJ.

16 R. Da Riva, *The Neo-Babylonian Royal Inscriptions. An Introduction*, Münster, 2008.

17 Da Riva, *The Neo-Babylonian Royal Inscriptions*, 26.

18 Con ello significamos que el número de catálogo de la pieza presentada no implica que haya tantos textos cuneiformes como el propio número indica.

DANIEL JUSTEL VICENTE

Al no conocer el contexto arqueológico, resulta complicado precisar con exactitud la proveniencia del ladrillo. Sin embargo, es muy posible que su origen fuera la ciudad de Babilonia, siendo el tipo de documento que abunda en la parte sudeste del *Kasr* de esta ciudad[19]. En cuanto a su tipología, es muy similar a la presentada por Walker bajo las signaturas 41 y 41a[20], y para la que contamos con más de una cincuentena de ejemplos[21]. Sin embargo, contiene varias diferencias que reseñamos en el apartado "notas" (cf. abajo). A continuación se presenta la copia cuneiforme del documento, su transliteración, transcripción, traducción y breves comentarios.

Copia cuneiforme:

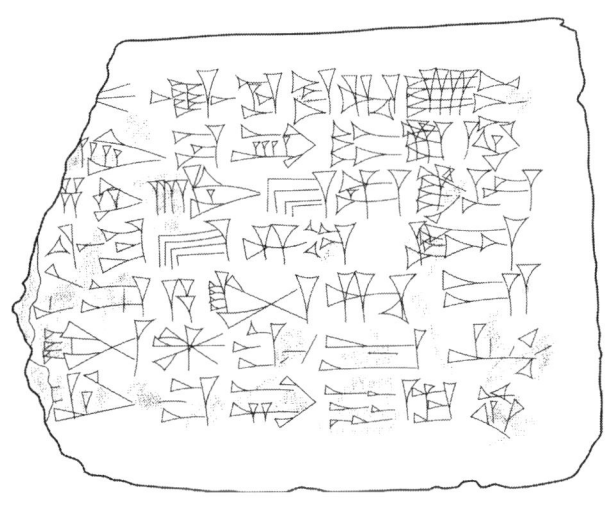

19 Cf. R. Koldeway, *Das wieder erstehende Babylon. Die bisherigen Ergebnisse der deutschen Ausgrabungen*, München 1990, 86, figura 48 (1.ª edición de 1913, Leipzig).

20 C. B. F. Walker, *Cuneiform Brick Inscriptions in the British Museum; The Ashmolean Museum, Oxford; The City of Birmingham Museums and Art Gallery; The City of Bristol Museum and Art Gallery*, London 1981, 82–86.

21 Cf. especialmente R. Da Riva, *The Neo-Babylonian Royal Inscriptions*, 117; así como E. Cussini, "Two Bricks in the Johns Hopkings University Archaeological Collection", *Nouvelles Assyriologiques Brèves et Utilitaires* 1991/61, p. 41; W. Tyborowski, "Brick Insriptions from Private Collections in Wielkopolska", *Nouvelles Assyriologiques Brèves et Utilitaires* 2001/94, 89–91; I. Schrakamp, "Nebukadnezar II. in Berlin", *Nouvelles Assyriologiques Brèves et Utilitaires* 2010/15, 15–16; J. Tudeau—A. Ahrens, "Nabuchodonosor II dans une collection privée allemande", *Nouvelles Assyriologiques Brèves et Utilitaires* 2014/104, 167–168.

Transliteración:

1. ⌜d⌝AK-*ku*-⌜*dúr*⌝-*ri-ú-ṣur*
2. [L]UGAL *ba-bi-i-lu*ki
3. ⌜*za*⌝-*ni-in* É.SAG.IL
4. *ù* É.ZI.DA
5. ⌜IBILA⌝ *a-ša-re-du*
6. *ša* d⌜AK-IBILA-URÙ⌝
7. ⌜LUGAL *ba-bi*⌝-*i-lu*⌜ki⌝

Transcripción:

1. *Nabû-kudurrī-uṣur*
2. *šar Bābilu*
3. *zānin Esagil*
4. *u Ezida*
5. *aplu ašaredu*
6. *ša Nabû-apla-uṣur*
7. *šar Bābilu*

Traducción:

Nabucodonosor, rey de Babilonia, quien se ocupó del (templo) Esagil y del (templo) Ezida; el heredero, el primogénito de Nabopolasar, rey de Babilonia.

Notas:

L. 1: ⌜d⌝AK-*ku*-⌜*dúr*⌝-*ri-ú-ṣur*: la lectura, presente en otros textos similares, es menos frecuente que dAK-*ku-dúr-ri*-URÙ. Existen otras variantes, como dAK-*ku-dúr-ru*-URÙ[22] o dAK-*ku-du-úr-ri*-⌜ÙRU⌝[23].

Ll. 2 y 7: *ba-bi-i-lu*ki: lectura más frecuente del topónimo "Babilonia" (otros casos como *ba-bi-lu*ki).

---

22 A. Bramanti, "Another Brick in Nebuchadnez-zar's Wall. A Catalogue of the Cuneiform Texts in the Collections of the National Museum of Oriental Art in Rome", *KASKAL. Rivista di storia, ambienti e culture del Vicino Oriente Antico* 12 (2015), 394–397 (texto n.º 3, línea 1).

23 Schrakamp, "Nebukadnezar II. in Berlin", 15 (texto n.º 1).

L. 3: *za-ni-in*: este sustantivo acadio *zāninu* ("el que provee", "proveedor") en su estado constructo *zānin*, aparece normalmente silabificado como *za-nin*, aunque encontramos otros paralelos similares a nuestro texto[24].

L. 7: ⌜LUGAL *ba-bī*⌝-*i-lu*⌜ki⌝ (*šar Bābilu*): en otros textos se incluye aquí el pronombre personal independiente de 1.ª persona del singular *ana-ku* (*anāku*, "yo"). No es el caso del molde que generó este documento.

L. 7: *ba-bi-i-lu*ki En otras ocasiones el topónimo "Babilonia" se redacta en sumerio: LUGAL KÁ.DINGIR.RA[ki25].

4. BIBLIOGRAFÍA

P.-A. Beaulieu, *The Pantheon of Uruk During the Neo-Babylonian Period*, Cuneifrom Monographs 23, Leiden.

A. C. V. M. Bongenaar, *The Neo-Babylonian Ebabbar Temple at Sippar*, Publications de l'Institut historique-archñeologique néerlandais de Stamboul (PIHANS) 80, Leiden.

A. Bramanti, "Another Brick in Nebuchadnezzar's Wall. A Catalogue of the Cuneiform Texts in the Collections of the National Museum of Oriental Art in Rome", *KASKAL. Rivista di storia, ambienti e culture del Vicino Oriente Antico*, volumen 12, pp. 391-399.

E. Cussini, "Two Bricks in the Johns Hopkings University Archaeological Collection", *Nouvelles Assyriologiques Brèves et Utilitaires* 1991/61, 41.

A. K. Grayson, *Assyrian and Babylonian Chronicles*, New York, 1975.

F. Joannès, *La Mésopotamie au 1er millénaire avant J.-C.*, Paris, 2000.

— (dir.), *Rendre la justice en Mésopotamie. Archives judiciaires du Proche-Orient ancien (IIIe-Ie millénaires avant J.-C.)*, Saint-Denis, 2000.

— "Les textes judiciaires néo-babyloniens", en Joannès, *Rendre la justice*, 201-239.

— (dir.), *Dictionnaire de la civilisation mésopotamienne*, Paris, 2001.

— "Néo-babyloniens (rois)", en Joannès, *Dictionnaire*, 568-570.

---

24 Como en K. Volk, "Eine weitere Nebukadnezar II. Backstein-Inschrift", *Nouvelles Assyriologiques Brèves et Utilitaires* 1999/22, 23 (línea 3: *za-ni-in* É.SAG.ÍL).

25 Cussini, "Two Bricks", 41 (texto n.º 1, líneas 1 y 4) y W. Tyborowski, "Brick Insriptions", 89 (texto n.º 1, líneas 1 y 4).

M. Jursa, *Neo-Babylonian Legal and Administrative Documents. Typology, Contents and Archives*, Guides to the Mesopotamian Textual Record 1, Münster 2005.

—*Aspects of the Economic History of Babylonia in the First Millennium BC. Economic Geography, Economic Mentalities, Agriculture, the Use of Money and the Problem of Economic Growth*, Alter Orient und Altes Testament 377, Münster, 2010.

O. Lipschits—J. Blenkinsopp (eds.), *Judah and the Judeans in the Neo-Babylonian Period*, Winona Lake, 2003.

L. E. Pearce—C. Wunsch, *Documents of Judean Exiles and West Semites in Babylonia in the Collection of David Sofer*. CUSAS 28, Bethesda 2014.

O. Pedersén, *Archives and Libraries in the Ancient Near East. 1500-300 B.C.*, Bethesda, 1998.

—*Archive und Bibliotheken in Babylon. Die Tontafeln der Grabung Robert Koldeweys 1899-1917*, Abhandlungen der Deutschen Orient-Gesellschaft (ADOG) 25, Saarbrücken, 2005.

R. da Riva, *Der Ebabbar-Tempel von Sippar in frühneubabylonischer Zeit (640-580 v. Chr.)*, Alter Orient und Altes Testament 291, Münster, 2002.

—*The Neo-Babylonian Royal Inscriptions. An Introduction*, Guides to Mesopotamian Textual Record, Volume 4, Münster, 2008.

R. H. Sack, "Nebuchadnezzar II and the Old Testament: History versus Ideology", en O. Lipschits—J. Blenkinsopp, *Judah and the Judeans*, 221-233.

— *Images of Nebuchadnezzar. The Emergence of a Legend*, Second Revised and Expanded Edition, Cranbury, 2004.

I. Schrakamp, "Nebukadnezar II. in Berlin", *Nouvelles Assyriologiques Brèves et Utilitaires* 2010/15, 15-16.

J. Tudeau—A. Ahrens, "Nabuchodonosor II dans une collection privée allemande", *Nouvelles Assyriologiques Brèves et Utilitaires* 2014/104, 167-168

W. Tyborowski, "Brick Insriptions from Private Collections in Wielkopolska", *Nouvelles Assyriologiques Brèves et Utilitaires* 2001/94, pp. 89-91.

K. Volk, "Eine weitere Nebukadnezar II. Backstein-Inschrift", *Nouvelles Assyriologiques Brèves et Utilitaires* 1999/22, 23.

C. B. F. Walker, *Cuneiform Brick Inscriptions in the British Museum; The Ashmolean Museum, Oxford; The City of Birmingham Museums and Art Gallery; The City of Bristol Museum and Art Gallery*, London, 1981.

C. Wunsch, *Judaeans by the Waters of Babylon. New historical evidence in cuneiform sources from rural Babylonia primarily from the Schøyen* Collection (with contributions by James D. Moore and Laurie E. Pearce), Babylonische Archive 6, Dresden, 2022.

"¿CON QUIÉN PODRÉIS COMPARAR A DIOS?" (IS 40,18). EL EXILIO COMO REVULSIVO TEOLÓGICO

Ignacio Carbajosa
Universidad San Dámaso

1. NABUCODONOSOR Y EL REINO DE JUDÁ

Cuando en el 605 a. C. las primeras noticias de la victoria de Nabucodonosor II sobre el Faraón Necao II, en la batalla de Karkemiš, llegaron a Jerusalén, no es arriesgado imaginar que suscitaran regocijo en el pueblo. Fue el mismo Faraón, ahora humillado, el que infligió una dura derrota al ejército de Judá en la batalla de Megido, tres años antes, en la que murió el gran rey Josías. Con mucha probabilidad, esa alegría no fue compartida por las autoridades de la ciudad, conscientes de que el nuevo imperio, tarde o temprano, se haría presente en la capital para exigir una pleitesía que hasta entonces se rendía a Egipto.

En efecto, el rey Joaquín acabó plegándose a los intereses de la potencia emergente, aunque muy a su pesar y por poco tiempo. La participación del reino de Judá en una revuelta contra Babilonia desencadenó la reacción violenta de Nabucodonosor, que asedió Jerusalén y entró en ella en el 597 a. C., llevándose consigo a Babilonia al monarca y a una buena parte de la población. En su lugar, sube al trono Sedecías, que acabaría corriendo la misma suerte que su predecesor. Una nueva revuelta, esta vez con el apoyo de Egipto, desencadena la reacción del imperio.

Las tropas de Nabucodonosor vuelven a asediar la ciudad, que acaba cediendo en el 587/586 a. C. Siguiendo una ley no escrita que los grandes imperios se encargan de confirmar cada vez que es necesario, una segunda rebelión implica la destrucción de la ciudad (empezando por su perímetro amurallado), la desaparición del reino rebelde, que se incorpora como provincia al imperio, y la deportación de aquella parte de la población que sostiene la organización y vida básica de un Estado.

El rey Sedecías, junto con aquellos notables, funcionarios, sacerdotes o profesionales que se habían librado de la primera deportación, toman la vía del exilio a Babilonía. En Jerusalén sólo queda una parte del pueblo pobre que se dedica a cultivar las viñas y labrar los campos (cf. 2 Re 25,12). Desde entonces, y por casi cincuenta años, la "conciencia" del pueblo de Judá (su vida política y religiosa, su literatura, su profecía) se traslada al exilio[1].

2. EL EXILIO: UNA PROFUNDA CRISIS RELIGIOSA

La destrucción de Jerusalén llega tan solo treinta y cinco años después del inicio de la gran reforma religiosa de Josías, alentada por el profeta Jeremías (a partir del descubrimiento de un "rollo de la ley" en el templo, en el 622 a. C., cf. 2 Re 22,8). Los que vieron entrar a Nabucodonosor en la ciudad (tanto la primera como la segunda vez), habían conocido el esplendor que acompañó a la reforma deuteronomista, que coincidió con una época de auge del reino de Judá, hasta la trágica muerte de Josías en el 608 a. C.

La reforma trae la centralización del culto a YHWH en el templo de Jerusalén, proscribe el culto a Baal y a Aserá, e instaura nuevas fiestas religiosas (cf. 2 Re 22,8 – 23,25). Todo ello va acompañado de una profunda teología, siguiendo el espíritu del libro del Deuteronomio, que une con una línea de fuerte coherencia la extraordinaria intervención de YHWH en Egipto para liberar a Israel de la esclavitud, la conducción a través del desierto, la alianza del Sinaí y el compromiso del pueblo de escuchar la voz de su Dios. La idea de "beneficio", de don que debe ser razonablemente correspondido con la obediencia y el agradecimiento, preside la insistencia del Deuteronomio:

---

1   Un buen estudio multidisciplinar sobre la situación de los judíos en Babilonia se puede encontrar en J. Stökl y C. Waerzeggers (eds.), *Exile and Return. The Babylonian Context*, Berlin 2015.

"Guárdate de olvidar a YHWH, tu Dios, no observando sus preceptos, sus mandatos y sus decretos que yo te mando hoy. No sea que, cuando comas hasta saciarte, cuando edifiques casas hermosas y las habites, cuando críen tus reses y ovejas, aumenten tu plata y tu oro, y abundes en todo, se engría tu corazón y olvides a YHWH, tu Dios, que te sacó de la tierra de Egipto, de la casa de esclavitud (...). Y no pienses: "Por mi fuerza y el poder de mi brazo me he creado estas riquezas". Acuérdate de YHWH, tu Dios: que es él quien te da la fuerza para adquirir esa riqueza, a fin de mantener la alianza que juró a tus padres, como lo hace hoy" (Dt 8,11-14.17-18)[2]

La tierra que pisa y cultiva Judá es memoria continua de la bondad de YHWH y de la preferencia por su pueblo. No es de extrañar que la primera deportación y, sobre todo, la segunda, sumieran a los judíos en una profunda crisis religiosa. De la noche a la mañana el pueblo elegido se ve despojado de uno de los grandes dones que determinaban la conciencia de la relación con su Dios: la tierra prometida. Pero no es este el único don divino que se pierde. El templo, lugar de la presencia de YHWH, es destruido por las tropas de Nabucodonosor. Desaparece, por tanto, el lugar donde presentar las súplicas, las ofrendas y los sacrificios, lugar cuyo esplendor decía la grandeza del propio Dios. Y, por último, desaparece la monarquía, que aseguraba la unidad política del pueblo elegido, quebrándose la promesa hecha a David que parecía destinada a durar para siempre: "no te faltará uno de los tuyos sobre el trono de Israel" (1 Re 2,4).

¿Dónde está Dios? ¿Ha abandonado a su pueblo? Judá se siente huérfano sin tierra, sin templo, sin rey. La pérdida de estos tres grandes referentes esenciales para la relación con YHWH inaugura la crisis religiosa en la que se hunde Judá camino del exilio y supone el primer desafío que la fe del pueblo debe afrontar. La estancia en Babilonia no hará sino agudizar esta crisis de la imagen de Dios con nuevos desafíos.

El segundo desafío, ya en el destierro, tuvo que nacer del impacto con la cultura y la religión babilónicas. El Dios de Judá sería necesariamente considerado en Babilonia como un dios menor: no ha sido capaz de defender a su pueblo y evitar el exilio. Ezequiel, el profeta de la primera deportación, es el primero en plantear esta paradoja: YHWH ha castigado justamente a su pueblo

2   En las citas de textos bíblicos sigo la *Sagrada Biblia*, versión oficial de la Conferencia Episcopal Española, excepto en aquellas ocasiones en las que la corrijo para seguir de cerca el texto hebreo. De hecho, explicito el nombre divino YHWH, en lugar de *el Señor*, que aparece en dicha versión.

por sus malas acciones permitiendo que fuera presa de Nabucodonosor y acabara en tierra extranjera. Pero este hecho se vuelve en contra del "nombre" de YHWH, es decir, de su prestigio, pues, de hecho, los gentiles concluían: "el dios de Judá no ha sabido defender a su pueblo, es un dios débil":

> "Los dispersé por las naciones, y anduvieron dispersos por diversos países. Los he juzgado según su conducta y sus acciones. Al llegar a las diversas naciones, profanaron mi santo nombre, ya que de ellos se decía: «Estos son el pueblo de YHWH y han debido abandonar su tierra». Así que tuve que defender mi santo nombre, profanado por la casa de Israel entre las naciones adonde había ido" (Ez 36,19-21)

Deportaciones como las que sufre Judá estaban al orden del día siguiendo las políticas imperiales. Normalmente implicaban la desaparición de naciones y de los dioses a ellas ligados. Si la nación sobrevive, el dios de turno es abandonado, desechado por ineficaz. Podemos imaginar a los judíos sufriendo las burlas mientras Marduk y el resto de dioses o ídolos, como columnas de un imperio que parece invencible, brillan de esplendor en las grandes fiestas en su honor.

El tercer desafío que debe afrontar la fe de Judá está muy ligado al anterior. El núcleo de la población de Judá vive ahora en el corazón del imperio. Desde ahí sigue los acontecimientos que marcan la geopolítica. Si hace tiempo descubrió la insignificancia del rey Josías ante el Faraón Necao, y más adelante fue deslumbrado por el poderío de Nabucodonosor y su imperio, en los últimos años del exilio ve nacer un nuevo actor que determinará el futuro de los pueblos: Ciro rey de Persia. Aparentemente no hay ninguna conexión entre YHWH y estos acontecimientos. Pero entonces, ¿no es el Dios de Judá el que rige los designios de la historia?[3].

---

3 Marjo C. A. Korpel habla también de un triple desafío que debe afrontar el profeta: "The apathy of those who asked themselves whether God had rejected his people for ever. The apostasy of those who chose to worship the deities of their mighty opponents. The seemingly definitive end of the Davidic dynasty" (M. C. A. Korpel, "Second Isaiah's Coping with the Religious Crisis: Reading Isaiah 40 and 55", en B. Becking y M. C. A. Korpel [eds.], *The Crisis of Israelite Religion. Transformation of Religious Tradition in Exilic and Post-Exilic Times*, Leiden 1999, 91). En una línea parecida, Ralph Klein interpreta los oráculos del Segundo Isaías como la respuesta del profeta a las dudas de los exiliados respecto a la capacidad de YHWH para salvarlos (R. W. Klein, *Israel in Exile. A Theological Interpretation*, Philadelphia 1979, 97-124).

3. EL SEGUNDO ISAÍAS COMO RESPUESTA A LOS DESAFÍOS DE LA CRISIS

Desde que en 1892 B. Duhm publicara su influyente comentario sobre el libro de Isaías[4], la mayoría de los estudiosos estuvieron de acuerdo en situar los oráculos del segundo Isaías (ahora reducidos a Is 40-55) en el exilio babilónico, más concretamente en los años que precedieron a la llegada del rey Ciro, cuya victoria sobre el imperio decadente era más que previsible. En este contexto, las palabras de esta parte del libro se entienden como un mensaje de esperanza dirigido a un pueblo desmoralizado. Sin embargo, en las últimas décadas una parte de la investigación crítica ha dudado de la unidad de esta segunda parte y ha desplazado la composición de sus oráculos a la época postexílica[5].

No es este el lugar para discutir en profundidad sobre la unidad de esta parte del libro y sobre la datación de sus oráculos[6]. Una cuestión, sin embargo, debemos afrontar, aunque sea sumariamente, visto que está en juego la viabilidad de una cierta lectura de estos capítulos. ¿Verdaderamente esos oráculos pueden seguir entendiéndose como respuesta a los desafíos que vive Judá en el destierro?

Uno de los puntos en los que los estudiosos han alcanzado un cierto consenso, aunque sea a partir de interpretaciones diferentes, es la distinción, dentro del llamado Deuteroisaías, de dos unidades literarias: los capítulos 40-48, de una parte, y 49-55, de otra[7]. En la segunda unidad desaparecen algunos temas o insistencias tratados en la primera (por ejemplo, en 40-48 el rey Ciro es nombrado dos veces y aparece implícitamente en varias ocasiones; a partir del capítulo 49 desaparece completamente)[8], a la vez que aparecen otros que son

4 B. Duhm, *Das Buch Jesaia*, Göttingen ⁵1968.

5 Cf. H. M. Barstad, *The Babylonian Captivity of the Book of Isaiah. "Exilic" Judah and the Provenance of Isaiah 40-55*, Oslo 1997; R. Albertz, *Israel in Exile: The History and Literature of the Sixth Century B.C.E.*, Atlanta 2003, 376-433; M. Goulder, "Deutero-Isaiah of Jerusalem", *Journal for the Study of Old Testament* 28 (2004), 351-362; L.-S. Tiemeyer, *For the Comfort of Zion: The Geographical and Theological Location of Isaiah 40-55*, Leiden 2011.

6 Remitimos al resumen de opiniones que realiza Tiemeyer, *For the Comfort of Zion*, 3-6.

7 Cf. Albertz, *Israel in Exile*, 376-433.

8 Ciro es nombrado en Is 44,28 y en 45,1, pero aparece implícitamente en Is 41,1-5; 41,21-29; 43,14-15; 44,24-28; 45,1-7; 45,9-13; 46,8-13; 48,12-16. "There is no doubt that the entire section consisting in chs. 40-48, and only this section, is about Cyrus, his campaigns, and their predicted impact on the fortunes of Jewish communities throughout the Near East and in the province of Judah in particular" (J. Blenkinsopp, *Isaiah 40-55*, New Haven 2002, 248).

nuevos (por ejemplo, a partir del capítulo 49, un buen número de oráculos se dirigen a Jerusalén). A partir de esta distinción, los autores se dividen a la hora de datar la composición de cada una de ellas.

Por lo que se refiere a la segunda parte (Is 49-55), los argumentos que defienden su composición postexílica a partir de su colorido jerosolimitano tienen un peso relevante y son difíciles de discutir[9]. Sobre la primera parte (Is 40-48), sin embargo, la discusión es mucho más abierta. En este caso tienen más peso los argumentos en favor de un contexto en Babilonia, más allá del hecho de que la redacción se haya completado a la vuelta del destierro. Lo que está en juego es si el núcleo de esos capítulos ha nacido afrontando la crisis del exilio y a partir de las esperanzas suscitadas por la inminente llegada del rey persa Ciro. La discusión sobre la datación de estos oráculos ha espoleado la investigación, de modo que han salido a la luz nuevos y originales argumentos que "devuelven" esta primera parte del Deuteroisaías a su marco babilónico, en especial aquellos que subrayan el paralelismo entre Is 40-48 y la literatura babilónica, especialmente sus rituales[10].

La reciente monografía de Frederik Poulsen, *The Black Hole in Isaiah*, reivindica el tema del exilio como central en toda la obra de Isaías[11] y defiende con energía la relación entre los oráculos del libro y los acontecimientos históricos de la destrucción de Jerusalén y la deportación a Babilonia, por más que los segundos sean modelados por interpretaciones teológicas[12].

---

9 Cf. L.-S. Tiemeyer, "Geography and Textual Allusions: Interpreting Isaiah xl-lv and Lamentations as Judahite Texts", *Vetus Testamentum* 57 (2007) 367-385.

10 Cf. Blenkinsopp, *Isaiah 40-55*, 105-110; J. Blunda, *La proclamación de Yhwh Rey y la constitución de la comunidad postexílica. El Déutero-Isaías en relación con Salmos 96 y 98*, Roma 2010; J. Blunda, "Un profeta en el conflicto de las interpretaciones. Is 40-48 y los textos neobabilónicos", *Salmanticensis* 63 (2016) 7-22.

11 "[E]xile in Isaiah hides itself as «a black hole» at the center of the composition and thereby has a decisive influence on the literary structure, poetic imagery, and theological message of the book (…). [E]xile conceals itself at the center of the prophetic book. Apparently, nothing happens -there is just a blank space- but something decisive must take place. Exile is such a strong force that it absorbs life, light, and hope and only causes silence, darkness, and death" (F. Poulsen, *The Black Hole in Isaiah. A Study of Exile as a Literary Theme*, Tübingen 2019, 1-2). Cf., en la misma línea, F. Landy, "Metaphors for Death and Exile in Isaiah", en J. Høgenhaven, F. Poulsen y C. Power (eds.), *Images of Exile in the Prophetic Literature. Copenhagen Conference Proceedings 7-10 May 2017*, Tübingen 2019, 9-25 (9).

12 "In my view, there should be little doubt that a considerable portion of the material in Isaiah is shaped by historical events and experiences outside of the book, including the Babylonian invasion of Jerusalem and the series of deportations in the early sixth century BCE (…). Nevertheless, the creative

Nuestro estudio parte de la hipótesis de que los oráculos de Is 40-48 se escriben en diálogo con el contexto y los acontecimientos del exilio, y a la vez pretende confirmar dicho punto de partida. En efecto, esos capítulos se entienden mejor si se conciben como respuesta a los desafíos que la crisis religiosa provocada por el destierro había planteado a Judá. Nos centraremos concretamente en el estudio de tres capítulos (40, 45 y 46) que afrontan, respectivamente, las preguntas implícitas en los tres desafíos más arriba aludidos: ¿Dónde está Dios? ¿Quién rige los designios de los pueblos? ¿Se puede comparar a YHWH con los dioses paganos?

Vale la pena notar, desde el principio, que los tres desafíos mencionados no se afrontan de forma aislada y por orden. Aunque cada uno de los capítulos seleccionados tiene como objetivo principal uno de esos desafíos, sin embargo, el resto de desafíos está presente de un modo u otro, no en vano están muy relacionados entre sí.

4. "ALZAD LOS OJOS A LO ALTO Y MIRAD: ¿QUIÉN CREÓ TODO ESTO?" (IS 40,26). EL DIOS DE LA CREACIÓN

Hemos querido sintetizar en la pregunta "¿Dónde está Dios?" el primer desafío que Judá afronta en su particular crisis religiosa "junto a los canales de Babilonia" (cf. Sal 137,1). Una de las características más marcadas de la experiencia religiosa de Israel (entendido como el conjunto del pueblo elegido por YHWH) es la de la intervención de Dios en la historia. El temor de YHWH no se entiende sino como respuesta a una presencia imponente que se hace objeto de experiencia, que se muestra a los ojos del pueblo "con mano potente". Así se muestra en la experiencia paradigmática del paso del Mar Rojo:

and poetic nature of biblical discourse suggests that we encounter theological interpretations rather than verifiable historical records" (Poulsen, *The Black Hole in Isaiah*, 14). De un modo muy parecido se expresa Hyun Chul Paul Kim: "My thesis is that, even though Deutero-Isaiah does not appear to directly recount the everyday conditions of the exile, key words and concepts in these chapters invite a double reading as both metaphorical and literal reflections of the exile and thereby point to the enormous traumas and impacts inherently brought about by the exile" (H. C. P. Kim, "Metaphor, Memory, and Reality of the "Exile" in Deutero-Isaiah", en J. Høgenhaven, F. Poulsen y C. Power (eds.), *Images of Exile in the Prophetic Literature. Copenhagen Conference Proceedings 7-10 May* 2017, Tübingen 2019, 45-61 [45]).

"Aquel día salvó YHWH a Israel del poder de Egipto, e Israel vio a los egipcios muertos, en la orilla del mar. Vio, pues, Israel la mano potente que YHWH había desplegado contra los egipcios, y *temió* el pueblo a YHWH, y creyó en YHWH y en Moisés, su siervo" (Ex 14,30-31)

Israel *vio* los hechos que YHWH había realizado y solo entonces *temió* a su Dios. Desde aquella experiencia fundante de la salida de Egipto, el pueblo elegido ha experimentado la presencia e incidencia de YHWH a lo largo de su historia, y de ello da testimonio su particular visión del mundo[13]. Un ejemplo más cercano al periodo que nos ocupa lo encontramos en la "apuesta" que el profeta Elías realiza con los profetas de Baal sobre el monte Carmelo, delante de todo el pueblo (cf. 1 Re 18,16-40). La audacia del profeta de Israel, tal y como es presentada en el primer libro de los Reyes, solo se entiende desde la certeza, anclada en la experiencia de aquel pueblo, de que YHWH entra en la historia (hasta el punto de arrojar fuego sobre el sacrificio).

En este contexto, en el que Israel liga la presencia de YHWH al cumplimiento continuo en la historia de sus promesas a favor del pueblo, se entiende la crisis religiosa provocada por la destrucción de Jerusalén y del templo, la pérdida de la monarquía y el exilio en Babilonia. El lamento de Judá en tierra extranjera se sintetiza en esta pregunta dolorida: "¿Dónde está Dios?". Los paganos con los que ahora conviven en Babilonia no hacen sino agudizar la pregunta, al establecer la misma conexión entre la situación de Judá y la debilidad de su Dios: "¿Por qué han de decir las naciones: «Dónde está su Dios?»" (Sal 79,10; 115,2).

A esta perplejidad sale al encuentro tanto la tardía profecía de Jeremías, tras la primera deportación, como la primera de Ezequiel, entre los deportados. Ambos subrayan que las desgracias que Judá experimenta son fruto de su infidelidad y, por tanto, no deben "atribuirse" a una extraña voluntad de Dios o a su desaparición del panteón[14]. Con todo, esta conciencia de la propia culpa, que

---

13   Un ejemplo paradigmático es la ley que prohíbe hacer esclavos de entre los israelitas. La razón es estrictamente teológica: "Si un hermano tuyo se empobrece en sus negocios contigo y se te vende, no le impondrás trabajos de esclavo; estará contigo como jornalero o como huésped, y trabajará junto a ti hasta el año del jubileo. Entonces saldrá libre de tu casa, él y sus hijos con él, y volverá a su familia y a la propiedad de sus padres. Al ser siervos míos, a quienes yo saqué de la tierra de Egipto, no pueden ser vendidos como esclavos. No lo tratarás con dureza, sino que temerás a tu Dios. Los siervos y las siervas que poseas, serán de los pueblos que os rodean; de ellos podréis adquirir siervos y siervas" (Lv 25,39-44).

14   Cf. Jer 25,8-13 y Ez 6-9.

parece arraigada en el pueblo tras la segunda deportación, no basta para neutralizar la pregunta, que toma nuevos matices: "¿Es que YHWH nos rechaza para siempre y ya no volverá a favorecernos? ¿Se ha agotado ya su misericordia, se ha terminado para siempre su promesa?" (Sal 77,8-9).

Las primeras palabras que la profecía del segundo Isaías dirige a Israel van encaminadas a consolar a un pueblo que se siente "dejado de la mano de Dios" ("Consolad, consolad a mi pueblo", Is 40,1). La segunda sección de este capítulo (40,12-31), ataca de raíz la percepción de que Dios ya no está presente. De hecho, su misma redacción está hecha en diálogo con las objeciones de fondo de Judá[15]: "¿Por qué andas diciendo, Jacob, y por qué murmuras, Israel: «A YHWH no le importa mi destino, mi Dios pasa por alto mis derechos»?" (Is 40,27). El pueblo compara el presunto abandono que experimenta con la aparente omnipresencia de los dioses babilónicos, como se ve en la pregunta puesta en boca de Dios: "¿Con quién podréis compararme, quién es semejante a mí?" (Is 40,25). Repasemos esta sección (40,12-31) sorprendiendo, en acción, la respuesta del profeta al primer desafío suscitado por la crisis religiosa (¿Dónde está Dios?).

Como ya aludimos más arriba, los diferentes desafíos pueden distinguirse, pero es más difícil separarlos. El oráculo que ahora estudiamos pretende salir al encuentro de la objeción del pueblo en el exilio acerca del "silencio" de Dios. Teniendo en cuenta que Judá contempla a diario el "ruido" de los dioses paganos y el poderío de Babilonia, es más que comprensible que la respuesta al primer desafío se construya, en ocasiones, con argumentos que responden a los otros desafíos. Más concretamente, en este caso, la insistencia en la presencia de Dios, que no ha abandonado a su pueblo, se hace en polémica con los dioses y naciones paganas.

I

40^{12} ¿Quién ha medido el mar
con el cuenco de sus manos
y mensurado a palmos el cielo,
o con una medida el polvo de la tierra?
¿Quién ha pesado en la báscula los montes

---

15 "40:12-31 is a unity; the sections (vv. 12-17; 18-24; 25f.; 27-31) all fall into the one literary category of disputation" (C. Westerman, *Isaiah 40-66: A Commentary*, London 1969, 48).

y en la balanza las colinas?
[13] ¿Quién ha medido el espíritu de YHWH?
¿Qué consejero lo ha instruido?
[14] ¿Con quién se aconsejó para comprender,
para que lo instruyera
en el camino del derecho,
le enseñara el saber
y le diera a conocer la prudencia?

Judá no "ve" la mano de YHWH, que en otro tiempo se desplegaba, portentosa, delante de sus ojos. Sin embargo ve, o mejor, no ha dejado nunca de ver, el cielo, el mar, la tierra, los montes y las colinas. La pedagogía divina comienza a desplegar aquí, de modo admirable, todos sus recursos. La batería de preguntas retóricas (cuya respuesta es obvia, en sus dos modalidades: "¿Quién ha medido el mar? ¡YHWH!" o "¿Quién ha pesado en la báscula los montes? ¡Ningún hombre es capaz!")[16] saca a Judá de su "letargo" como aquel otro interrogatorio divino sacó a Job de su horizonte limitado (cf. Job 38-39). El punto de partida de la iniciativa divina, en ambos casos, son las cosas más inmediatas que están en el horizonte de la experiencia humana.

En efecto, el interrogatorio tiene la finalidad de ayudar a Judá a "caer en la cuenta" de que las cosas más evidentes, aquellas que tiene delante de los ojos, como el mar, el cielo o la tierra, no se sostienen en el ser por sí solas. No han llegado a la existencia por generación espontánea. La presencia de las cosas más evidentes remite a la presencia de YHWH como único Dios creador del mar, el cielo y la tierra. Cuando el pueblo sufre el silencio de Dios en su historia se ve empujado por la profecía a levantar la cabeza y reconocer la omnipresencia de ese mismo Dios en la imponencia de su creación. Como veremos más adelante (cf. Is 40,21), el pueblo elegido ha realizado a lo largo de los siglos un camino de conocimiento que incluye la noticia de que el Dios que les ha sacado de Egipto es el Dios que ha creado los cielos y la tierra, todo el universo visible. Ahora es el momento en el que este dato, ya presente en la tradición, puede ser asimilado e incorporado a la conciencia del pueblo.

Parece que ya estos primeros versos se construyen en contraste con los dioses de Babilonia. De Marduk se dice que es "el que mide las aguas del mar"[17].

---

16 Cf. K. Baltzer, *A Commentary on Isaiah 40-55*, Minneapolis 2001, 67.

17 Así aparece en el ritual de la Fiesta del Año Nuevo. Cf. J. B. Pritchard, *Ancient Near Eastern Texts*

¿Es esto verdad? En el oráculo de Isaías, medir y pesar son las dos actividades que se predican del sujeto que se esconde tras el pronombre interrogativo ¿quién? El valor retórico de las preguntas funciona en el doble sentido referido más arriba: en la respuesta implícita se afirma, por un lado, que nadie puede medir o pesar los grandes elementos de la naturaleza, ni siquiera Marduk, mientras que se confiesa, por otro, que todo ha sido creado por YHWH.

Hasta tal punto YHWH es omnipotente y creador único de todas las cosas que no ha necesitado consejero para llevar a cabo su obra, como sí lo necesitó Marduk en la mitología babilónica: fue aconsejado por el dios sabio Ea[18]. Si no lo ha necesitado para crear la tierra que ahora pisa Judá y el cielo que contempla, ciertamente tampoco lo necesita para comprender "el camino del derecho" (אֹרַח מִשְׁפָּט), es decir, para entender cuál es el modo justo de tratar a Judá y de comportarse con los pueblos. Si YHWH es incomparable en su dimensión como creador, es inescrutable en su dimensión de regidor de los destinos de los pueblos. Como nadie puede medir las dimensiones de lo creado, nadie posee las medidas para emitir un juicio sobre los planes o acciones de YHWH.

II

40 [15] Mirad, las naciones son gotas en un cubo;
pesan lo que el polvo en la balanza.
Mirad, las islas pesan lo que un grano.
[16] El Líbano no basta para leña,
ni sus fieras para el holocausto.
[17] Las naciones son como nada en su presencia.
Ante él son valoradas como nada y confusión.

Salta a la vista, como ya habíamos anticipado, que la respuesta al primer desafío (¿dónde está Dios?) ha acabado afrontando los otros dos (la naturaleza de los dioses de Babilonia y la pregunta sobre quién rige la historia). En esta segunda estrofa la respuesta profética continúa su repaso pedagógico por aquello que sí ve Judá. Ahora dirige la atención (v. 15 הֵן, ¡He aquí! ¡Mira!) a otra realidad "imponente" para Judá: las naciones que han subyugado al pueblo elegido, empezando por Babilonia.

Relating to the Old Testament (*ANET*), Princeton–New Jersey 1969, 332, ll. 240-241.

18   Blenkinsopp, *Isaiah 40-55*, 191.

Hay un evidente contraste entre esta estrofa y la anterior a partir de un recurso común: la medida y el peso. Lo que Judá consideraba intranscendente en sus cálculos humanos (la mera existencia de mar, cielo, tierra, montes y colinas) se manifiesta como imponente y revelador de la presencia divina. Por el contrario, aquello que Judá juzgaba como realidad decisiva e insuperable, la nación bajo cuyo peso vivían, se muestra como objeto liviano, inconsistente. Si el mar inmenso es inabarcable (cf. v.12), y dice del Dios que lo ha creado, las naciones no son más que gotas en un cubo (v.15). Si no hay medida que abrace la tierra entera, los pueblos gentiles no son más que polvillo de balanza.

Todo se redimensiona, esta vez a partir de la justa medida de las cosas, que es Dios mismo, creador y regidor de todo. Hasta tal punto Dios está más allá de las medidas que ni todos los cedros del Líbano bastarían como leña para uno solo de sus "sacrificios", ni las fieras de aquella región como holocausto. Como de medidas se trata, y para forzar la comparación al máximo, el oráculo profético usa una terminología poco frecuente en la Biblia: las naciones son "nada" (אַיִן)[19], "cero" (אֶפֶס) y "vacío" (תֹהוּ). El interés por fundar a la vez la inconmensurabilidad de Dios y la irrelevancia de las naciones ha llevado al profeta a presentar a Dios como el ser que da el ser y a expulsar a los pueblos paganos a la esfera del no ser. Si los términos "nada" y "cero" remiten al no ser, el tercer vocablo nos remite al momento previo a la creación, cuando la tierra era "vacío y vacuidad" (תֹהוּ וָבֹהוּ, Gn 1,2). ¿Estamos ante una exageración? ¿Verdaderamente las naciones que oprimen a Judá son "nada"?[20]. La imagen es potentísima. No se trata de un combate un tanto desigual en el que sale vencedor YHWH. Dios es creador, las naciones son creadas y sostenidas en el ser. En un instante YHWH puede dejar de sostener a los pueblos paganos.

III

40[18] ¿Con quién podréis comparar a Dios
y qué imagen pondréis en su lugar?
[19] ¿Un ídolo? Un artesano lo funde,

---

19 Blenkinsopp, *Isaiah 40-55*, 192.
20 "The purpose of the exaggerations, which in fact are only seeming, is the removal of the stumbling-block caused by a skeptical view of the situation. Israel needed to be brought hard up against this, in order that she might once again see what she had known for a long while, that, as the creator, God is the lord of history. The verses are intended to destroy a false premise" (Westermann, *Isaiah 40-66*, 52).

el orfebre lo recubre de oro
y un platero le suelda cadenas de plata.
[20] Alguno escoge una madera fina
que no se desgaste,
se busca un hábil artesano
para hacerse una imagen resistente.

La pregunta acerca de la presencia de Dios, que aparentemente calla en la historia, no puede desligarse de la impresión de que los dioses de Babilonia, por el contrario, son venerados en su esplendor. En esta estrofa el profeta explicita la comparación que implícitamente realizaban los judíos en el destierro. Después de presentar a Dios como creador de todas las cosas, incluidas las naciones que oprimen a Judá, el oráculo acepta el desafío de comparar a YHWH con los ídolos locales. Con una fina ironía, el profeta no hace más que describir la producción de las imágenes que se pretenden poner en lugar del Dios creador. ¿Podrá compararse *el que produce* con *los que son producidos*? Salta a la vista que no. Por eso el oráculo dibuja con trazos vivos las etapas de producción de imágenes que Judá tuvo que conocer en su exilio[21].

Si Dios se caracteriza por ser inconmensurable, en su condición de creador de las realidades inconmensurables (mar, cielo y tierra), los ídolos, en cambio, son presentados como micro-realidades en cuya producción intervienen hasta tres profesionales: el artesano, el orfebre y el platero. No tienen entidad propia: están hechos de un material previo que es fundido para tomar forma. Su esplendor no es más que apariencia: el oro los recubre. No dan seguridad: al contrario, tienen que ser asegurados con cadenas de plata para evitar que se caigan o que sean robados.

IV

40[21] ¿No lo sabéis? ¿No lo habéis oído?
¿No os lo anunciaron desde el principio?
¿No habéis percibido quién fundó la tierra?
[22] Es él, que se sienta sobre el círculo de la tierra,
cuyos habitantes son como saltamontes.
Es él, que extiende el cielo como un toldo,

21 Cf. Fiesta del Año Nuevo en *ANET*, 331-334.

como tienda habitable lo despliega.
²³ Es él, que reduce a nada a los que mandan,
y declara inhábiles a los jueces del país.
²⁴ Apenas plantados, apenas sembrados,
apenas arraigan sus brotes en tierra,
sopla sobre ellos y se agostan,
el vendaval se los lleva como paja.

Vuelven las preguntas retóricas que, en este caso deben responderse afirmativamente. En efecto, Judá ha recibido una tradición a través del oído (lo ha oído, se le ha anunciado) por la que ha conocido que YHWH, el Dios que ha encontrado en su historia, es el Dios que ha hecho el cielo, la tierra y todo cuanto contiene. La primera estrofa (v.21) se construye con los verbos situados en forma quiástica: los dos que indican conocimiento en los extremos (saber-percibir) y en el centro los dos relacionados con el oído (oír-recibir el anuncio).

A las preguntas sigue la afirmación de la naturaleza creadora de YHWH en los términos de la misma tradición, que muy probablemente descansa en los salmos, única forma de culto que podrían conservar en Babilonia. Las afirmaciones de que Dios se sienta (en posición de dominar y juzgar) sobre la tierra o despliega los cielos como una tienda (v.22) eran probablemente familiares a los oídos de Judá a través de la alabanza litúrgica:

"Dios está sentado por siempre
en el trono que ha colocado para juzgar.
Él juzgará el orbe con justicia
y regirá las naciones con rectitud" (Sal 9,8-9).

"YHWH puso en el cielo su trono,
su soberanía gobierna el universo" (Sal 103,19).

"Extiendes los cielos como una tienda,
construyes tu morada sobre las aguas" (Sal 104,2-3).

La soberanía de YHWH (¡proclamado rey en los salmos!), tal y como es recibida por Judá en la alabanza sálmica, no sólo se refiere a su actividad creadora sino también a su dominio sobre los que rigen las naciones (v.23-24). De nuevo la cuestión del designio sobre la historia, que preocupa a Judá, vuelve a aparecer. Y el profeta afirma el control último de YHWH sobre todo poder de este mundo (v.23: "reduce a nada a los que mandan"; v.24: "Apenas plantados [...] sopla sobre ellos y se agostan") en los términos de una tradición que no debía ser desconocida para Judá:

> "Tú reduces el hombre a polvo,
> diciendo: «Retornad, hijos de Adán».
> Mil años en tu presencia son un ayer que pasó;
> una vela nocturna.
>   Si tú los retiras
> son como un sueño,
> como hierba que se renueva:
> que florece y se renueva por la mañana,
> y por la tarde la siegan y se seca" (Sal 90,3-6).

V

> 40²⁵ «¿Con quién podréis compararme,
> quién es semejante a mí?», dice el Santo.
> ²⁶ Alzad los ojos a lo alto y mirad:
> ¿quién creó todo esto?
> Es él, que despliega su ejército al completo
> y a cada uno convoca por su nombre.
> Ante su grandioso poder, y su robusta fuerza,
> ninguno falta a su llamada.

La pregunta del v.18 (¿Con quién podréis comparar a Dios y qué imagen pondréis en su lugar?) se retoma ahora iniciando un claro paralelismo entre los vv.18-24 y los que ahora nos ocupan, vv.25-26. En este caso la pregunta se pone en labios del mismo Dios, "el Santo", lo que da a estos versos un tono de cierta solemnidad que ya anuncia la conclusión o clímax del oráculo. La respuesta viene, una vez más, a través de un ejercicio de observación de aquello que está a la vista de Judá, dado que de lo que el pueblo se queja es, precisamente, de no ver el poder divino. Al igual que en el v.22, la invitación es a mirar el cielo y contemplar el espectáculo del sol, la luna y las estrellas. De esa contemplación nace, casi espontánea, la pregunta: ¿quién creó todo esto?

Los astros del cielo son presentados como un ejército desplegado por YHWH, que responde a su llamada puntualmente. Se trata, por tanto, de realidades sometidas al Dios de Judá, hasta el punto de que les pone nombre (una forma de dominio) y le obedecen. Aunque no se explicita, resulta claro que el profeta entra en polémica con los dioses babilónicos que se presentan como divinidades astrales. El más importante, Marduk, es el dios del sol. Es la misma dinámica que vemos en el primer relato de la creación (cuya redacción, no en vano, suele ligarse a la experiencia babilónica), cuando, sin más comentario, Dios crea los dos luceros (sol y luna) y las diferentes estrellas (Gn 1,14-18). El mensaje dirigido al pueblo en el exilio es cristalino: "los astros no son más que creaturas inanimadas que obedecen a la voz de YHWH, no los temáis ni busquéis, escrutándolos, el destino de las naciones".

VI

40^{27} ¿Por qué andas diciendo, Jacob,
y por qué murmuras, Israel:
«A YHWH no le importa mi destino,
mi Dios pasa por alto mis derechos?».
^{28} ¿Acaso no lo sabes, es que no lo has oído?
YHWH es un Dios eterno
que ha creado los confines de la tierra.
No se cansa, no se fatiga,
es insondable su inteligencia.
^{29} Fortalece a quien está cansado,
acrecienta el vigor del exhausto.
^{30} Se cansan los muchachos, se fatigan,
los jóvenes tropiezan y vacilan;
^{31} pero los que esperan en YHWH
renuevan sus fuerzas,
echan alas como las águilas,
corren y no se fatigan,
caminan y no se cansan

La estrofa final se presenta como el culmen de todo este oráculo. Por un lado, retoma la objeción principal del pueblo de Judá: "A YHWH no le importa mi destino, mi Dios pasa por alto mis derechos" (v.27). Por otro lado, sintetiza la respuesta que se ha ido desplegando en los versículos anteriores y que Judá había ya recibido en su tradición: "¿Acaso no lo sabes, es que no lo has oído? YHWH es un Dios eterno que ha creado los confines de la tierra" (v.28). Pero a todo ello añade unas palabras de consolación dirigidas al pueblo extenuado: YHWH, el que "no se cansa" (v.28), "fortalece a quien está cansado" (v.29).

En este instante todo el trabajo de conciencia encaminado a ayudar a Judá a *saber*, a reconocer la presencia de YHWH, creador de todo lo visible, desemboca en una promesa que entra en la historia y que, por tanto, espera ya cumplimiento. Judá se queja porque "no ve" la mano de YHWH en su historia. El profeta le levanta la mirada para que "vea" la presencia de Dios en su misma creación. Pero en estos últimos versículos el oráculo anuncia que esa presencia volverá a entrar en la historia y será vista por aquellos que esperan en YHWH.

La promesa se realiza en los términos del Salmo 33, que formaría parte de la tradición, eso que Judá había "oído" y se le había "anunciado".

> "No vence el rey por su gran ejército,
> no escapa el soldado por su mucha fuerza;
> nada valen sus caballos para la victoria,
> ni por su gran ejército se salvan.
> Los ojos de YHWH están puestos en quien lo teme,
> en los que esperan su misericordia,
> para librar sus vidas de la muerte
> y reanimarlos en tiempo de hambre (Sal 33,16-19).

Las insistencias de este salmo, desde su inicio ("La palabra de YHWH hizo el cielo; el aliento de su boca, sus ejércitos; encierra en un odre las aguas marinas, mete en un depósito el océano, Sal 33,6-7), hacen que se pueda presentar, en su totalidad, como un paralelo al oráculo de Is 40,12-31. En estos últimos versos, el salmo contrapone lo que es fuerte y eficaz a los ojos de los hombres (rey, ejército, soldado, caballos), donde parece residir la clave de la victoria, con aquello que a la postre resulta vencedor (el que teme a YHWH, el que espera en su misericordia), pues se apoya en YHWH y no en la fuerza humana.

Del mismo modo, los últimos versículos del oráculo isaiano (vv.29-31) contraponen al que está cansado y exhausto (v.29), imagen del pueblo en el destierro, con los muchachos y jóvenes (v.30), que representarían la fortaleza de los opresores. Pero todo es apariencia y el orden se subvierte: el cansado es fortalecido mientras que los jóvenes vacilan. El último verso concluye con el gran mensaje, dentro de la historia, para los desterrados en Babilonia: "los que esperan en YHWH renuevan sus fuerzas" (v.31). El brazo fuerte de YHWH, creador de cielos y tierra, está a punto de rescatar a su pueblo. Ciro, rey de Persia, va a entrar en escena.

5. "YO LO HE TOMADO DE LA MANO, PARA DOBLEGAR ANTE ÉL LAS NACIONES" (IS 45,1). EL DIOS DE LOS DESIGNIOS DE LA HISTORIA

Con la llegada de la segunda deportación a Babilonia, a partir del 587 a. C., la "conciencia" de Judá se traslada al exilio y debe afrontar las nuevas circunstancias que ponen en crisis su fe. El segundo desafío al que nos referíamos más arriba tiene que ver con la dolorosa percepción de aquellos judíos, sometidos al gran imperio, de que YHWH ya no regía los destinos de los pueblos, es más, ni siquiera parecía ser uno de los actores en el gran teatro del mundo. La respuesta a este desafío constituye uno de los lugares donde mejor sale a la luz la teología de la historia que el profeta Isaías propone.

Para sorprender en acción esa audaz lectura de la historia, que sale al encuentro del escepticismo de Judá, nos centraremos en los ocho primeros versículos del capítulo 45 de Isaías, aunque su contexto inmediato debería ampliarse a los versículos precedentes (44,24-28) y a los que le siguen (45,9-25). Con todo, el corazón del oráculo está constituido por esos ocho versículos, en los que, sorprendentemente, se nos presenta al gran protagonista del tablero geopolítico de entonces, el emergente Ciro, rey de Persia, como suscitado y guiado por la mano de YHWH.

I

45 [1] Esto dice YHWH a su Ungido, a Ciro:
«Yo lo he tomado de la mano,
para doblegar ante él las naciones
y desarmar a los reyes,
para abrir ante él las puertas,
para que los portales no se cierren.
[2] Yo iré delante de ti, allanando señoríos;
destruiré las puertas de bronce,
arrancaré los cerrojos de hierro;
[3] te daré los tesoros ocultos,
las riquezas escondidas,
para que sepas que yo soy YHWH,
el Dios de Israel, que te llamo por tu nombre.
[4] Por mi siervo Jacob,

por mi escogido Israel,
te llamé por tu nombre,
te di un título de honor,
aunque no me conocías.

El inicio del oráculo es verdaderamente sorprendente, y no sólo por el hecho de que YHWH se dirija directamente a Ciro, el gran rey guerrero que, conquista tras conquista, se dirige hacia Babilonia. Lo que suscita asombro es el hecho de que Ciro sea llamado "Ungido" de YHWH. El término hebreo utilizado, *mesías*, y su traducción griega, *cristo*, tienen unas resonancias en la tradición bíblica que justifican la sorpresa. Hasta el momento, ningún pagano había sido llamado Ungido de YHWH. Es un título que se reserva a aquellos que tienen una especial cercanía con el Dios de Israel y, más concretamente, para aquellos que cumplen una determinada función, para la cual son ungidos. Es el caso de reyes y profetas.

Ciro es rey de Persia. Nadie tiene que otorgarle el título de rey, lo tiene. Al llamarlo "mi Ungido"[22], YHWH lo coloca dentro de la sucesión de reyes que han sido ungidos por él en Israel. En realidad, la monarquía, junto con la tierra y el templo, era uno de los tres grandes dones que habían desaparecido con la segunda entrada de Nabucodonosor en Jerusalén. Sin embargo, la línea davídica de aspirantes al trono podía establecerse con claridad (Zorobabel reclamará el trono a la vuelta del exilio, como hijo de Sealtiel, a su vez hijo del rey Jeconías, hijo de Joaquín, rey de Judá). De ahí que sorprenda este gesto de "elección" de un rey pagano que pasa a ser ungido por la mano de YHWH en función de una misión a favor de su pueblo que ahora se desarrolla. ¡Ciro es el nuevo David![23].

La ceremonia de "entronización" del que es ya rey como Ungido de YHWH, rey sobre Judá, es el contenido de las primeras palabras de este oráculo. Las expresiones "lo he tomado por la mano" (v.1), "te llamé por tu nombre", "te di un título de honor" (v.4) son fórmulas técnicas de entronización que encontramos también en el cilindro de Ciro, un documento en el que se nos presenta al conquistador como elegido por el dios de Babilonia, Marduk, para regir a las naciones y someter a la capital del imperio decadente. El paralelismo entre ambos textos es sorprendente y permite captar mejor la pretensión y la audacia del oráculo isaiano[24]:

22 El discurso directo está implícito en hebreo. Se explicita en la traducción griega de los LXX: Οὕτως λέγει κύριος ὁ θεὸς τῷ χριστῷ μου Κύρῳ.

23 Cf. Baltzer, *A Commentary on Isaiah 40-55*, 225.

24 Cf. Blenkinsopp, *Isaiah 40-55*, 249; Baltzer, *A Commentary on Isaiah 40-55*, 223.

"Marduk [...] buscó por todos los países un rey justo que presidiera la procesión de año nuevo [*akītu*]. Escogió a Ciro, rey de Anshan, y lo ungió como soberano de toda la tierra. Debido a que Marduk [...] estaba complacido con las buenas acciones y el recto corazón de Ciro, le ordenó marchar contra Babilonia. Caminaron juntos como amigos, mientras los soldados de Ciro avanzaban sin miedo al ataque. Marduk permitió a Ciro entrar en Babilonia sin una sola batalla [...] y puso a Nabonido, el rey que no iba a presidir la procesión de año nuevo en honor de Marduk, en manos de Ciro"[25]

Marduk, dios principal de Babilonia, estaba llamado a engrosar la lista de dioses "menores" incapaces de sostener a sus reyes y a sus reinos. Un destino al que no había podido sustraerse, a los ojos de los pueblos, el mismo YHWH. En el cilindro vemos una operación, favorecida por el mismo Ciro, dirigida a "salvar la cara" de Marduk y granjearse así el favor de sacerdotes y pueblo de Babilonia. La conquista de la ciudad, así como el dominio del orbe, obedecen a un designio de Marduk. Incluso la derrota del último rey babilónico, Nabonido, se presenta como un gran gesto de Ciro que ha sido elegido por Marduk para liberar al pueblo de la opresión de un rey impío.

Con el trasfondo de esta "operación", que al fin y al cabo aunaba los intereses de las dos grandes potencias, Babilonia y Persia, el oráculo de Isaías desvela toda su pretensión a la vez que su audacia. Las palabras del profeta, que hace hablar a YHWH, no deben enmarcarse en una operación política: no hay intereses de por medio, Judá es una nación más, sin peso, entre las naciones desterradas, Ciro no promueve el oráculo (cf. 45,4: "no me conocías"). Más bien muestran la audacia de la fe en YHWH, Dios creador de cielos y tierra y dueño de los designios de los pueblos.

Si el final del capítulo 40 de Isaías había anunciado que el brazo divino volvería con poder a la historia para renovar las fuerzas de "los que esperan en YHWH" (40,31), el oráculo que ahora nos ocupa ve el cumplimiento de esta espera en la liberación del destierro por medio de Ciro, a quien YHWH ha elegido y ante quien abre las puertas, desarma a los reyes, doblega a las naciones (cf. 45,1). Es el momento en el que el pueblo, que había aprendido a reconocer al Dios aparentemente "silencioso" en la obra de su creación, recupera la certeza de que YHWH es el único principio regidor de los destinos de las naciones.

25   V. H. Matthews y D. C. Benjamin, *Paralelos del Antiguo Testamento. Leyes y relatos del Antiguo Oriente Bíblico*, Santander 2004. Texto original en *ANET*, 315-316.

IGNACIO CARBAJOSA

Ya hemos visto la modalidad con la que se recupera esa certeza: el Dios de Judá, en persona, se dirige al protagonista del momento, Ciro rey de Persia, para hacerle consciente de que ha sido la mano divina la que le ha ungido y le ha abierto las puertas de la victoria. De hecho, es YHWH el sujeto de las acciones militares que a los ojos del mundo consagran a Ciro como nuevo emperador del orbe (cf. vv.1-3). La finalidad de todas estas acciones es doble: que Ciro conozca a YHWH (cf. v.3), único Dios verdadero, y que caiga en la cuenta de que toda la historia se mueve en función de Jacob, su siervo (v.4). Ese Jacob, el pueblo de Israel, está ahora en el destierro, desechado como un pueblo irrelevante. Sin embargo, la trama de la historia del mundo se escribe a través de los hilos de su historia particular.

II

45 [5] Yo soy YHWH y no hay otro;
fuera de mí no hay dios.
Te pongo el cinturón,
aunque no me conoces,
[6] para que sepan de Oriente a Occidente
que no hay otro fuera de mí.
Yo soy YHWH y no hay otro,
[7] el que forma la luz y crea las tinieblas;
yo construyo la paz y creo la desgracia.
Yo, YHWH, realizo todo esto.
[8] Cielos, destilad desde lo alto la justicia,
las nubes la derramen,
se abra la tierra y brote la salvación,
y con ella germine la justicia.
Yo, YHWH, lo he creado.

La segunda parte del oráculo está marcada por la continua repetición de la afirmación "Yo, YHWH" (una aparición en cada versículo). No sólo a los ojos de Judá YHWH debe recuperar su soberanía: tomando de la mano a Ciro hará ver a las naciones (de Oriente a Occidente) que no hay otro Dios fuera de él (v.6). En paralelo a la afirmación "Yo YHWH" se repite hasta cuatro veces en dos versículos la sentencia "no hay otro" (vv.5-6). Como ya vimos en otros oráculos, en este se funden la respuesta a la pregunta sobre quién rige los destinos de los pueblos y la respuesta a las preguntas dónde está Dios y cuál es la naturaleza de los dioses paganos. "Yo soy YHWH y no hay otro"[26] (v.6).

¿Acaso Ciro ha conocido a YHWH? ¿Acaso se ha convertido al Dios de Israel? Aún más, ¿acaso ha reparado en ese pequeño pueblo desterrado llamado Judá? Estas son preguntas que bien podrían hacerse los judíos ante la profecía de Isaías, preguntas que también se hacen los estudiosos modernos, en muchos casos con una cierta ironía. Lo que sorprende en el oráculo es el realismo audaz con el que se afirma al mismo tiempo que Ciro es guiado por la mano de YHWH y que Ciro no conoce a YHWH: "Te pongo el cinturón, aunque no me conoces" (v.5). Y todo ello con una finalidad que va más allá de la liberación de Judá: "para que sepan de Oriente a Occidente que no hay otro [Dios] fuera de mí" (v.6).

La crisis religiosa de Judá en el exilio ha tenido como resultado paradójico no sólo una mayor conciencia de la presencia continua de YHWH en su creación, sino un salto decisivo en la percepción de que su Dios era el único Dios, que todas las naciones estaban destinadas a conocer. En efecto, los oráculos del deuteroisaías constituyen, dentro del recorrido de la conciencia de Israel a través de su literatura, un punto de inflexión en el que se introduce el designio de salvación que YHWH tiene para todas las naciones[27].

El oráculo se cierra con una afirmación de la soberanía de YHWH en sus dos dimensiones, ontológica e histórica. Por un lado, se subraya que el Dios de Judá es el creador de todas las cosas, en este caso representadas por la luz y las tinieblas (v.7). Con la elección de este par se declara superado el dualismo que caracteriza la religiosidad antigua (y muy especialmente la persa): dos principios, el bien y el mal, la luz y las tinieblas, luchan entre sí. Este oráculo, en la misma línea que el primer capítulo del Génesis, declara caduca esa batalla: YHWH es creador de la luz y las tinieblas, le están sometidos. Incluso el mal, que no puede ser negado a los ojos de las naciones, no existe fuera de la voluntad de YHWH: "construyo la paz y creo la desgracia" (v.7). No es tarea del deuteroisaías, como sí lo es del Génesis, explicar esta paradoja: el mal existe y actúa, pero no es un principio en lucha con Dios sino que le está sometido.

---

26 En Is 47,8 la afirmación de Babilonia: "*Yo y nadie más. No me quedaré viuda, no me quitarán a mis hijos*", debe escucharse con el trasfondo de la afirmación divina, "Yo soy YHWH *y no hay otro*". Ambas afirmaciones se medirán por su grado de cumplimiento en la historia.

27 Para profundizar en esta cuestión, cf. J. Kaminsky y A. Steward, "God of All the World: Universalism and Developing Monotheism in Isaiah 40-66", *Harvard Theological Review* 99 (2006), 139-163.

Por otro lado, YHWH mismo anuncia la llegada de la justicia y la salvación que vienen de lo alto y que entran en la historia de un modo incidente (v.8). La redacción es suficientemente vaga como para hacer referencia, a la vez, a Ciro, libertador contemporáneo, y a una justicia futura, creada por Dios, que cumplirá el designio universal de salvación para todas las naciones y todos los tiempos.

6. "¿A QUIÉN ME PODÉIS COMPARAR O IGUALAR?" (IS 46,5). EL DIOS ÚNICO

Estudiando las respuestas a los dos primeros desafíos que la crisis religiosa planteó a la fe de Israel, hemos visto cómo se introducía ya la respuesta al tercero, que ahora queremos estudiar de forma más detenida. En efecto, ya en el capítulo 40, la respuesta a la pregunta, ¿dónde está Dios? no podía dejar de abrazar el hecho de que en el origen de aquel interrogante había una comparación entre YWHW, entonces silencioso, y los dioses festejados y ensalzados en Babilonia. La respuesta, por ello, incluye ya una primera mofa de los ídolos, describiendo su fabricación (cf. Is 40,18-20)[28].

Pero el oráculo que mejor afronta este tercer desafío (¿cuál es la naturaleza de estos dioses que parecen sostener el esplendor del imperio babilónico?) se encuentra en los primeros versículos del capítulo 46. Como en el capítulo 40, se plantea una comparación entre YHWH y esos ídolos, que se responde con una escueta descripción del origen y la actividad de cada uno. En el caso que nos ocupa, sin embargo, se explicita ya el nombre de las divinidades locales que perturban la fe de Judá y se da mayor espacio a la comparación, que resulta más eficaz como respuesta directa al tercer desafío.

I

46 ¹ Se desploma Bel, se encorva Nebo,
sus imágenes van cargadas sobre bestias.
Los objetos que transportáis
son una carga abrumadora
para los animales agotados:

28   Cf., también, la mofa de los ídolos en Is 41,6-7 y 44,9-20, textos que no son objeto de estudio en este artículo.

²se encorvan y desploman,
no pueden liberarse de su carga,
ellos mismos marchan al destierro.

Los estudiosos se dividen a la hora de identificar la "procesión" que parece descrita en estos dos primeros versos. ¿Se trata de los babilónicos que llevan a cuestas a sus ídolos, huyendo de Persia? ¿O, más bien, representa la procesión de los vencedores que exhiben las imágenes de los dioses babilónicos como trofeo de guerra? ¿O, tal vez, debamos pensar que no es más que una mofa de las procesiones litúrgicas que los judíos contemplaban en Babilonia, y que ya no se repetirán, dado que Ciro está a las puertas y las imágenes talladas acabarán en el destierro?[29].

Más allá de la hipotética referencia a una "procesión" concreta, parece claro que el autor juega con unas imágenes que no debían ser extrañas a la población en el exilio. En la fiesta *akītu*, que tenía lugar durante doce días en primavera, los judíos tuvieron que ser testigos, año tras año, de la solemne procesión que iba del santuario de Marduk a la casa de *akītu*, atravesando las murallas de la ciudad por la puerta de Ishtar[30]. Con ocasión de aquella procesión pública verían las diferentes imágenes talladas que, obviamente, deberían estar ancladas a sus carruajes con cuerdas o cadenas (cf. Is 40,19: "Un artesano lo funde, el orfebre lo recubre de oro y un platero le suelda cadenas de plata").

A partir de aquí el autor no necesita ser testigo de una huida cargando los ídolos o de una entrada con trofeos de guerra para escribir estos versos. Basta conocer las estatuas de Bel (uno de los títulos del dios Marduk) o de Nebo (o Nabu, dios hijo de Marduk) e imaginar lo que costaría cargarlas sobre mulos y fijarlas para que no se cayeran, contando con que las pobres mulas de carga pudieran aguantar el peso. Al igual que en Is 40,18-20, basta la descripción de un problema técnico, en aquella ocasión el proceso de producción, en este caso el transporte, para que el interlocutor, Judá, se dé cuenta de la verdadera naturaleza de los dioses babilónicos: mero metal inoperante, una carga camino del destierro. Y es en este momento cuando la comparación con YHWH resulta eficaz para el profeta. En muchas ocasiones había sido el mismo pueblo el que

29   Cf. Blenkinsopp, *Isaiah 40-55*, 266-269.

30   Una extensa descripción de la fiesta *Akītu*, junto con una discusión sobre su contenido, se puede encontrar en J. Bidmead, *The Akītu Festival. Religious Continuity and Royal Legitimation in Mesopotamia*, Piscataway 2014; B. D. Sommer, "The Babylonian Akitu Festival: Rectifying the King or Renewing the Cosmos?", *Journal of the Ancient Near Easter Society* 27 (2000), 81-95; W. G. Lambert, "Processions to the Akītu House", *Revue d'Assyriologie* 91 (1997), 49-80.

IGNACIO CARBAJOSA

se lamentaba comparando el esplendor de los dioses babilónicos con el silencio del Dios de Judá. Ahora la comparación construye la certeza de los judíos.

II

46 ³ Escuchadme, casa de Jacob,
resto de la casa de Israel,
con quienes cargué desde el seno materno,
a quienes llevé desde las entrañas.
⁴ Hasta vuestra vejez yo seré el mismo,
hasta que tengáis canas os sostendré;
así he actuado, así seguiré actuando,
yo os sostendré y os libraré.

Camino del destierro o en procesión de un templo a otro, los ídolos de las naciones acaban convirtiéndose en una carga para los mismos que se postran ante ellos. YHWH, en cambio, ha cargado con su pueblo desde el seno materno (v.3). La comparación se construye eficazmente a través del uso de las mismas raíces en los vv.1-2 y 3: cargar (עמס) y llevar o levantar (נשא). De este modo, los ídolos son presentados como anti-dioses: son lo contrario de lo que uno podría esperar de un dios, que nos sostuviera en nuestros pesos. Por su parte YHWH, más allá de sostenernos en nuestras cargas, ha cargado con nuestro peso.

Sale a la luz así una dimensión hasta ahora no explotada en los oráculos precedentes: el Dios creador de cielos y tierra ha elegido a Israel de entre las naciones y lo ha adoptado como un hijo, hasta el punto de no tener reparos en utilizar imágenes tan "fuertes" y expresivas como la de una madre que carga con el hijo en su vientre. La queja de Judá en el exilio se convierte entonces en ingratitud, desvelada por la misericordia divina: "Sión decía: «Me ha abandonado YHWH, mi dueño me ha olvidado». ¿Puede una madre olvidar al niño que amamanta, no tener compasión del hijo de sus entrañas? Pues, aunque ella se olvidara, yo no te olvidaré" (Is 49,15).

La imagen de la madre portando al niño, precedida por la invitación "escuchadme" (v.3), sirve para introducir a los judíos en el gran anuncio consolador de este oráculo: YHWH no cambia (v.4), el mismo que ha cargado con Israel seguirá sosteniendo a su pueblo hasta su vejez. Y sostener al pueblo coincide con "actuar" y "liberar" (v.4). El brazo de YHWH volverá a mostrar su poder a través de su Ungido Ciro.

III

46 [5] ¿A quién me podéis comparar o igualar?
¿A quién parangonarme, de modo que seamos semejantes?
[6] Hay quienes dilapidan el oro de su bolsa
y pesan plata en la balanza;
pagan a un orfebre para que les haga un dios,
se postran y lo adoran.
[7] Se lo cargan a hombros, lo transportan;
donde lo ponen, allí se queda;
no se mueve de su sitio.
Por mucho que le griten, no responde,
ni los salva del peligro.

La tercera parte de este oráculo, cerrando una clara inclusión (vv.1-7), vuelve sobre la naturaleza de los ídolos comparada con la naturaleza de YHWH. Es ahora cuando se explicita una pregunta que es casi un estribillo en los primeros compases del deuteroisaías: "¿A quién me podéis comparar o igualar?" (Is 46,5; cf. Is 40,18.25) y que se encuentra implícita desde el inicio de este oráculo. Al hilo de la naturaleza de los ídolos, en esta tercera parte se retoman dos temas tratados con anterioridad, la producción de imágenes (cf. Is 40,18-20; 41,7; 44,9-20) y su transporte (46,1-2), y se añade un tercer tema que es como su conclusión: su inutilidad.

En realidad los dos primeros temas, ahora retomados, ya apuntan a la conclusión, es decir, la inutilidad (tercer tema). En efecto, la primera imagen (v.6) nos presenta a los que gastan oro y plata para pagar a un orfebre... y se postran ante el objeto de sus manos. Por esencia, lo que es objeto de mis manos no puede salvarme. Por su parte, la segunda imagen (v.7) presenta la secuencia por la que un ídolo sale del proceso de producción, es cargado a hombros, trasportado y fijado para que no se caiga en su lugar de culto. Paradójicamente es el adorador el que lo carga, mueve y fija: el ídolo no tiene poder ni para cargar con nuestros pesos, ni para moverse con libertad o autonomía, ni para sostenerse en pie sin ayuda de cadenas. Sirven para poco.

El tercer tema explicita la inutilidad que las descripciones de la producción y el transporte ya han sacado a la luz. ¿Cuál es la esencia de un dios? Responder a los gritos de auxilio de los que le invocan y salvarlos en su tribulación. La conclusión del oráculo es contundente: "Por mucho que le griten, no responde, ni los salva del peligro" (v.7). Tomando prestada la imagen del desafío del profeta Elías a los 450 profetas de Baal sobre el monte Carmelo, podemos decir que por mucho que griten alto no obtendrán "ni voz ni respuesta" (cf. 1 Re 18,26.29).

7. CONCLUSIONES

"Al ir, iba llorando, llevando la semilla; al volver, vuelve cantando, trayendo sus gavillas" (Sal 126,6). Esta imagen tan plástica, que describe el cambio de ánimo del que cosecha después de haber padecido en la siembra, es aplicada por el salmista al pueblo de Judá volviendo del exilio. De algún modo podríamos decir que esta imagen es acertada no solo por el evidente contraste entre la pena del exilio y la alegría de la liberación ("Cuando el Señor hizo volver a los cautivos de Sión, nos parecía soñar: la boca se nos llenaba de risas, la lengua de cantares", Sal 126,1-2) sino por el bien que los años del destierro han producido en la conciencia del pueblo. La dura prueba se ha convertido en un *revulsivo teológico*: Judá ha dado un paso de conciencia en la relación con su Dios, algo difícilmente previsible si se tiene en cuenta que la crisis religiosa amenazaba esa misma relación.

El primer fruto de esta "cosecha" es la conciencia de que YHWH, que ha entrado en la historia y se ha elegido un pueblo, es el Dios que ha creado los cielos y la tierra, que sostiene en el ser todas las cosas[31]. No existe realidad visible o invisible que se sustraiga a su poder. Es en el exilio donde Judá aprende a levantar la cabeza y *ver* la presencia imponente de YHWH creador que aparentemente *no ve* en sus circunstancias históricas.

Precisamente porque reconoce que se trata de un mismo y único Dios, rebrota la esperanza para Judá: YHWH, que sostiene el universo, no abandona a su pueblo. El segundo fruto de la experiencia del exilio nace de la mano del primero. En efecto, YHWH no es solo creador de cielos y tierra sino de todos los pueblos y de sus habitantes, regidores incluidos. Nada de lo que sucede en la historia está dejado de su mano. El segundo Isaías anuncia un nuevo gesto potente de YHWH, a la altura del gran gesto del éxodo ("No recordéis lo de antaño [...] mirad que realizo algo nuevo [...]. Abriré un camino en el desierto,

---

31   No en vano el relato "sacerdotal" de la creación (Gn 1,1 – 2,4a) parece tener su origen en la experiencia del exilio en Babilonia.

corrientes en el yermo", Is 43,18-19). El anuncio se concreta: Ciro, rey de Persia, está a punto de entrar en Babilonia.

No es una feliz coincidencia. Judá no se beneficia de la coyuntura política, al igual que su destierro no fue un efecto colateral de las políticas imperiales. Es YHWH quien ha suscitado a Ciro, rey de Persia, para terminar con la opresión de Babilonia y liberar a Judá del exilio. A los ojos de las naciones, de la geopolítica de entonces, Israel no era más que un pequeño pueblo afectado por el decreto de liberación de Ciro. Sin embargo, la verdadera historia se va trazando con las vicisitudes de ese pueblo. Lo que YHWH ha suscitado delante de las naciones es "por mi siervo Jacob" (Is 45,4). Ahora bien, ese pequeño pueblo vehicula una salvación que es de todas las naciones. Es en este momento cuando Israel comienza a tomar conciencia del designio universal de salvación del Dios que lo ha adoptado como "su pueblo".

El tercer gran fruto que deja el paso por Babilonia es una conciencia acrecentada de lo que llamamos *monoteísmo*: "Yo soy YHWH y no hay otro; fuera de mí no hay dios" (Is 45,5). Es verdad que Israel no ha llegado a la certeza de que YHWH es Dios por una comparación con los dioses de las naciones paganas. Ha sido su propia historia la que le ha llevado a *temer* a YHWH y a *adorarlo* como un Dios *vivo* y presente. Además, esa misma historia es la que ha favorecido el paso de una monolatría fuerte a un monoteísmo estricto[32]. Sin embargo, podemos decir que la estancia en Babilonia, y la inevitable comparación con los dioses locales, representó una etapa decisiva en esa transición al Dios único.

En este sentido, este último fruto reclama los dos anteriores. Recuperar la conciencia de que YHWH está presente sosteniendo la creación y guiando los designios de las naciones permite a Judá la libertad suficiente como para desafiar con ironía el culto idolátrico. El Dios de Israel no entra en una confrontación con los dioses paganos en la que pudiera salir airoso por ser más poderoso, más eficaz, más rápido... De hecho, YHWH es incomparable e inconmensurable. Es un Dios único: lo que adoran los pueblos extranjeros no son más que imágenes obra de mano humana. Por esencia, son incapaces de salvar: "Por mucho que le griten, no responde, ni los salva del peligro" (Is 46,7).

La crisis religiosa que sufrió Judá en el exilio se cierra de un modo imprevisto e imprevisible. El pueblo elegido vuelve a su tierra pero no vuelve a la

---

32   Una buena síntesis del estado de esta cuestión, con abundante bibliografía, se encuentra en B. D. Sommer, "Monotheism", en J. Barton (ed.), *The Hebrew Bible: A Critical Companion*, Princeton–Oxford 2016, 239-270.

"casilla de partida" por lo que a su fe se refiere. La experiencia del destierro se convirtió en un revulsivo teológico que marcará a Israel por el resto de sus días.

8. BIBLIOGRAFÍA

R. Albertz, *Israel in Exile: The History and Literature of the Sixth Century B.C.E.*, Atlanta 2003.

K. Baltzer, *A Commentary on Isaiah 40-55*, Minneapolis 2001.

H. M. Barstad, *The Babylonian Captivity of the Book of Isaiah. "Exilic" Judah and the Provenance of Isaiah 40-55*, Oslo 1997.

J. Bidmead, *The Akītu Festival. Religious Continuity and Royal Legitimation in Mesopotamia*, Piscataway 2014.

J. Blenkinsopp, *Isaiah 40-55*, New Haven 2002.

J. Blunda, *La proclamación de Yhwh Rey y la constitución de la comunidad postexílica. El Déutero-Isaías en relación con Salmos 96 y 98*, Roma 2010.

—"Un profeta en el conflicto de las interpretaciones. Is 40-48 y los textos neobabilónicos", *Salmanticensis* 63 (2016) 7-22.

B. Duhm, *Das Buch Jesaia*, Göttingen [5]1968.

M. Goulder, "Deutero-Isaiah of Jerusalem", *Journal for the Study of Old Testament* 28 (2004), 351-362.

J. Kaminsky y A. Steward, "God of All the World: Universalism and Developing Monotheism in Isaiah 40-66", *Harvard Theological Review* 99 (2006), 139-163.

H. C. P. Kim, "Metaphor, Memory, and Reality of the "Exile" in Deutero-Isaiah", en J. Høgenhaven, F. Poulsen y C. Power (eds.), *Images of Exile in the Prophetic Literature. Copenhagen Conference Proceedings 7-10 May* 2017, Tübingen 2019, 45-61.

R. W. Klein, *Israel in Exile. A Theological Interpretation*, Philadelphia 1979.

M. C. A. Korpel, "Second Isaiah's Coping with the Religious Crisis: Reading Isaiah 40 and 55", en B. Becking y M. C. A. Korpel (eds.), *The Crisis of Israelite Religion. Transformation of Religious Tradition in Exilic and Post-Exilic Times*, Leiden 1999.

W. G. Lambert, "Processions to the Akītu House", *Revue d'Assyriologie* 91 (1997), 49-80.

F. Landy, "Metaphors for Death and Exile in Isaiah", en J. Høgenhaven, F. Poulsen y C. Power (eds.), *Images of Exile in the Prophetic Literature. Copenhagen Conference Proceedings 7-10 May* 2017, Tübingen 2019, 9-25.

V. H. Matthews y D. C. Benjamin, *Paralelos del Antiguo Testamento. Leyes y relatos del Antiguo Oriente Bíblico*, Santander 2004.

F. Poulsen, *The Black Hole in Isaiah. A Study of Exile as a Literary Theme*, Tübingen 2019.

J. B. Pritchard, *Ancient Near Eastern Texts Relating to the Old Testament (ANET)*, Princeton–New Jersey 1969.

B. D. Sommer, "The Babylonian Akitu Festival: Rectifying the King or Renewing the Cosmos?", *Journal of the Ancient Near Easter Society* 27 (2000), 81-95.

—"Monotheism", en J. Barton (ed.), *The Hebrew Bible: A Critical Companion*, Princeton–Oxford 2016, 239-270.

J. Stökl y C. Waerzeggers (eds.), *Exile and Return. The Babylonian Context*, Berlin 2015.

L.-S. Tiemeyer, *For the Comfort of Zion: The Geographical and Theological Location of Isaiah 40-55*, Leiden 2011.

C. Westerman, *Isaiah 40-66: A Commentary*, London 1969.

ARTE Y EXÉGESIS EN TORNO A DANIEL Y OTROS MOTIVOS DEL EXILIO EN BABILONIA

José Francisco García Gómez
Universidad San Dámaso

Si la Escritura no fuera nunca clara, no podría alimentarte;
si no fuera nunca oscura, no te incitaría a la búsqueda
(San Agustín)

El arte greco-romano había tenido un fundamento religioso, pero cuando fue desapareciendo esta dimensión, perdió su trascendencia, pasando de una estética cultual a la meramente sensual. El cristianismo devolverá la profundidad religiosa reflexionando sobre el sentido de la imagen dentro de la fe.

Durante el siglo I y la primera mitad del II, los cristianos, herederos de la tradición judía y de la filosofía neoplatónica, prescinden de representaciones figurativas de carácter religioso, emergiendo su iconografía *de facto* antes que *de iure*.

Los escritos de los Padres de la Iglesia en el siglo II no disponen de ninguna norma canónica sobre cómo deben representarse las imágenes. En este siglo, los cristianos comenzarán a introducir imágenes y escenas tomadas del "estilo pompeyano", que podían relacionar con verdades de su fe. Tertuliano, por ejemplo, habla de la figura del orante y del Buen Pastor que aparecían representados en los cálices[1]; y san Clemente explica el simbolismo de las figuras que se grababan en los anillos[2].

La iconografía cristiana tenderá a sustituir los símbolos y las alegorías por representaciones más realistas y concretas, encontrándonos ya en el siglo III un repertorio al que podemos considerar plenamente cristiano e inspirado, principalmente, en las Escrituras.

Algunos Padres de la Iglesia, como Justino, Clemente, Arnobio o Lactancio, distinguen un "valor artístico" en las imágenes artísticas, que reconocen como bueno y, por tanto, como bello y verdadero; pero, al mismo tiempo reconocen otro valor, el religioso, que critican por crear una posible confusión que pudiera fomentar la idolatría. Aún así, el reconocimiento del valor artístico acelerará la aceptación de las imágenes, no solo en su aspecto decorativo, sino, sobre todo, por su sentido didáctico.

Antes del edicto de Milán (313) vamos a encontrar imágenes tomadas del Nuevo Testamento (resurrección de Lázaro, curación del paralítico, bautismo de Cristo, adoración de los Magos, etc.), pero principalmente serán de mayor número las veterotestamentarias, tales como Jonás, Moisés golpeando la roca, Daniel en la fosa con los leones, el sacrificio de Abraham, etc.

Sin embargo, a partir de la libertad religiosa del 313, debido a las tumbas de los mártires, las catacumbas se convierten en lugares de peregrinación frecuentados. Se comienzan a visitar las tumbas de estos los días de su entierro y en las fiestas de los muertos: *Rosalia, Parentalia,* o en el aniversario de la muerte del difunto (*dies natalis*). No puede decirse, por tanto, que las representaciones funerarias tengan solamente una intención pedagógica, sino que también representan sus convicciones y reflejan la enseñanza recibida en las catequesis.

En Roma, desde comienzos del siglo III hasta la mitad del siglo IV, las catacumbas y cementerios abundan en frescos y sarcófagos, pero los textos son escasos. En tal caso, algunos textos aclaran algunas representaciones principalmente romanas, como los de Hipólito de Roma o Clemente de Alejandría; pero serán, principalmente, los poemas de Efrén el diácono, desde Nísibe, en los que encontramos más concomitancias.

A finales del siglo IV la imagen forma parte de los medios empleados para la formación de los cristianos. Algunos predicadores, en su sermón, se apoyan en un fresco o un mosaico bíblico que los fieles tienen ante sus ojos en

1   Tertuliano, *De pudictia* VII, 1 (PL 2, 1000). Cit. J. Casas Otero, *Estética y culto iconográfico*, Madrid 2003, 113.

2   San Clemente, *Paedagogus* III, 11 (PG 8, 246). Cit. Ib. 114.

la basílica. No en vano, algunos testimonios literarios nos informan que a partir del siglo II se va desarrollando una iconografía plenamente cristiana.

Las fuentes iconográficas desde finales del siglo IV hasta comienzos del V van a ser, ante todo, figuras del Antiguo Testamento, frente a las del Nuevo, que serán inferiores en número. Como ejemplo, de los veintiún dísticos de Ambrosio sólo cuatro describen una escena evangélica. Para los siglos más antiguos, estamos reducidos al testimonio del arte funerario.

Estas imágenes van a representar, sobre todo, lo que se denominan "salvaciones bíblicas" (Noé, Moisés, Daniel) que están claramente relacionadas con las plegarias de la liturgia de los difuntos: *Libra, Señor, su alma como has librado a Enoc y Elías de la muerte común, a Noé del diluvio, a Abraham de la ciudad de Ur de los Caldeos. A Job de sus males, a Isaac del sacrificio de su padre Abraham, a Lot de Sodoma y de las llamas, a Moisés de las manos del Faraón rey de Egipto, a **Daniel de la caverna de los leones**, a los **tres jóvenes del fuego** del horno, y de la mano del rey perverso, **a Susana de un delito imaginario**, a David de las mano de Saúl y de la mano de Goliat, a Pedro y Pablo de la prisión, y así como tú has librado a la bienaventurada Tecla, tu virgen y mártir, de atroces tormentos, dígnate también recibir el alma de tu siervo, y haz que ella se reúna contigo en los gozo celestiales*[3].

El texto *Ordo commemorationes animae* está inspirado en oraciones y textos judeocristianos, y recoge la función de las imágenes, aunque desconocemos quién inspiró a quién. Lo que está claro es que muestran la intervención de Dios a favor de los bautizados.

Algunos autores, como Santiago Sebastián, señalan que no solo hay que encontrar en las oraciones funerarias la única fuente iconográfica, ya que no abarcan todos los temas que se encuentran representados. Así, un autor como Martimort[4] señala que son las catequesis de iniciación cristiana, para la recepción del Bautismo y la Eucaristía, y abarcaban la mayoría de los temas bíblicos que encontramos en las pinturas de las catacumbas. Los sermones catequéticos hacen referencia principalmente a los temas de "la vocación, la fe, el perdón, la "*metanoia*" (cambio de vida), el poder salvífico del bautismo y la alimentación misteriosa de la Eucaristía"[5]. Estos temas se formaron durante un siglo desde mediados del siglo II a la segunda mitad del siglo III: p. ej. Noé en el arca, **Daniel**

3 *Ordo commendationis animae*, DAL IV, 435-436. Cit. ib. 118-119.

4 A. G. Martimort, "L'iconographie des catacombes et la catéchèse Antique", *Rivista de Archeologia cristiana* 23-25 (1947-49) 105-

114. Cit. S. Sebastián, *Mensaje simbólico del arte medieval.* Madrid 2009, 143.

5 S. Sebastián, *Mensaje simbólico del arte medieval*, 143.

entre los leones, Moisés golpeando la roca, los **tres jóvenes en el horno**, Jonás deglutido por el cetáceo, el sacrificio de Abraham, David venciendo a Goliat, Tobías sale de los peligros, Job salvado en sus aflicciones, **Susana salvada por Daniel**, resurrección de Lázaro, la curación del paralítico, la curación de la hemorroísa y la curación del leproso.

Todas estas imágenes traían a la memoria cómo Dios intervenía en favor de los justos. Encontramos en otras oraciones el mismo esquema que las oraciones funerarias: *Tú Señor Dios, recibe ahora las preces dichas en la verdad como recibiste los dones de los justos en su tiempo, miraste y aceptaste los sacrificios de Abel, de Noé salido del arca; de Abrahán al dejar la tierra de los caldeos, de Moisés en el desierto; de Aarón entre los vivos y los muertos [...]. Así, recibe ahora las preces de tu pueblo, presentadas por la mediación de Cristo en el Espíritu*[6].

En cuanto a la elección de los temas, hay que vincularlo a la liturgia, ya que la catequesis bautismal culminaba en la celebración del sacramento la noche de Pascua. El *Leccionario armenio* del siglo V en Jerusalén nos habla de doce lecturas, entre las que encontramos la lectura del libro de Daniel de los tres jóvenes en el horno. También, el *Sacramentario gelasiano* que, aunque del siglo VII recoge tradiciones anteriores, señala en Roma doce lecturas para esa Vigilia: narración de la creación, diluvio, promesas a Abraham, sacrificio de Isaac, inmolación del cordero, paso del Mar Rojo, Jonás, los tres jóvenes en el horno, etc.[7]. Estas lecturas, que señalan las grandes acciones de Dios a favor de su pueblo, se acompañan de las plegarias oracionales: *Sálvame, Señor, de la tentación, como libraste a Daniel de las fauces de los leones, a Jonás del monstruo marino*[8].

San Agustín retomará esta misma serie de escenas bíblicas en varios sermones, como en estos dos ejemplos: *Sabemos, hemos leído de nuestros padres cómo Dios los liberó porque esperaban en él. Liberó al pueblo de Israel de la tierra de Egipto; liberó a los tres jóvenes del horno de fuego; liberó a Daniel de la fosa de los leones; liberó a Susana de la acusación falsa. Todos lo invocaron y fueron liberados*[9]; y posteriormente: *[Dios ha liberado a] Noé del diluvio, a Lot del fuego del cielo, a Isaac de la espada suspendida sobre su cabeza, a José de las calumnias de una mujer y de la prisión, a Moisés de los Egipcios, a Raab de la destrucción de la ciudad, a Susana de los falsos testigos, a Daniel de los leones, a los tres jóvenes del*

---

6 *Constituciones apostólicas* 37. Estas retoman lo que se ve textos anteriores como la *Didascali*, la *Didajé* y la *Tradición Apostólica*. Cit. J. Casas Otero, *Estética y culto iconográfico*, 119.

7 M. Dulaey, *Bosques de símbolos. La iniciación cristiana y la Biblia (siglos I-IV)*, Madrid 2003, 56.

8 Citada sin decir fuente por M. Dulaey, *Bosques de símbolos*, 60.

9 San Agustín, *Sobre el Salmo* 21,2,6. Cit. ib. 61.

JOSÉ FRANCISCO GARCÍA GÓMEZ

fuego, y también a otros padres, que clamaron y fueron salvados[10]. Son, como vemos, escenas recurrentes en el arte paleocristiano. Esta forma de construir una oración se inspira en la Sagrada Escritura, donde encontramos dos ejemplos muy claros: el de la reina Ester (Est 4,17q-17bb[11]) y la oración de Matatías a sus hijos (1M 2,51-61[12]).

Además, los sermones van a convertirse en una fuente primordial para comprender cuál era la formación de los cristianos. Tal como dice Jesucristo a los discípulos de Emaús[13], todas la Escrituras hablan de Él; por ello, toda la exégesis paleocristiana va a tener este componente cristocéntrico que nos ayuda a dar a las imágenes una lectura más profunda que la mera ilustración de la escena.

Las imágenes paleocristianas muestran un mensaje escatológico lleno de esperanza. Tal es así, que ciertas escenas del Antiguo Testamento mostraban una visión profunda de la vida futura, como las de los libros de Daniel y los Macabeos[14]. Estas escenas de personajes salvado s por Dios animaban y fortalecían la fe de los cristianos, ya que tenían "por protector y guía al Señor"[15]. Estas escenas, que encontramos tanto en las catacumbas como en los sarcófa-

---

10 San Agustín, *Epístola 140*, 11,28; 7,20. Cit. ib. 61.

11 Señor mío, rey nuestro, tú eres el único. Defiéndeme que estoy sola y no tengo más defensor que tú, porque yo misma me he puesto en peligro. Desde mi nacimiento yo oí en mi tribu y en mi familia que tú, Señor, escogiste a Israel entre todas las naciones y a nuestros padres entre todos sus antepasados para que fueran por siempre tu heredad. Realizaste en favor suyo todo lo que prometiste [La *Vetus latina* añade aquí una larga lista de ayudas de Dios a distintos personajes del pueblo de Israel] "Tú protegiste a Noé de las aguas del diluvio [...] que Tú libraste a Jonás del vientre de la ballena [...] que **Tú libraste a Ananías, Azarías y Misael del horno del fuego [...] que Tú sacaste a Daniel del foso de los leones** [...] que Tú libras a los que te complacen, Señor, por siempre. [...] Así que ahora, ayúdame, que estoy sola y no tengo a nadie sino a Ti, Señor Dios mío. Cfr. Sagrada Biblia, *Ester*, vol. II. Pamplona 2002. 1216, nota 4,17n-17kk. In M. Vizcaíno Villanueva, "La eficacia de la Escritura en la configuración

del Arte paleocristiano: la iconografía de Miryam". 25 Simposio Internacional de Teología de la Universidad de Navarra (2004), 158-159.

12 Recordad las gestas que en su tiempo realizaron nuestros padres; alcanzaréis inmensa gloria, inmortal nombre. ¿No fue hallado Abraham fiel en la prueba y se le reputó por justicia? José, en tiempo de su angustia, observó la Ley y vino a ser señor de Egipto. [...] **Ananías, Azarías, Misael, por haber tenido confianza, se salvaron de las llamas. Daniel por su rectitud, escapó de las fauces de los leones.** Advertid, pues, que de generación en generación todos los que esperan en Él jamás sucumben. En Nueva Biblia de Jerusalén. Bilbao 1998, 611.

13 Lc 24,27: Y, comenzando por Moisés y siguiendo por todos los profetas, les explicó lo que se refería a él en todas las Escrituras.

14 Se señalan dos principalmente: Dan 12,1-3; 2Mac 7, 1-29. En J. Casas Otero, *Estética y culto iconográfico*, 139.

15 San Cipriano, *Cartas a Sergio y Rogaciano*. PL 4,438. Cit. ib. 138.

gos, aparecen junto a las imágenes que nos hablan del paraíso y del pecado, ya que en ellas vislumbramos la intervención de Dios, que *ha venido a buscar y salvar lo que estaba perdido*[16].

Ahondaremos en tres escenas que no solo aparecen en multitud de representaciones y de textos paleocristianos, sino que, sobre todo, suceden en el exilio del pueblo de Israel en Babilonia: Daniel en el foso de los leones, los tres jóvenes en el horno y la historia de Susana.

Estas escenas (especialmente las dos primeras) son, junto a la historia de Jonás, las que más aparecen en las plegarias litúrgicas, como ejemplos de súplicas al Señor que han sido escuchadas.

> Escucha mi oración como escuchaste a Daniel en la fosa de los leones y le enviaste al profeta Habacuc para llevarle su alimento.
> Escucha mi oración como escuchaste a los tres jóvenes en el horno de fuego ardiente, Ananías, Azarías y Misael. Tú enviaste a tu ángel y tu rocío y Nabucodonosor, jefe del reino, quedó confundido.
> Escucha mi oración como escuchaste la de Susana en manos de los viejos y líbrame de este mundo mortal, tú que amas la pureza de conciencia[17].

Son oraciones litúrgicas en las que aparecen insistentemente estas escenas, haciendo comprensible que aparezcan tantas veces representadas, ya que eran de fácil comprensión para los fieles.

1. DANIEL

Daniel es contemplado como una prefiguración de Cristo, al ser introducido en la fosa por sus perseguidores y emerger indemne de ella, a imagen de la pasión y resurrección de Cristo. Ya Hipólito, en su *Comentario al libro de Daniel* a principios del siglo III, realiza un paralelo entre la fosa de los leones y la tumba de Cristo, y Efrén el Sirio (en el siglo IV) dirá: *Como Daniel fue perseguido, así Jesús fue perseguido [...], metieron a Daniel en el foso de los leones y salió victorioso; metieron a Jesús en la fosa de los muertos, pero la muerte no tuvo poder sobre él.[...] En el caso de Daniel, se cerró la boca de los leones, ávidos y famélicos; en el caso de*

---

16 Lc 19,10

17 Pseudo-Cipriano, *Oraciones* 2,2. Cit. M. Dulaey, *Bosques de símbolos*, 190.

Jesús se cerró la boca de la muerte, ávida y que corrompe todo. Sellaron la fosa de Daniel y la mandaron vigilar; vigilaron la tumba de Jesús y dijeron: "¡manda que quede asegurado el sepulcro!" (Mt 27,64). Cuando Daniel salió, sus detractores fueron avergonzados; cuando Jesús se levantó, fueron avergonzados los que lo crucificaron[18].

Así, los brazos de Daniel, como los del orante en forma de cruz, le unen más como prefiguración de Cristo, tal como recogen Atanasio de Alejandría y Gregorio de Nisa.

Esta postura, además, potencia la imagen de Daniel como modelo de oración, que invoca a Dios sea cual sea la adversidad: *Tú escuchaste a Daniel cuando fue arrojado a la fosa y le hiciste escapar de las fauces de los leones...*[19].

En la iglesia de la Santa Cruz de Écija encontramos el llamado "**Sarcófago de Écija**" (s. V), en el que aparecen tres escenas identificadas con una inscripción en griego. En una de ellas, Daniel aparece con la postura del orante y vestido, bien parece estar clamando: *Tú, ¡oh Dios! Te has acordado de mí, no has abandonado a los que te aman*[20].

Daniel, antes de ser alimentado por Dios el séptimo día, va a permanecer seis días en el foso[21], por lo que va a ser visto como un asceta que había ayunado[22]. No es casual, por tanto, que la lectura de este relato se realizara el Miércoles Santo, en el que el pueblo fiel estaba de ayuno, el cual terminaba con la eucaristía como primer alimento. Por eso, de la comida traída por Habacuc se mantiene en los textos[23] y en las representaciones solo el pan, en referencia absoluta a la eucaristía. Esta escena, en las representaciones, va a unir los dos relatos de Daniel en el foso, uno que se inscribe dentro del reinado de Darío (Dn 6,11-25) y otro en el de Ciro (Dn 14, 28-42), incorporando elementos de ambos: *El ángel del Señor dijo a Habacuc: "Lleva esa comida que tienes a Babilonia para Daniel, que está en el foso de los leones" Habacuc respondió: "Señor, no he visto jamás Babilonia ni conozco ese foso". Entonces el ángel del Señor lo agarró por la cabeza y, llevándolo por los cabellos, lo dejó en Babilonia, encima del foso, con la rapidez de un soplo. Habacuc gritó: "Daniel, Daniel, toma la comida que el Señor te envía". Y Daniel exclamó: "Dios mío, te has acordado de mí y no has abandonado*

---

18 Cit. J. Dresken-Weiland, *Immagine e Parola. Alle origini dell'iconografia cristiana*, Città del Vaticano 2012, 187.

19 Afrahates, el Persa, *Exposiciones* 23,54. Cit. M. Dulaey, *Bosques de símbolos,* 191.

20 Dn 14,38

21 Dn 14.

22 Tertuliano, *Tratado sobre el ayuno* 7,8. Cit. M. Dulaey, *Bosques de símbolos*, 192.

23 Zenón de Verona, *Sermón 2,18*. En esta cita se habla de la "comida celeste" que Daniel recibe en el foso. Y san Ambrosio dirá que este alimento prefigura la eucaristía al hablar de él como "pan de los ángeles". San Ambrosio, *Sobre el Salmo* 36, 61. Cit. Ib.193.

a los que te aman". Daniel se levantó y se puso a comer, mientras el ángel de Dios en un suspiro volvía a depositar a Habacuc en su lugar[24].

Así, encontramos en el **sarcófago dogmático del Museo Vaticano** y en **el fragmento del Museo Arqueológico de Córdoba** (h. 320) a Habacuc llevando la cesta con el alimento, pero es de señalar que solo aparecen panes representados. En el sarcófago dogmático, incluso vemos el detalle de cómo Habacuc es llevado por el pelo hasta la fosa donde se encuentra Daniel. Donde comprobamos que la imagen no es solo una representación literal del texto bíblico, sino que es una relectura magisterial, es que el cesto que lleva Habacuc con los panes es semejante al de la **catacumba de Lucila**, que corresponde a una imagen eucarística, o a los cestos de las multiplicaciones de los panes y los peces (escena de clara alusión eucarística) que aparecen en otros sarcófagos, como el "dogmático" de los Museos Vaticanos (comparado también con el **sarcófago de los dos hermanos** en los Museos Vaticanos). Tal es así que incluso Prudencio en un poema escribe que Daniel recibe el pan respondiendo "¡Amén!" y cantando "¡Aleluya!", como cuando se recibe el pan sacramental[25]. Para que no hubiera duda, en algunos sarcófagos los panes están marcados con una cruz, aludiendo al pan eucarístico.

El texto bíblico continúa la escena diciendo: *Al día séptimo el rey vino a llorar a Daniel; se acercó al foso, miró y encontró a Daniel sentado. Entonces exclamó a voz en grito: "¡Qué grande eres, Señor, Dios de Daniel! No hay más dios que Tú". Luego mandó sacar a Daniel del foso e hizo arrojar en él a los que habían buscado su perdición, y al instante fueron devorados en su presencia*[26]. En el **sarcófago de Alcaudete, Jaén**, que suele datarse en el siglo VI, encontramos a Daniel desnudo y sentado dentro de una cueva con los leones a su espalda. Estos detalles iconográficos señalan un acento en algo que quiere señalarse. En este caso, la representación de Daniel aguardando alude, sin duda, a la espera de la resurrección del difunto que allí era enterrado.

Esta idea en la que se une la fosa y la vida eterna, ya sea como pila bautismal o como santo sepulcro, lo encontramos en textos doctrinales, como los del Clemente de Alejandría[27] o en san Efrén[28]. Y es que Daniel prefigura la muer-

---

24 Dn 14, 34-39.

25 Prudencio, *Catemerinon* 4, 70-73. Cit. M. Dulaey, *Bosques de símbolos*, 193.

26 Dn 14, 40-42.

27 *Por el bautismo el alma es salvada del mundo y de las fauces de los leones.* Clemente de Alejandría, *Extractos de Teodoto* 83. Cit. M. Dulaey, *Bosques de símbolos*, 193.

28 *La fosa se abre como las tumbas, las bestias son vencidas como la muerte. El Triunfador sube a anunciar la resurrección a los que yacen en las tumbas.* San Efrén, *Cantos de Nísibe* 71,18. Cit. Ib.195.

te y resurrección de Cristo. Ya en el siglo III san Hipólito va a relacionar directamente la fosa de los leones y la tumba del Señor, de tal manera que identifica hasta los sellos puestos en las piedras que cerraron ambas cavidades[29]. Uno puede entender el por qué se encuentran estas representaciones en multitud de catacumbas, como la **Catacumba del Giordano** en Roma.

Tal es la identificación de la fosa de Daniel con la tumba de Cristo, que vamos a ver representado a Daniel sobre una losa que alude totalmente a una tumba (el ya comentado Sarcófago dogmático de Roma). No son detalles que crearan los talleres, sino que respondían al magisterio reconocido en esos momentos. Por eso, textos como el Pseudo-Epifanio ponen hondura a la obra representada: *Daniel lanzado a la fosa de los leones prefigura la tumba de Cristo, de donde ha salido vivo, arrancado a la muerte y al Hades, como Daniel a los leones.* (Pseudo-Epifanio, *Homilía sobre la Resurrección* 3). En este sarcófago, como en otros, Daniel es aquel que vuelve el Paraíso, tal como Dulay nos señala citando el *Poema contra Marción*: *In pace quievit*[30] ("Descansó en paz"), a propósito de Daniel en la fosa de los leones, fórmula que se usaba en muchos de los epitafios sepulcrales cristianos.

El **Mausoleo de Centcelles** (Tarragona) fue levantado en el siglo IV. Su cúpula fue ornamentada con una inmensa decoración en mosaico con escenas de cacerías y bíblicas, especialmente del Antiguo Testamento, que recuerda a las decoraciones que encontramos en las catacumbas. Dado el carácter funerario del edificio no podemos de dejar pensar en la fuente iconográfica de las *commendatio animae*, ya que, entre las catorce escenas representadas, encontramos la de Daniel en el foso de los leones: *Escucha mi oración como escuchaste a Daniel en la fosa de los leones y le enviaste al profeta Habacuc para llevarle su alimento.*

Y es que en Daniel los fieles veían la esperanza de resucitar con Cristo, de ahí que fuera un personaje digno de ser imitado. La imagen de Daniel, representada en ambientes funerarios, como la de la **Catacumba de San Calixto**, hacía resonar en los fieles las palabras de san Hipólito: *Imita a Daniel. No se encontrará en ti ninguna herida, sino que serás sacado vivo de la fosa y participarás en la resurrección, escapando así a los ángeles torturadores de los infiernos*[31]. Es por ello por lo que la representación de la escena de Daniel va, en multitud de ocasiones, asociada a la de la resurrección de Lázaro, como en algunos sarcófagos de los Museos Vaticanos.

---

29 San Hipólito, *Comentario sobre Daniel* 3,27,5. Ib.195.

30 *Poema contra Marción*, 3,207. Cit. Ib. 199.

31 San Hipólito, *Sobre Daniel* 3,31,3. Ib.

También vamos a encontrar alusiones de Daniel como Adán que ha vuelto al Paraíso. Hipólito, en su *Comentario a Daniel*[32], compara a Daniel con Adán por su autoridad sobre los animales y equipara la fosa con el infierno y sus leones con agentes punitivos. Tal es así que en algunas representaciones los leones no tienen aspecto temible, sino mansos, tal como nos lo describen algunos autores como Paulino de Nola que dirá: *Las fieras estaban acostadas a los pies del profeta a uno y otro lado y acariciaban los pies del orante, lamiéndolos complacidos*[33]; o Hipólito: *Daniel, sentado en medio de los leones, acariciaba sus crines. El rey llamó entonces a toda su corte y les mostró el maravilloso espectáculo: bestias feroces domesticadas por un hombre y calentándose las manos*[34]. Así podemos encontrarlo en el **sarcófago de Junio Basso** (Museo del Tesoro de San Pedro del Vaticano) del siglo IV, en el que Daniel acaricia tranquilamente a los leones, casi como defensores del profeta, situados a su lado. Los leones se presentan sumisos a Daniel por ser figura de Cristo, tal como san Hipólito escribe: *Cuando el ángel apareció en la fosa, las bestias feroces se calmaron y manifestaron su alegría moviendo la cola, como si quisieran someterse a un nuevo Adán*[35]. Así podemos encontrarlos de manera rampante, pero no agresiva, sino reconociendo la autoridad en Daniel, como en el **Pavimento de un Mausoleo cristiano** en el Museo Nacional del Bardo en Túnez.

Esta descripción del comportamiento de los leones, contraria a su naturaleza, indica la renovación del mundo de la gracia por la venida de Cristo, anunciada ya por la visión de Isaías: *Serán vecinos el lobo y el cordero, y el leopardo se echará con el cabrito, el novillo y el cachorro pacerán juntos, y un niño pequeño los conducirá. La vaca y la osa pacerán, juntas acostarán sus crías, el león, como los bueyes comerán paja*[36]. Así, en la l**astra del orante** (Velletri, Museo Civico) del siglo IV aparece la escena de Daniel justo al lado del Buen Pastor. La descripción de los leones como animales domésticos se reflejará a partir del siglo III en el arte paleocristiano.

Por último, hay que añadir que las cabezas de león van a aparecer con mucha frecuencia en los sarcófagos, en gran medida gracias a la simbólica que habían dado los Padres de la Iglesia a estos animales. Un ejemplo clarísimo, en el que, sin aparecer Daniel, sí que lo hacen los leones, es el **Sarcófago de los**

32 San Hipólito, *Sobre Daniel*. En Fco. De Asís García García, "Daniel en el foso de los leones" *Revista Digital de Iconografía Medieval*, I/1 (2009) 12, nota 5.

33 Paulino de Nola, *Poema* 26, 259-260. Cit. M. Dulaey, *Bosques de símbolos*, 196.

34 San Hipólito, *Sobre Daniel* 3,29,5. Cit. Ib. 196-197.

35 San Hipólito, *Sobre Daniel* 3,29,3. Ib. 197-198.

36 Is 11,6-7.

leones de Tarragona (s. III), en el que los leones no atacan al difunto sino a presas de caza; o en otros **sarcófagos paleocristianos**, donde los leones aparecen custodiando al Buen Pastor o el cuerpo del difunto, que sale indemne: *El creyente, vencedor del mal, debe dar gracias a Dios más que Daniel, pues ha sido librado de plagas más terribles y peligrosas que él. [...] Dios ha quebrado los dientes de los leones invisibles que se aferraban a su alma antes de neutralizar a los leones visibles de los que habla la Escritura*[37].

2. LOS TRES JÓVENES EN EL HORNO

La historia de los tres jóvenes en el horno se relata en el tercer capítulo del libro de Daniel, y goza de una extraordinaria popularidad en los textos paleocristianos. Aparecen dentro del grupo de las prefiguraciones de la salvación, tanto en los textos litúrgicos como en las homilías, en gran parte por su vinculación con la salvación, la resurrección y el sacramento del bautismo.

Estos tres jóvenes van a ser imagen del mártir. Por eso, no es de extrañar que las actas del martirio de san Fructuoso, condenado a las llamas, comparasen el martirio del obispo con el de los jóvenes hebreos. Teniendo en cuenta que san Fructuoso fue martirizado en el anfiteatro de Tarragona, se entiende que encontremos su historia representada dentro del **Mausoleo de Centcelles** con dos escenas basadas en tipos romanos del siglo IV. La primera quizás represente a los tres jóvenes, que se niegan a adorar la estatua de oro en presencia de Nabucodonosor (Da 3,8-18); la segunda es la escena de los tres hebreos en el horno encendido (Da 3,19-26), en la que se aprecia al ángel a la izquierda.

Esta escena de la negativa de los tres jóvenes la encontramos representada de nuevo en varias obras, como el **sarcófago de Adelfia** (h. 325-350. Museo Paolo Orsi, Siracusa). El texto bíblico nos lo relata así: *Totalmente enfurecido, Nabucodonosor mandó llamar a Sidrac, Misac y Abdénago, y cuando fueron introducidos ante el rey, Nabucodonosor les dijo: "¿Es cierto, Sidrac, Misac y Abdénago, que no servís a mis dioses ni adoráis la estatua de oro que yo he erigido? [...] Porque si no la adoráis, seréis inmediatamente arrojados a un horno de fuego abrasador; y entonces ¿cuál será el dios que os libre de mis manos?" Sidrac, Misac y Abdéago contestaron al rey Nabucodonosor: "No tenemos que responder sobre este asunto.*

ARTE Y EXÉGESIS EN TORNO A DANIEL

---

37 Orígenes, *Sobre la oración* 13,3. Cit. M. Dulaey,
    Bosques de símbolos, 198-199.

Si el Dios a quien servimos puede librarnos del horno de fuego abrasador y de tu poder, majestad, nos librará. Pero, si no lo hace, has de saber, majestad, que nosotros no serviremos a tus dioses ni adoraremos la estatua de oro que has erigido." *Entonces Nabucodonosor, lleno de cólera y con el semblante alterado a causa de Sidrac, Misac y Abdénago, mandó encender el horno siete veces más fuerte que de costumbre*[38]. Esta escena tenía un componente de gran importancia para los cristianos de los primeros siglos, ya que habían conocido la persecución por no adorar al emperador; y, a partir del siglo IV, aparecerá unida al modelo de los creyentes que rechazan los valores mundanos.

En **las catacumbas de Priscila** aparece de nuevo este tema de los tres jóvenes negándose a adorar al rey Nabucodonosor. Esta escena aparece muchas veces (también en el sarcófago de Adelfia) emparejada con la **adoración de los Magos**[39]. En la catacumba aparecen los tres jóvenes alejándose de la estatua del rey y a la derecha tres personajes vestidos de modo similar, prosternándose ante el Niño que la Virgen sostiene. Es el rechazo de la idolatría frente a la adoración del verdadero Dios. Esto es comentado por Efrén de Nísibe: *Ha hecho una imagen de setenta codos. Pequeño, se quiere grande por la efigie. Alrededor de ella obtiene la adoración impía. La venida de nuestro Señor fue una maravilla. De naturaleza infinita, en la imagen despreciada, se hizo pequeño. Por ella obtuvo la adoración universal*[40].

En los **sarcófagos de Trinquetaille** y en el del **Museo de Arlés** volvemos a encontrar la escena en que son juzgados los jóvenes, acentuando más su fortaleza ante el juicio que el propio martirio. Fortaleza que se recalca en algunos textos como el de san Cipriano: *Su seguridad no se fundaba en la esperanza de una liberación actual, sino en el pensamiento de la liberación y de la seguridad de la eterna gloria*[41]. Los tres jóvenes proclaman la fe en la vida eterna y muchos predicadores hablan de ellos.

Las escenas más representadas serán en las que los tres jóvenes aparecen dentro del horno encendido, relato que encontramos también en el libro de Daniel (Da 3,19-26). En primer lugar, su forma de confiar y dirigirse a Dios va a manifestar el poder de la oración, recogidos en los dos cánticos: el Azarías (Dn 3, 24-45)[42], y el

---

38 Dn 3, 13-19.
39 J. Dresken-Weiland, *Immagine e Parola*, 211.
40 Efrén de Nísibe, *Cantos de Nísibe* 48,8. Cit. M. Dulaey, *Bosques de símbolos*, 204.
41 San Cipriano, *Epístola* 6,3. Cit. Ib. 206.

42 *Caminaban entre las llamas alabando a Dios y bendiciendo al Señor. Entonces Azarías, de pie en medio del fuego, se puso a orar así: "Bendito seas, Señor, Dios de nuestros padres, digno de alabanza; que tu nombre sea glorificado por los siglos* (Dn 3,24-26).

de los tres jóvenes (Dn 3, 51-90)[43]. No solo enseñan que hay que rezar en todo momento, sino que prueban la verdad de la palabra de Jesús, que promete estar con aquellos que recen en su nombre[44]. Así, viendo la escena representada en ámbito funerario, como en la **Lastra de Iubentia Telesphoriana**[45], la imagen de estos tres jóvenes adquiere una fuerza importante para aquellos que rezaban con confianza por los que habían sido sepultados. Incluso algunas plegarias litúrgicas hacen memoria de las oraciones de los tres jóvenes: *Escucha mi oración como escuchaste a los tres jóvenes en el horno de fuego ardiente, Ananías, Azarías y Misael. Tú enviaste a tu ángel y tu rocío y Nabucodonosor, jefe del reino, quedó confundido.*

En esta línea, Ireneo de Lyon los señala como ejemplo, junto a Elías y Jonás, de la omnipotencia de Dios. Al ser sacados indemnes del fuego del horno prueba que *el Hijo de Dios puede resucitar los cuerpos y dotarlos de una duración sin fin*[46].

En Tertuliano[47], sin embargo, son los vestidos y los cuerpos indemnes del fuego los que son signo de la resurrección futura; algo que también recoge Hipólito de Roma, referidos a la salvación del cuerpo y la resurrección de la carne[48]. Y en San Efrén: *En el horno, no pereció ni un cabello. Semejante será la solicitud de Dios en la resurrección. El cuerpo ha triunfado de la fosa de las bestias y del horno. Fue rechazado por el pez que lo tragó, camina sobre el agua, asciende en el aire y, coronado de gloria, se sienta a la derecha del Padre: mar, fosa, horno, son garantía para los muertos que acudirán de todas partes a la convocatoria para la resurrección*[49].

En la historia aparece un cuarto personaje dentro del horno con los tres jóvenes: *El rey Nabucodonosor se quedó atónito, se levantó rápidamente y preguntó a sus consejeros: "¿No hemos arrojado al fuego a tres hombres atados?" Ellos le respondieron: "Así es, majestad". El rey repuso: "Pues yo estoy viendo cuatro hombres desatados que caminan entre el fuego sin sufrir daño, y el cuarto parece un ser di-*

43 *Entonces los tres se pusieron a cantar a coro, glorificando y bendiciendo a Dios dentro del horno de esta manera: "Bendito seas, Señor, Dios de nuestros padres, alabado y ensalzado por los siglos. Bendito sea tu Nombre, santo y famoso, aclamado y ensalzado por los siglos* (Dn 3, 51-52).

44 Mt 18,19-20.

45 J. Dresken-Weiland, *Immagine e Parola*, 239.

46 Ireneo de Lyon, *Contra las herejías* V, 5,2. Cit. ib. 234.

47 Tertuliano, *Sobre la Resurrección* 59,6-10. Cit. Ib. 234.

48 *Si los vestidos de los tres jóvenes han salido intactos del fuego, porque habían sido santificados con ellos, ¿cómo la carne corruptible que viste un alma santa no será también santificada y mudada en incorruptibilidad?* (San Hipólito, *Sobre Daniel* 2,28,4-5. Cit. Ib. 235).

49 San Efrén, *Cantos de Nísibe* 46,9; 43,22. Cit. M. Dulaey, *Bosques de símbolos*, 213.

vino". Entonces Nabucodonosor se acercó a la boca del horno de fuego abrasador y dijo: "Sidrac, Misac y Abdénago, servidores del Dios Altísimo, salid y venid aquí"[50]. Así podemos verla en diferentes obras como el **Sarcófago de Agape y Crescentianus** (h.325-350. Museos Vaticanos).

Este cuarto personaje es denominado de forma diferente en la traducción griega: como "ángel" o como "hijo de Dios"; es decir, como Jesús. La denominación de "hijo de Dios" deriva de la traducción de *Theodotion*, nombrado así a menudo por los autores patrísticos. Ya Ireneo de Lyon llegará a la conclusión que en esta cuarta figura se puede reconocer a Jesucristo.

En una **lámpara votiva**[51] del siglo V aparece ese cuarto personaje y parece recoger las palabras de San Jerónimo: *En tipo, este "ángel" o este "hijo de Dios" es la prefiguración de nuestro Señor Jesucristo que descendió al horno del infierno, donde estaban encerradas a la vez las almas de los pecadores y las de los justos, para librar del fuego y de su pecado a los que estaban encerrados en las ataduras de la muerte*[52].

Para san Ireneo, el Verbo de Dios *se ha hecho ver en compañía de Azarías, Ananías y Misael, parándose junto a ellos en el fuego y salvándolos del fuego*[53]. En el mosaico de la **catacumba de Domitila**[54] aparecen los tres jóvenes en el horno y una cuarta figura que los acompaña. Sobre el borde superior de la luneta y al pie de los jóvenes hebreos se lee la inscripción: *Qui filius diceris et pater inveniris*, refiriéndose a la paternidad de Cristo[55], a su poder y a la redención de su obra. La representación de ese "cuarto personaje" le muestra imberbe, al igual que el Cristo de la escena de la resurrección de Lázaro, hecho que hace coincidir a estos dos personajes. Podemos ver también en la **arqueta de Brescia** (siglo IV) en la que aparecen, además de tres testigos, un cuarto personaje con los brazos extendidos en forma de cruz. Hipólito dice que *Guardaba a los jóvenes como a sus propios hijos bajo sus brazos*, aludiendo a la crucifixión[56].

Sobre el **relicario de san Nazario de Milán** (siglo IV) se representa a este cuarto personaje como un pastor, claramente identificable con el Buen Pastor que no abandona a sus ovejas, tema recurrente en la iconografía de los primeros siglos del cristianismo. También aparece en el **sarcófago del Museo Capi-**

---

50   Dn 3,29.

51   P. Prigent, *Ĺ arte dei primi cristiani. Ĺ eredità culturale e la nuova fede*, Roma 1997, 213.

52   San Jerónimo, *Sobre Daniel* 1,3,92b. Cit. M. Dulaey, *Bosques de símbolos*, 214.

53   Ireneo de Lyon, *Contra las herejías* 4,20,11. Cit. Ib. 210.

54   J. Dresken-Weiland, *Immagine e Parola*, 240.

55   Teoría recogida de Michel-Yves Perrin (M. Y. Perrin, *La paternité du Christ. À propos d´une mosaïque de la catacombe de Domitille.* cit. J. Dresken-Weiland, *Immagine e Parola*, 240.)

56   San Hipólito, *Sobre Daniel* 2,32,9. Cit. M. Dulaey, *Bosques de símbolos*, 210.

tolino de Roma[57] con la figura barbada que simula el ángel (detalle de este personaje barbado que recoge la forma de representar al filósofo Sófocles, a modo de *parapetasma*).

La oración coral de estos jóvenes en el horno se va a convertir en ejemplo de la eficacia de la oración comunitaria: *Por la oración, los tres jóvenes transformaron el horno en rocío*[58].

Además, el horno al que son arrojados los tres jóvenes aparece como una prefiguración del fuego eterno, recogiendo la tradición bíblica de Malaquías 3,19 ("*He aquí que llega el día ardiente como un horno*") y Mateo 13,42 ("*el horno ardiente*"). También lo encontramos en obras patrísticas de autores como san Ireneo[59] o san Hipólito[60].

Por eso, las llamas del horno no tocan a los tres jóvenes, ya que son protegidos por Dios mismo, pero sí que pueden volverse contra los que las han encendido. San Ambrosio, por ejemplo, dice: *para los justos el fuego se convertirá en rocío, como para los tres jóvenes hebreos arrojados al horno de fuego ardiente. Pero el fuego vengador quemará a los servidores de la impiedad*[61]. Así aparece en algún sarcófago, como el **sarcófago de los Museos Vaticanos** en el que se ve al que aviva el fuego. Este detalle, dentro de un arte funerario, puntualizaba lo que las oraciones y la fe pedían para los difuntos. Por ejemplo, textos de Metodio de Olimpia[62] o san Jerónimo[63], así como una oración del siglo V: *Señor, haz caer el rocío, un rocío de misericordia, y apaga las llamas del fuego ardiente, pues Tú eres el único al que se reconocerá como Salvador*[64].

Otros detalles de la escena es el que encontramos, por ejemplo, en la **catacumba de Priscila**, en la que aparece la Paloma como símbolo divino sobre las llamas. En su pico porta un ramo de olivo, que en la tradición sugiere el

57 J. Dresken-Weiland, *Immagine e Parola*, 227.

58 Homilía sin nombre *2,2* pronunciada en la octava de Pascua. Cit. M. Dulaey, *Bosques de símbolos*, 207.

59 *Ananías, Azarías y Misael fueron arrojados al horno de fuego, profetizando con lo que les sucedía la prueba de fuego que sufrirán los justos al fin de los tiempos.* (San Ireneo, *Contra las herejías* 5,29,2). Cit. Ib. 207.

60 *Los tres jóvenes cantan su cántico porque Dios les ha arrancado del infierno y los ha salvado de las manos de la muerte, porque los ha sacado de las llamas ardientes y del fuego.* (San Hipólito, *Comentario sobre Daniel* 2,29). Cit. Ib. 207.

61 San Ambrosio, *Sobre el Salmo* 36,26. Cit. Ib. 209.

62 *Tú, Dios todopoderoso, grande, eterno, Padre de Cristo, concédeme también a mí, Metodio, en el momento de tu día, atravesar el fuego sin daño.* (Metodio de Olimpia, *Sobre la resurrección* 1,56). Cit. Ib. 207-208.

63 *No creemos en Dios para evitar quemarnos aquí abajo, sino para evitar pasar de este fuego a otro.* (San Jerónimo, *Sobre el Salmo* 145,5). Cit. Ib. 208.

64 Oración recitada en Jerusalén durante la vigilia pascual en el *Códice armenio de Jerusalén* 121. Cit. Ib.

aceite para la unción y, por tanto, convierte a la paloma en el Espíritu Santo. Su significado evoca el descenso del rocío bíblico sobre el horno.

Textos, como el de san Hipólito[65], asimilan el perfume del santo crisma al rocío del horno; o el de san Efrén directamente al bautismo[66]. Los tres jóvenes son el modelo de los cristianos que reciben el Espíritu Santo en el bautismo; es más, el horno es visto en los textos del siglo IV como signo de la pila bautismal. Esta efusión del Espíritu provoca la alabanza dada en la Cántico de los tres jóvenes, que a su vez entonaban aquellos que acaban de recibir el sacramento en la liturgia bautismal. En la Capilla Griega de la **catacumba de Priscila**, los tres jóvenes danzan literalmente de alegría, como diría san Ambrosio: *En el horno ardiente los jóvenes hebreos no sentían la quemadura de la llama, refrescados como estaban por el fuego del amor*[67]. Estos jóvenes animaban a los fieles a tener fe en Dios y proclamarla con alegría, ya que no se verían defraudados[68], y a acercarse al Bautismo con la certeza de acercarse al cuidado de la filiación divina[69].

3. SUSANA

El relato de Susana no se consideraba parte del canon de las Escrituras a comienzos del cristianismo. Sin embargo, los Padres de la Iglesia y los apologistas cristianos de los primeros siglos, como Orígenes *(A Africanus)*, Ireneo de Lyon *(Adversus haereses)*, Hipólito de Roma *(Comentario a Daniel)*, Cipriano de Cartago *(Testimonio)*, o Cirilo de Jerusalén *(Catequesis)* defendieron su canonicidad[70]. San

65 *Ananías, Azarías y Misael desearon ardientemente ser ungidos con este óleo. Por su causa, fueron cuatro los vistos en el horno, pues estaba allí el óleo que, como rocío, se desliza sobre la tierra.* (San Hipólito, *Sobre el Cántico* 2,26. Cit. Cit. Ib. 217).

66 *En Babel, los tres jóvenes victoriosos fueron bautizados en el horno y salieron de él. Habían entrado, se habían bañado en las llamas, se habían paseado en el oleaje de las llamas, que hacían llover gota a gota sobre ellos el rocío del cielo. Este los liberó de sus ataduras terrestres. ¡Ved a los tres jóvenes victoriosos, entrad, reencontrad al Cuarto en el horno! El fuego visible que allí brillaba designa el fuego del Espíritu Santo secretamente mezclado al agua* del bautismo. (San Efrén, *Sobre la Epifanía* 8,5-6. Cit. Ib. 216-217).

67 San Ambrosio, *Sobre Isaac* 8,77. Cit. Ib. 218.

68 *Si el horno no pudo con los tres jóvenes, ¿cómo podría el fuego eterno tener poder sobre los santos que, como ellos, han puesto su fe en Dios?* (San Hipólito, *Sobre Daniel* 2,28,7. Cit. Ib. 208-209.

69 *Entrad, bautizaos, hermanos míos, en esta llama que libra de las cadenas, esta llama donde estaba escondida la Trinidad, donde habita secretamente El que en el horno era el Cuarto y se había unido a los tres jóvenes.* (San Efrén, *Sobre la Epifanía* 8,6. Cit. Ib. 215).

70 M.A. Walker Vadillo, "Susana y los viejos". *Revista Digital de Iconografía Medieval*, vol. IV, nº/, 2012, 50.

JOSÉ FRANCISCO GARCÍA GÓMEZ

Jerónimo la incluirá finalmente en la Vulgata, quedando dentro del capítulo 13 del libro de Daniel.

Como Jonás, Daniel y los tres jóvenes, Susana es considerada una más en la lista de los justos que, clamando a Dios, fue librada milagrosamente de la muerte, y así aparece en el *Ordo commendationis animae* y en algunas plegarias litúrgicas, como: *Escucha mi oración como escuchaste la de Susana en manos de los viejos y líbrame de este mundo mortal, tú que amas la pureza de conciencia*[71]. Susana es vista en el primer arte cristiano como figura del alma salvada, junto con Daniel, Jonás, etc., tal como nos lo señala san Agustín: *Sabemos y hemos leído que Dios libró a muchos de nuestros padres que esperaban en él. Libró al pueblo de Israel de la tierra de Egipto, a Daniel de la fosa de los leones, a Susana de la calumnia. Todos lo invocaron y fueron librados*[72].

El juicio al que es conducida Susana es el tema central, en los textos y en la iconografía, tal como vemos en las catacumbas y en los sarcófagos. Aparece, como ya hemos dicho, en la plegaria de las *Ordo commendationes animae* del siglo II: *Recibid Señor el alma de vuestro siervo; libradla de todos los peligros como habéis librado a Susana de la falsa acusación*[73]. Esta plegaria influye para que sea en las catacumbas en el primer lugar donde encontramos la iconografía de Susana. Así, en la **Capilla Griega de las catacumbas de Priscila** (siglo III) aparece Susana, por primera vez, representada como orante entre los dos viejos.

En el **sarcófago de Arlés** se recogen las escenas en un ciclo narrativo, al igual que en el **sarcófago de San Félix en Gerona**, en ambos comienzan con la escena de los viejos espiando a Susana: *Un día, mientras acechaban el momento apropiado, entró Susana como en días anteriores acompañada solamente por dos criadas y, como hacía calor, quiso bañarse en el jardín. No había nadie allí, excepto los dos ancianos que escondidos la espiaban*[74].

San Hipólito, al respecto de los viejos escondidos, dirá: *Como en otro tiempo en el Paraíso el diablo se había disimulado bajo la forma de serpiente, de la misma manera se escondió en los viejos para satisfacer sus propios deseos y perder a Eva por segunda vez*[75]. Por tanto, la castidad de Susana, no cayendo en la tentación, se contrapone al personaje de Eva, la cual sí cedió a la serpiente.

71 Pseudo-Cipriano, *Oraciones* 2,2. Ib.

72 San Agustín, *Sobre el Salmo 21*,2,6. Cit. M. Dulaey, *Bosques de símbolos*, 220-221.

73 Libera, Domine, animan eius sicut liberasti Susannam de falso crimine. Cit. L. Réau, *Icono-grafía del arte cristiano. Iconografía de la Biblia (Antiguo Testamento)*, Barcelona 2007, 450.

74 Dn13,15-16.

75 San Hipólito, *Sobre Daniel* 1,18. Cit. M. Dulaey, *Bosques de símbolos*, 224.

El **sarcófago de San Félix** contiene el mayor número de escenas de esta historia en la escultura paleocristiana: de derecha a izquierda: Susana en el jardín sorprendida por los ancianos; dos ancianos conducen a Susana a casa de su marido; Susana acusada ante Daniel; absolución de Susana y la imposición de manos de Daniel; y, finalmente, el castigo a los ancianos a lapidación.

En el **sarcófago de San Félix de Gerona** continúa con el momento en que los ancianos se acercan a Susana cerrando las puertas del jardín: *En cuanto salieron las criadas, los dos ancianos se levantaron, se acercaron corriendo a ella y le dijeron: "Las puertas del jardín están cerradas y nadie nos ve. Nosotros te deseamos; así que déjanos acostarnos contigo. Si te niegas, te acusaremos diciendo que estabas con un joven y que por eso habías despedido a tus criadas". Susana empezó a gemir y dijo: "¡No tengo escapatoria! Si consiento, me espera la muerte; pero si me niego, no me libraré de vosotros. Prefiero caer en vuestras manos por no consentir a pecar contra el Señor". Y Susana se puso a gritar a grandes voces. Pero los ancianos también gritaron. [...] Los criados quedaron abochornados, porque jamás se había dicho de Susana nada parecido*[76].

La escena continúa con la acusación de los dos ancianos, tal como aparece en la catacumba de Priscila: *A la mañana siguiente, cuando la gente se reunió en casa de Joaquín, su marido, llegaron también los dos ancianos con la perversa intención de condenar a muerte a Susana. [...] Sus familiares y todos los que la veían rompieron a llorar. Entonces los dos ancianos se levantaron en medio de la asamblea y pusieron sus manos sobre la cabeza de Susana. Ella, llorando, levantó la mirada al cielo, pues su corazón confiaba plenamente en el Señor*[77]. Los Padres de la Iglesia reconocen en Susana una imitación de Cristo, el silencio de ella ante las acusaciones de los viejos se ve la figura del silencio de Cristo ante Pilato. Así, podemos ver que aparecen estas escenas en paralelo en el **sarcófago de Arlés**.

El juicio de Susana vamos a verlo también en varios momentos: el encuentro con Daniel, como en la catacumba de Priscila en Roma, el juicio de Daniel propiamente dicho, o la absolución de Daniel a Susana.

El encuentro con Daniel (**Catacumba de Priscila**) sucede de la siguiente manera: *Susana se puso a gritar a grandes voces: "Dios eterno, que ves lo escondido y conoces todo antes de que suceda, tú sabes que estos han dado falso testimonio contra mí. Y ahora tengo que morir, sin haber hecho nada de lo que estos han tramado injustamente contra mí". El Señor la escuchó y, cuando era conducida a la muerte, despertó el santo espíritu de un muchacho llamado Daniel, que se*

---

76   Dn 13, 19-27.

77   Dn 13, 28.33-35.

puso a gritar: "¡Yo soy inocente de la sangre de esta mujer!" Toda la gente se volvió hacia él[78].

Susana, al ser acusada, pronuncia una oración que, una vez más, recoge la misma conciencia de las oraciones del *Ordo animae: "Dios eterno, que ves lo escondido y conoces todo antes de que suceda, tú sabes que éstos han dado falso testimonio contra mí. Y ahora tengo que morir, sin haber hecho nada de lo que estos han tramado injustamente contra mí". Y el Señor escuchó su voz*[79]. San Atanasio se la imagina en esta escena con los brazos en cruz, afirmando que es por esta postura por lo que su oración es escuchada y es salvada[80]. Aparece en postura orante en un **cuenco de cristal**[81] del siglo IV encontrado en Colonia (Alemania), y en la **coppa di Podgoritza**[82], Albania, también del s. IV.

A continuación encontramos varias escenas con el juicio de Daniel en varios lugares, como en el **sarcófago de San Félix en Gerona**: *La gente se volvió rápidamente y los ancianos dijeron a Daniel: "Siéntate aquí en medio de nosotros e infórmanos, ya que Dios te ha concedido tal privilegio" Daniel les dijo: "Separadlos lejos el uno del otro, que voy a interrogarlos"* (Dn 13,50-51). También lo encontramos en la **arqueta de Brescia** y en las **catacumbas de San Calixto en Roma**.

Una escena que no aparece como tal en el texto bíblico, la de la absolución de Susana por parte de Daniel, sí la vamos a encontrar en el arte funerario. El reconocimiento de inocencia de Susana adquiere una gran connotación sacramental, así como el perdón de Dios es necesario para ser introducido en la vida eterna. Esta escena la encontramos en las catacumbas de Priscila y, con mayor carga gestual, en el **sarcófago de San Félix en Gerona**. La absolución se ha interpretado como prefiguración del juicio final, de ahí que encontremos esta perícopa en el arte funerario. Según san Hipólito, Susana *guarda en su corazón el temor del Señor y, para escapar al suplicio del fuego, preferirá la muerte que solo dura un instante. [...] Es necesario imitar a Susana [...] para ser salvados de la segunda muerte*[83].

El castigo de los dos viejos, como aparece en el **sarcófago de Susana de Arlés**, sí aparece en el relato bíblico: *Entonces toda la asamblea se puso a gritar a grandes voces, bendiciendo a Dios que salva a los que esperan en él. Luego se*

78 Dn 13,42-47.
79 Dn 13, 42-44.
80 San Atanasio, *Homilía* 21. Cit. M. Dulaey, *Bosques de símbolos*, 224.
81 M.A. Walker Vadillo, "Susana y los viejos". *Revista Digital de Iconografía Medieval* IV/7 (2012) 54.
82 P. Prigent, *L' arte dei primi cristiani*, 220.
83 San Hipólito, *Sobre Daniel* 1,22. Cit. M. Dulaey, *Bosques de símbolos*, 221.

levantaron contra los dos ancianos, a quienes Daniel había declarado convictos por propia confesión de falso testimonio y les aplicaron el mismo castigo que ellos habían tramado contra su prójimo: de acuerdo con la ley de Moisés, fueron ejecutados[84].

En la *Didascalia* encontramos una referencia de la condenación de los viejos: *El Señor libró a Susana de la mano de los hombres inicuos por medio de Daniel y condenó al fuego a esos viejos que se habían hecho reos de su sangre*[85]. Encontramos en el **sarcófago de Gerona** incluso al ángel con la espada, tal como dice Daniel a uno de los viejos: *El ángel del Señor ya está esperando con la espada, para dividirte por medio. Y así acabará con vosotros*[86]. Y en la Biblia de los Setenta se dice que el ángel del Señor *lanzó fuego en medio de ellos*[87]. Al ser representado en el arte funerario, señala el riesgo de la calumnia como posible causa del castigo eterno, tal como algunos textos nos señalan[88]. A su vez, san Jerónimo comenta sobre *la sartén donde el rey de Babilonia hizo freír a los viejos que habían juzgado a Susana*[89].

El relato de Susana lo vamos a encontrar en el grupo de lecturas de Cuaresma y en los ritos prebautismales, viendo el baño como prefiguración del bautismo. Tal es así que en el **sarcófago de San Félix** encontramos a una sirviente con una especie de venera y a otro a la izquierda con un bote de perfume a modo de crismera.

San Hipólito dice: *se ha preparado en el jardín el baño que debe refrescar a los que el fuego debería consumir y la Iglesia, lavada como Susana, está en pie ante Dios como una esposa joven y pura. Y así como los dos servidores acompañaban a Susana, la fe y la caridad acompañan a la Iglesia y preparan el aceite y los jabones para los lavados. ¿Qué son los jabones sino los mandamientos del Verbo? ¿Qué el aceite, sino los poderes del Espíritu? Esto es lo que sirve de perfume para ungir a los creyentes después del baño [...]. Cuando la Iglesia desea recibir el baño espiritual, dos sirvientes deben necesariamente acompañarla: por la fe en Cristo y por el amor de Dios, la Iglesia, penitente, recibe el baño*[90]. Encontramos en el sarcófago de Gerona estos detalles con la sirvienta de Susana.

Hipólito continúa su interpretación bautismal: *Susana es figura de la Iglesia. Su marido Joaquín, de Cristo. El jardín que estaba cerca de la casa representa a*

84 Dn 13, 60-62.
85 *Didascalia de los apóstoles* 11,51,2. Cit. M. Dulaey, *Bosques de símbolos*, 222.
86 Dn 13,59.
87 M. Dulaey, *Bosques de símbolos*, 222.

88 Epifanio de Salamina: *Una columna de fuego cayó del cielo entre los dos viejos, no para consumirlos al instante, sino para torturarlos largo tiempo.* Cit. Ib.
89 San Jerónimo, *Epístola* 54,10. Ib.
90 San Hipólito, *Sobre Daniel* 1,16. Ib. 222-223.

la sociedad de los santos, plantados como árboles fecundos en medio de la Iglesia. Babilonia es el mundo. Los dos viejos representan en figura a los dos pueblos que conspiran contra la Iglesia, el de la circuncisión y el de los gentiles[91].

Finalmente, podemos ver la escena representada de forma alegórica como en la **catacumba de Pretextato** en Roma, en la que aparece como un cordero entre dos lobos, a los que una inscripción en la parte superior califica de SENIORIS. Algunos textos hablaban de Susana como una "pobre cordera acechada por lobos o zorros que son los herejes[92].

La historia de Susana es menos representada que las de Daniel entre los leones o la de los tres jóvenes en el horno, quizás por no aparecer directamente la fe en la resurrección, aunque sí fue motivo de catequesis sobre el bautismo y el juicio final.

Estas imágenes, por tanto, cuando se las encuentra en el arte sepulcral, sirven para indicar, a través de los sacramentos, que el difunto era un cristiano. No es ya solo la intervención divina, sino la participación en los sacramentos de la Iglesia lo que asegura la salvación del muerto. Además, los fieles que rogaban por sus difuntos podían rememorar las figuras bíblicas que habían sido liberadas por intervención divina, acrecentando así la esperanza de la vida futura y la salvación de sus familiares. Así, el arte estaba al servicio de la propia vida del cristiano, que podía reconocer las acciones del Señor, que se mantenía junto a su Pueblo en todas las circunstancias, incluso en las más adversas.

En nombre de la esperanza eterna, tú que lees, acuérdate de mí
(inscripción de la catacumba de Priscila)

91   San Hipólito, *Sobre Daniel* 1,14. Ib. 223.   92   Asterio, *Homilía* 6. Ib. 225.

VISIONI CIRCA L'ESILIO E LA RESTAURAZIONE ALL'EPOCA DEL NUOVO TESTAMENTO

Francesco Giosuè Voltaggio
Studium Biblicum Franciscanum

1. TENEBRE DELL'ESILIO, LUCE DELLA RESTAURAZIONE

È stato affermato che "la bibbia ebraica è il libro dell'esilio"[1]. Dal silenzio dell'esilio nasce la Parola: dove risuonò questa, infatti, se non nella *qôl d*e*māmāh daqqāh*, la "voce di silenzio sottile" (1Re 19,12)? La crisi dell'esilio è così il "travaglio del parto" da cui è nato un "nuovo ebraismo". In essa, infatti, ebbero origine, per fornire solo alcuni esempi, le presentazioni bibliche della creazione e delle origini dell'uomo (ad es., la cacciata dall'Eden e la dispersione di Babele), la rilettura delle storie patriarcali e delle tradizioni dell'esodo[2], un nuovo profetismo con i primi aneliti escatologici e messianici, la liturgia della Parola[3] e il

---

1   R. P. Carroll, "Deportation and Diasporic Discourses in the Prophetic Literature", in J. M. Scott (ed.), *Exile. Old Testament, Jewish, and Christian Conceptions* (JSJ.S 56), Leiden 1997, 64: "The Hebrew Bible is the book of exile. It is constituted in and by narrative and discourses of expulsion, deportation and exile. From Genesis to Chronicles (...), that is, from the stories of the expulsion of Adam and Eve from the Garden of Eden to the moment when exiled Israel prepared to expel itself from Babylon to return to Jerusalem to rebuild the Temple, individuals, families, folk and the people of Judah (Jews) existed in situations of varying degrees of deportation awaiting possible return".

2   Si veda, ad es., Dt 29,27 (cf. LXX); 30,3-4; 2Re 17,23 (cf. LXX); 2Cr 29,9.

3   Al ritorno dall'esilio, il popolo si riunisce attorno ad Esdra (Esd 10,1-14) e chiede che sia spiegata la Torah per poterla comprendere (Ne 8).

raduno della comunità lontano dal tempio, l'idea della gloria divina "mobile" che abita con gli esiliati[4], l'immagine del nuovo tempio escatologico, le figure del servo sofferente in Isaia e del giusto perseguitato (cf. la lettura collettiva di Gb). Dalle tenebre dell'esilio, infine, nascerà la luce del messia che riscatterà le tenebre dell'esilio assiro-babilonese e compirà le promesse di ritorno, restaurazione e riedificazione del tempio.

Parafrasando la *Haggādāh* di Pasqua, in cui gli ebrei cantano "che cosa c'è di diverso questa notte da tutte le altre notti?", ci si potrebbe domandare riguardo ad Israele: "Che cosa c'è di diverso in questo popolo da tutti gli altri popoli?"; o in altre parole: perché questo popolo risorge sempre dalle ceneri? La sopravvivenza d'Israele in Babilonia è testimoniata da fragili tavolette d'argilla, sulle quali restano incisi fino ad oggi in scrittura cuneiforme vari nomi di deportati ebrei. Su altre troneggia il nome di Nabucodonosor "re dei re" (Dn 2,37) e custode di *Bab-Ilu* ("la porta di Dio"), mentre da quei deportati discende Gesù, che per il NT è il vero "Re dei re" (Ap 17,14; 19,16) e la "Porta" del Cielo (cf Gv 2,51; 10,9). Non si deve dimenticare che, sia nella genealogia di Mt sia in quella di Lc, questi discende da Zorobabele (Mt 1,12-13; Lc 3,27): che si consideri tale nome come babilonese o ebraico, il suo significato, "discendenza di Babilonia", segnala che nelle origini di Cristo c'è anche Babilonia.

Nel presente contributo s'intende presentare un panorama delle visioni sull'esilio e la restaurazione all'epoca del NT[5]. In questa sede ci limiteremo allo studio di alcuni testi anteriori al 70 d.C. tralasciando tuttavia i libri tardivi dell'AT[6]. Non si tratta di un tema d'interesse meramente "archeologico", bensì squisitamente teologico e quanto mai attuale. Di fatto, nel *mainstream* dell'ebraismo odierno, così come per alcuni cristiani, il ritorno degli ebrei alla terra è un segno

---

4 In Ez 1 il trono divino è un maestoso "carro" (denominato poi nella tradizione ebraica "*merkāḇāh*") che simboleggia il dinamismo della gloria divina. Il motivo del trono sostenuto da esseri viventi è ampiamente attestato nell'iconografia mesopotamica dal III millennio a.C. fino all'epoca persiana. I *quattro* esseri viventi di Ez 1 fanno pensare ai "quattro portatori del cielo" menzionati in testi mesopotamici dal XV sec. a.C.

5 Sul tema dell'esilio e della restaurazione nella letteratura intertestamentaria come sottofondo del NT, cf. spec. N. T. Wright, *The New Testament and the People of God*, London 1992; D. Ravens, *Luke and the Restora-*

tion of Israel (JSNT.S 119), Sheffield 1995; M. M. B. Turner, *Power from on High. The Spirit in Israel's Restoration and Witness in Luke-Acts* (MSS.Pneuma 9), Sheffield 2000; J. M. Scott (ed.) *Restoration. Old Testament, Jewish and Christian Perspectives* (JSJ.S 72), Leiden 2001; M. E. Fuller, *The Restoration of Israel. Israel's Re-gathering and the Fate of the Nations in Early Jewish Literature and Luke-Acts* (BZNW 138), Berlin 2006.

6 In particolare Tb, Sir e 2Mac focalizzano sulla speranza della restaurazione d'Israele e del raduno escatologico: cf. spec. Tb 13,5; 14,5-7; 2Mac 2,18; Sir 36,13.

FRANCESCO GIOSUÈ VOLTAGGIO

escatologico che marca l'inizio del compimento finale delle promesse, il che ha delle evidenti ripercussioni politiche. Nella preghiera quotidiana della *Āmîḏāh*, gli ebrei recitano le benedizioni *Qîbbûṣ gᵉlûyôṯ* (decima benedizione) e *Birkaṯ Yᵉrûšālayîm* (quattordicesima). La prima recita: "Suona il grande corno (*šôp̄ār*) per la nostra libertà, porta il vessillo per radunare i nostri esili e radunaci dai quattro angoli della terra! Benedetto sei tu, YHWH, che raduni i dispersi del tuo popolo Israele"[7]. La seconda chiede la grazia che Dio dimori in mezzo a Gerusalemme e quindi la riedificazione del tempio e la restaurazione del regno davidico, in altre parole la venuta del messia. La redenzione messianica, infatti, è strettamente legata al raduno degli esuli e alla riedificazione del tempio.

Secondo il *Midrash Tanḥuma* (Noaḥ 11,11), Gerusalemme non sarà ricostruita fino a quando tutti gli esuli non saranno ritornati e ciò spiega perché nella *Āmîḏāh* il raduno dei dispersi d'Israele preceda la ricostruzione del tempio. Vi è tuttora un dibattito tra gli ebrei sul fatto se la costruzione del tempio preceda o segua il raduno degli esiliati[8]. La questione dell'esilio e della redenzione è comunque viva nell'ebraismo odierno: per alcuni ebrei, l'esilio è una realtà che tocca non solamente gli ebrei della diaspora, ma anche quelli che vivono in un Israele governato da non-religiosi. L'esilio fisico è così, per essi, riflesso di un altro ben più spirituale e profondo. D'altra parte, l'antica tradizione ebraica rileva che l'annuncio dell'esilio è rivolto ad Abramo proprio nel momento della stipulazione dell'alleanza (Gen 15,13), il che indica che l'essenza dell'esilio non è il castigo, bensì la nascita della redenzione[9].

In At 1,6, dopo la risurrezione di Cristo, gli apostoli attendono ancora ansiosamente l'instaurazione del regno in Israele e domandano: "Signore, è questo il tempo nel quale ricostituirai il regno per Israele?". Gesù non li rimprovera, ma rimanda ai tempi a essi celati ma riservati al Padre. Non a caso, l'anelito del ritorno dalla dispersione dell'esilio è presente nella più antica preghiera eucaristica cristiana, contenuta nella *Didachè* (9,4; 10,5).

Oggi si accoglie comunemente la tesi che al tempo di Gesù vi siano diversi "giudaismi", giacché l'ebraismo era all'epoca, ancor più di oggi, tutt'altro che monolitico. Gli studi recenti, tuttavia, hanno rilevato come la letteratura

---

7 Le traduzioni dai testi antichi nel presente articolo sono nostre.

8 Il dilemma si trova già in Tb 14,5, ove si nota un'indecisione circa il fatto se la ricostruzione del tempio preceda o segua il ritorno degli esiliati.

9 Si veda M. M. Brod, *I Giorni del Messia. Redenzione e avvento messianico nelle fonti della tradizione ebraica*, Rho (Milano) 1997, 28, che cita *PRE* 29; *BerR* 44,17; *Likkuté Sichot*, II, 359ss.

presente nei manoscritti del mar Morto, nonostante contenga testi settari[10], si riveli meno partigiana di quanto si ritenga, per cui in essa ricorrono concezioni appartenenti al cosiddetto *common Judaism*[11]. Benché pertanto si debbano usare le fonti con grande cautela e rilevando sempre la diversità delle concezioni fra le varie correnti ebraiche, si può rintracciare un *humus* comune circa la visione dell'esilio[12]: le differenze semmai emergono nella *modalità di attuazione* della restaurazione.

L'idea comune, nei testi della letteratura del secondo tempio sull'esilio, è che questo non riguarda solo gli ebrei della diaspora, ma anche gli abitanti della terra d'Israele, occupata a quel tempo da una potenza pagana avversa all'unico Dio. La maggioranza degli ebrei del tempo aveva coscienza di essere ancora in esilio, pur vivendo nella terra promessa ai loro Padri e godendo del tempio e del suo culto[13].

---

10 È il caso, ad es., della cerimonia dell'espulsione dei trasgressori dell'alleanza (*4Q266* 11 5-20) e del manuale di preparazione per la guerra escatologica (*1QM*). Il fatto che tali testi siano settari non esclude che vari loro elementi fossero comuni nella tradizione: ad es., i sintagmi "benedetto il Dio d'Israele" e "poveri di spirito" presenti in *1QM* XIV,4.7 ricorrono anche in Lc 1,68; Mt 5,3.

11 Cf., ad es., E. Schuller, "Prayer at Qumran", in R. Egger-Wenzel e J. Corley (eds.), *Prayer from Tobit to Qumran. Inaugural Conference of the ISDCL at Salzburg, Austria, 5-9 July 2003*, Berlin – New York 2004, 423.

12 Scrive E. P. Sanders, *Judaism. Practice and Belief 63 BCE-66CE*, London – Philadelphia 1992, 289: "In general, the visionaries looked forward to the full restoration of Israel. Just what that meant would have varied from group to group and even person to person, but there was a lot of common ground, and the main lines can be clearly discerned"; così anche J. A. Denis, *Jesus' Death and the Gathering of True Israel. The Johannine Appropriation of Restoration Theology in the Light of John 11.47-52* (WUNT 2.217), Tübingen 2006, 85: "Although the diversity in Second Temple Judaism requires that scholars tread carefully when making claims about 'the view' of Judaism in some issue, the widespread expectation of restoration, which included a number of key elements largely inspired by the Deuteronomistic covenant theology, has made it possible to isolate certain shared expectations that most sectors of Judaism did in fact hold in common in the Second Temple period".

13 Così dichiara N. T. Wright, *The New Testament* 268-269: "The need for this restoration is seen in the common second-temple perception of its own period of history. Most Jews of this period, it seems, would have answered the question 'where are we?' in language which, reduced to its simplest form, meant: we are still in exile. They believed that, in all the senses which mattered, Israel's exile was still in progress. Although she had come back from Babylon, the glorious message of the prophets remained unfulfilled, Israel still remained in thrall to foreigners; worse Israel's god had not returned to Zion". Cf. anche M. A. Knibb, "The Exile in the Literature of the Intertestamental Period", *HeyJ* 17 (1976), 253; M. A. Halvorson Taylor, *Enduring Exile. The Metaphorization of Exile in the Hebrew Bible* (VT.S 141), Leiden 2011, 9-11.

2. ESILIO VOLONTARIO E SPIRITUALE NEI ROTOLI DEL MAR MORTO

Nei rotoli del mar Morto[14], gli empi fra gli Israeliti sono considerati come già puniti con i castighi dell'esilio benché vivano a Gerusalemme o in Israele[15]. Gli uomini di Qumran percepivano se stessi come degli esiliati volontari nel deserto[16], dove intendevano preparare la via al Signore[17]. Così, nei manoscritti del mar Morto, come in altre fonti risalenti all'epoca del secondo tempio, il rimpatrio dall'esilio babilonese e la conseguente restaurazione e ricostruzione del tempio non sono considerati come il compimento delle profezie bibliche del ritorno: al contrario, l'esilio è ritenuto un evento che perdura anche per quelli che vivono in terra d'Israele[18]. Ciò significa che l'esilio, più che una realtà geografica, è uno stato di dispersione spirituale e di lontananza dalla Torah, cosa che può verificarsi anche nella madrepatria.

Il *Documento di Damasco* evidenzia che il raduno escatologico d'Israele, visto essenzialmente come un ritorno dalla diaspora, comincia con l'emergere di un "resto": la comunità dei giusti chiamati "i figli della luce"[19] e riuniti intorno a una figura messianica denominata "il maestro di giustizia"[20]. Secondo la *Regola della Comunità*, "il consiglio della comunità sarà stabilito nella verità come piantagione eterna, tempio per Israele e fondamento del Santo dei Santi per Aronne (...) eletti della volontà per fare l'espiazione per la terra (...)"[21]. Ciò significa chiaramente che *yaḥad*, la "comunità", è considerata come il tempio stesso che dà l'espiazione[22].

---

14 È assodato che nessun manoscritto rinvenuto a Qumran e a Masada possa esser stato copiato dopo il 68 d.C.

15 Cf. *4Q162* 1 II,1-10; *4Q169* 3-4 II,5-12; *1QpHab* XI,4-6; *CD-B* XIX,1-35.

16 Cf. *1QM* 1,2-3; *1QS* V,1-3.9-11; *CD-A* IV,1-4; *1Q28a* I,1-3.

17 Cf. *1QS* VIII,1-5-14; IX,18-20.

18 Cf. J. G. Campbell, "Essene-Qumran Origins in the Exile. A Scriptural Basis", *JJS* 46 (1995), 143-156; D. Dimant, "Not Exile in the Desert but Exile in Spirit: The Pesher of Isa. 40:3 in the *Rule of Community*", *Meghillot* 2 (2004) 21-36 (ebr.).

19 Si veda *CD-A* I,3-10; II,11-13; *4Q267* 2 I,9-14; 2 II,10-12; sul "resto", cf. anche *1QM* XIII,8; *4Q161* 1 I,20-24; *4Q163* 4-6 II,1-14; *1QHᵃ* XIV,8-16; *4Q390* 1,10; *4Q393* II,7; *4Q504* V,1-21.

20 *CD-A* I,11.

21 *1QS* 8,5-10.

22 Si veda B. Gärtner, *The Temple and the Community in Qumran and the New Testament. A Comparative Study in the Temple Symbolism of the Qumran Texts and the New Testament* (MSS.NTS 1), Cambridge 1965, 22-30; D. Dimant, "4QFlorilegium and the Idea of the Community as Temple" in A. Caquot, M. Hadas-Lebel e J. Riaud (eds.), *Hellenica et Judaica. Hommage à Valentin Nikiprowetzky*, Leuven – Paris 1986, 187-188; D. R. Schwartz, *Studies in the Jewish Background of Christianity* (WUNT 60), Tübingen 1992, 37; C. Newsom, *The Self as Symbolic Space. Constructing Identity and Community at Qumran*, StTDJ 52, Leiden – Boston 2004, 152-165.

Nella prima parte del testo contenuto in *4Q372*[23], dove Giuseppe è considerato come una personalità corporativa[24], ci si riferisce alla storia e alle sofferenze del padre, nelle quali si vedono già le tribolazioni che i suoi figli soffriranno nell'esilio: "Giuseppe fu scaraventato in terre che non [conosceva...] in un popolo straniero, e furono dispersi in tutto il mondo (...). Giuseppe [fu dato] in mano degli stranieri, che divorarono la sua forza e ruppero tutte le sue ossa fino al tempo della sua fine"[25]. Nella seconda parte del testo, Giuseppe intercede per le tribù esiliate, chiedendo che Dio, suo Padre, non lo abbandoni nelle mani dei pagani[26]. D. Mitchell ha ipotizzato che in questo testo vi possa già essere un riferimento al "messia di Giuseppe" che muore e risorge[27].

3. RADUNO ESCATOLOGICO E MESSIANICO NEI SALMI DI SALOMONE

I diciotto *Salmi di Salomone*[28] contengono dei testi messianici incentrati sulla figura del re davidico chiamato l'"unto" del Signore, il messia regale trionfante che calpesterà le nazioni con "scettro di ferro": durante il suo regno non esisterà ingiustizia, ma tutti saranno santi ed egli stesso sarà ricolmo dello spirito, della forza e della giustizia di Dio[29]. Nel diciassettesimo salmo, l'orante chiede a Dio di far sorgere per gli esiliati questo "re figlio di Davide", affinché "purifichi Gerusalemme dai pagani che la calpestano" e distrugga le nazioni empie[30]. L'opera del messia davidico sarà di "radunare un popolo santo", guidandolo e giudicandolo con giustizia, e di distribuire i figli di Dio nella terra promessa secondo le loro tribù, come un nuovo Giosuè, non permettendo che nessuno straniero abiti con essi, ma anzi sottomettendo i popoli pagani "sotto il suo giogo" e purificando Gerusalemme "con una santificazione simile a quella del principio"[31]. Il messia, tuttavia, non radunerà solo il popolo eletto, ma persino "le nazioni

---

23 Il testo è databile paleograficamente alla seconda metà del primo secolo a.C.

24 Cf. M. Rossetti, *Giuseppe negli scritti di Qumran. Studio sulla figura del patriarca a partire da 4Q372 1. Excerpta ex dissertatione ad Doctoratum in Facultate Biblica Pontificii Instituti Biblici*, Roma 2006, 85-90.

25 *4Q372* 1,10-11.14-15.

26 *4Q372* 1,15-30.

27 Si veda D. C. Mitchell, "A Dying and Rising Josephite Messiah in 4Q372", *JSPE* 18 (2009), 181-205.

28 Conservato in greco e in siriaco (forse fu composto originariamente in ebraico), *PsSal* è datato tra la seconda metà del I sec. a.C. e la prima metà del I d.C.

29 *PsSal* 17, 17-18.22-25.32.37.

30 *PsSal* 17,21-25.

31 *PsSal* 17,26-30.

giungeranno dall'estremità della terra per vedere la sua gloria"; tutti saranno santi e l'unto del Signore regnerà su di essi e sarà egli stesso "puro dal peccato" e "reso potente mediante lo spirito santo"[32]. Il salmo culmina con una beatitudine: "Beati quelli che vivranno in quei giorni, così da vedere, nella riunione delle tribù, il bene d'Israele che Dio preparerà"[33]. La restaurazione finale dall'esilio, pertanto, riguarda in qualche modo anche i giusti tra i pagani ed è indissolubilmente legata al messia davidico, che libererà Gerusalemme dai pagani e riunirà le tribù d'Israele nella terra, instaurando un regno di santi.

4. RESTAURAZIONE APOCALITTICA E MESSIANICA NEL PRIMO LIBRO DI ENOCH

Nel *Primo Libro di Enoch*[34] si presenta una figura messianica denominata "l'eletto", titolo che può essere un riferimento al servo del Signore descritto in Is 42,1-4. La restaurazione finale coinvolgerà l'intero cosmo: cieli e terra saranno trasformati quando l'eletto si siederà sul trono di gloria[35]. Rappresentato in modo simile al figlio dell'uomo descritto in Daniele e come messia guerriero, l'eletto, benché debba subire il rifiuto da parte dei malvagi, sarà trionfante e glorioso sui suoi nemici e sui malvagi che cadranno innanzi a lui[36]. Su di lui dimora lo spirito di sapienza, d'intelligenza, d'insegnamento e di forza: il richiamo alla profezia di Is 11,2 lo identifica con il messia davidico[37]. Vittorioso sui regni del mondo, sottometterà gli angeli ribelli[38]; la restaurazione includerà quindi anche un combattimento celeste finale. Più avanti si descrivono in modo meraviglioso il ritorno escatologico dalla dispersione dell'esilio e il giorno dell'eletto in cui avverrà la resurrezione dei giusti[39].

Nella cosiddetta *Apocalisse degli animali*, che copre i cc. 85-90 del libro, si descrive la restaurazione mediante una visione apocalittica riguardante la storia del mondo da Adamo fino al giudizio finale. Gli uomini sono rappresentati come

32 *PsSal* 17,31.36-37.
33 *PsSal* 17,44.
34 *1Hen*, pervenutoci integralmente in etiopico e attestato anche a Qumran in frammenti aramaici (*4Q201-207* e *4Q212*), risale almeno al II sec. a.C. Il suo nucleo più antico, noto come *Libro dei vigilanti* e citato in *Jub*, è attestato in *4Q201* (datato alla prima metà del II sec. a.C.). Anche le altre sezioni dell'opera non vanno datate oltre la fine del II sec. a.C., ad eccezione della seconda (*1Hen* 37-71), non attestata a Qumran e forse posteriore (I sec. d.C.?).
35 *1Hen* 45,3-4.
36 *1Hen* 48,5-10.
37 *1Hen* 49,2-4.
38 *1Hen* 52,2-9; 55,3-4.
39 *1Hen* 57; 61,5-10.

animali: i giusti sono simboleggiati da pecore e bestie bianche, gli empi e nemici d'Israele da bestie nere e selvatiche. Si profetizza la nascita di un gruppo di pecore elette, cioè il resto giusto d'Israele, strumento per la punizione dei malvagi. In tale visione, settanta pastori sono stabiliti per sorvegliare Israele nel periodo tra l'esilio e la rivolta maccabaica, segno che, anche dopo il ritorno, l'esilio continua[40]. Nella fase finale della restaurazione, avverranno i seguenti eventi: la Gerusalemme terrestre sarà rimpiazzata da quella celeste; gli ebrei giusti sopravvissuti e quelli della diaspora saranno riuniti a Gerusalemme, mentre le nazioni saranno radunate per sottomettersi a Israele e al suo Dio[41]. Culmine della visione è la nascita del messia (un bue bianco dalle grandi corna) cui tutti si sottomettono e si conformano (tutte le bestie sono trasformate in buoi bianchi)[42].

Sebbene le opere ebraiche datate dopo il 70 d.C. esulino dalla nostra ricerca, vale la pena fare un cenno al *Quarto libro di Esdra*: redatto in ambiente farisaico, può essere collocato in una data immediatamente posteriore al regno di Domiziano (81-96 d.C.)[43]. Ciò nonostante, non va escluso che varie tradizioni concernenti la restaurazione dell'esilio risalgano a prima del 70. In tale opera si profetizza il ritorno escatologico delle dieci tribù disperse. La restaurazione includerà la rivelazione della vera Gerusalemme[44], l'apparizione di un messia davidico e la conseguente distruzione delle nazioni nemiche (specialmente Roma) ed empie[45], la salvezza del resto giusto[46], il raduno definitivo delle dieci tribù[47].

5. RESTAURAZIONE COME NUOVA CREAZIONE NEL LIBRO DEI GIUBILEI

Il *Libro dei Giubilei* ci fornisce un prezioso esempio di come la Bibbia era interpretata in ambienti ebraici prima dell'era cristiana. L'opera, che comincia riportando il dialogo tra Dio e Mosè sul monte Sinai, si apre con l'annuncio, da parte di Dio, dell'esilio a causa dei peccati del popolo; per la futura condotta malvagia degli Israeliti, Dio assicura: "Io mi nasconderò da loro e li destinerò alla cattività

---

40 *1Hen* 89,59-76.
41 *1Hen* 90,28-36.
42 *1Hen* 90,37-38.
43 L'opera, chiamata anche *Apocalisse di Esdra*, è stata forse redatta originariamente in ebraico o aramaico. Conservata in latino in appendice alla *Vulgata*, la traduzione greca è andata perduta (possediamo invece la versione siriaca, copta, etiopica, araba, armena e georgiana).

44 *4Esd* 10,25-28.42.44-54;13,35-36.
45 *4Esd* 11,45-46; 12,31-35; 13,1-11.21-38.51-56.
46 *4Esd* 6,25; 7,27.45-61; 9,7-8; 12,34; 13,19.48.
47 *4Esd* 13,12-13.39-40; 39,50; 14,33-34.

tra i popoli, ai lacci e all'esser consumati, li espellerò dalla terra e li disperderò fra i popoli"[48]. A tale minacciosa profezia segue la promessa di restaurazione e di ritorno dall'esilio, legata al compimento del comando dello *Shemà* da parte degli Israeliti e che implicherà la "costruzione di un santuario in mezzo a loro" e l'abitazione perenne di Dio in mezzo ad essi[49]. Tale promessa è seguita dall'intercessione di Mosè a favore del popolo, in cui egli chiede, tra l'altro, di non abbandonarlo in mano alle nazioni pagane, e di creare in esso "un cuore puro e uno spirito santo"[50]. In seguito, si annuncia "il giorno della nuova creazione", in cui "si rinnoveranno i cieli, la terra e tutte le creature, secondo le loro potenze celesti e tutta la creazione terrestre, finché sarà creato il santuario del Signore, sul monte Sion in Gerusalemme e si rinnoveranno tutte le luci per la guarigione, la salvezza e la benedizione di tutti gli eletti d'Israele"[51]. La nuova creazione, un riferimento a Is 65-66, implicherà quindi l'edificazione del tempio escatologico, un rinnovamento del cosmo e una trasformazione dell'uomo[52]. Questo tema della nuova creazione è stato messo in parallelo ad alcuni testi del NT, in particolare di Paolo[53].

6. COLONIZZAZIONE DEL MONDO E RESTAURAZIONE SPIRITUALE IN FILONE

Il più noto ebreo della diaspora del primo secolo d.C., Filone d'Alessandria, così come molti correligionari del suo tempo che vivevano fuori d'Israele, non vede la diaspora come qualcosa di negativo in sé. Mentre gli ebrei della terra d'Israele sono propensi a considerare l'esilio una punizione divina, Filone la percepisce piuttosto come un'opportunità di benedizione e di proliferazione del popolo ebraico, e ancor più come una "colonizzazione" del mondo e una "missione" alle genti[54]. Il popolo ebraico è, per Filone, "il più popoloso delle nazioni"[55] e fa del

---

48 *Jub* 1,7-14 (la citazione è tratta dal v. 13).

49 *Jub* 1,15-18.

50 *Jub* 1,19-21.

51 *Jub* 1,29; cf. anche 4,26.

52 Cf. *Jub* 23,27-31.

53 Si veda M. D. Owens, *As It Was in the Beginning. An Intertextual Analysis of New Creation in Galatians, 2 Corinthians and Ephesians*, Eugene (OR) 2015, 63-66.

54 Così N. Hacham, "Exile and Self-Identity in the Qumran Sect and in Hellenistic Judaism", in E. G. Chazon, B. Halpern-Amaru e R. A. Clements (eds.), *New Perspectives on Old Texts. Proceedings of the Tenth International Symposium of the Orion Center for the Study of the Dead Sea Scrolls and Associated Literature, 9-11 January, 2005*, Leiden – Boston 2010, 13-14.

55 Filone, *Congr* 3; *Spec* 1,7; *Flacc* 45.

bene a tutte le genti in cui dimora[56]. In tal modo, egli non dipinge gli ebrei come un popolo schiavo fra le nazioni o che anela ansiosamente al ritorno. Vero è che, per l'Alessandrino, il popolo ebraico, pur abitando in ogni luogo e onorando le città in cui abita, considera la Città Santa, ove si trova il tempio, come "città-madre" (*mētropolis*) e patria; eppure la diaspora[57], conseguenza della sovrappopolazione in Israele[58], è un disegno provvidenziale divino per occupare il mondo intero[59]. Si può così facilmente capire perché Filone non dedichi molta attenzione al tema della restaurazione. Egli, inoltre, non identifica *sic et simpliciter* "Israele" con gli "ebrei" e fornisce un'interpretazione allegorica più che nazionalistica di "Israele", vale a dire come "colui che vede Dio"[60], il che può includere anche un pagano come Balaam[61].

Filone, inoltre, elabora una certa "spiritualizzazione" del tempio di Gerusalemme: pur riconoscendo la sua centralità, non solo si riferisce al mondo intero come a un tempio[62], giacché questo è il segno tangibile della presenza di Dio che abbraccia il tutto, ma ritiene persino che la comunità dei credenti e il cuore dell'uomo siano un tempio[63]. Anche la figura del sommo sacerdote è spiritualizzata: rappresentante dell'intero Israele e di tutte le genti, ha un ruolo cosmico e universale, giacché è mediatore fra cielo e terra[64], proprio come il *Logos*[65], e sintesi dell'intero Israele, il quale è per il mondo intero ciò che il sommo sacerdote è per Israele[66].

Nonostante la visione positiva della diaspora, Filone rimane pur sempre un vero ebreo: egli riconosce la realtà dell'esilio e attende la restaurazione e il raduno escatologico, quando gli ebrei, grazie alla loro conversione, vinceranno i loro oppressori, raggiungeranno un'"inattesa libertà" e saranno radunati "da ogni parte con un solo impulso a un solo luogo stabilito, guidati nel loro pellegrinaggio da una visione divina e trascendente, invisibile agli altri ma a loro

---

56 Cf. Filone, *Legat* 283-284.

57 Cf. Filone, *Conf* 197; *Praem* 115; egli non ama il termine "diaspora", che usa solo due volte.

58 Filone, *Flacc* 45-46; *Legat* 281.

59 Filone, *Legat* 276-329.

60 Si veda, ad es., Filone, *Spec* 3,15; *QE* 2,38.47.

61 Cf. M. E. Fuller, *The Tradition of Restoration. An Examination of the Motifs of Israel's Re-gathering and the Fate of the Nations in Early Jewish Literature and Luke-Acts*, Durham Theses, Durham 2005, 105-107, che interpreta in questa direzione il testo di Filone, *Abr* 57-58.

62 Cf. *Spec* 1,66-67.

63 Vedi, ad es., Filone, *Sobr* 66; *Somn* 1,149; sulla visione filoniana del tempio, cf. V. Nikiprowetzky, "La spiritualisation des sacrifices et le culte sacrificiel au temple de Jérusalem chez Philon d'Alexandrie", *Sem* 14 (1967), 97-116; C. Werman, "God's House: Temple or Universe", in R. Deines e K. W. Niebuhr (eds.), *Philo und das Neue Testament* (WUNT 172), Tübingen 2004, 309-320.

64 Si veda Filone, *Somn* 2,187-188; *Ebr* 84-87.

65 Cf. Filone, *Her* 205-206.

66 Cf. Filone, *Spec* 2,163.167.

manifesta, così che passino dall'esilio alla loro casa"[67]. Filone, tuttavia, parla altrove di "diaspora spirituale" e di ritorno alla sapienza e alla virtù più che alla terra fisica[68]. Così gli esiliati divengono quelli che sono dispersi lontano dalla virtù e dalla contemplazione di Dio, mentre il ritorno alla terra d'Israele rappresenta la conversione dai vizi alla virtù fino all'unica visione di Dio; la Città Santa diviene dunque, più che una realtà geografica, la meta del pellegrinaggio spirituale cui si giunge mediante una vita di contemplazione e di pace[69]. Pur non negando il valore del ritorno fisico alla terra, la restaurazione completa è piuttosto quella dello spirito[70]. Grazie a tale visione spirituale del ritorno, Filone sembra non limitare la restaurazione al solo popolo ebraico, ma estenderla a ogni uomo[71].

7. RACCOLTA DEI DATI E FOCUS SULL'AMBIENTE STORICO AL TEMPO DI GESÙ

L'influsso dell'epoca esilica sul Gesù storico è di enorme portata. Come hanno mostrato gli scavi archeologici, l'antico insediamento di Nazaret fu abbandonato dal sesto al secondo secolo a.C., "vuoto" dovuto all'invasione assira per opera di Tiglat-Pileser III nel 734/33 a.C. Il regno d'Israele, che includeva la Galilea, dovette subire in quell'anno la conseguente devastazione e l'esilio di una parte della popolazione. Gesù conosceva la storia dei suoi antenati, umiliati con i loro conterranei galilei e condotti in terra straniera, dalla quale prenderanno, fra l'altro, la lingua aramaica. A tale umiliazione, che ha toccato anche la tribù di Zabulon in cui si trova Nazaret, fa riferimento la profezia di Is 8,23-9,6 nella quale si annuncia un futuro glorioso per opera dell'Emmanuele, il "Dio con noi" che instaurerà in eterno regno di Davide e lo šālôm, operando il miracoloso riscatto degli esiliati.

Tale riscatto ebbe inizio al tempo del re asmoneo Giovanni Ircano I, il quale promosse nel 134 a.C un ingente rimpatrio di ebrei da Babilonia. Il tronco di Iesse che sembrava morto rifiorì miracolosamente e anche Nazaret risorse dalle ceneri: in essa si stabilì il clan davidico dal quale doveva venire il Messia (cf. Lc 2,4). Una tavola marmorea in ebraico, rinvenuta nel 1962 durante gli scavi di Cesarea Marittima, ci ha fornito una lista di famiglie sacerdotali stabili-

67   Filone, *Praem* 164-165.
68   Filone, *Praem* 115-117; *Her* 98.313-314.
69   Cf. Filone, *Somn* 2,250; *Praem* 171-172.
70   Così in Filone, *Her* 293.
71   Cf. M. E. Fuller, *The Tradition of Restoration*, 115.

tesi in Galilea nel periodo tardo romano, tra le quali una famiglia di *nṣrt* (Nazaret): tale grafia induce a far pensare che l'etimologia del nome del villaggio sia da connettere al termine ebraico *nēṣer*, "germoglio". I nazaretani erano coscienti che il nome del loro villaggio potesse far riferimento al "virgulto" della profezia messianica contenuta in Is 11,1-2.

Wright ha espresso la convinzione che la maggioranza dei contemporanei di Gesù ritenesse di essere ancora in esilio e che la predicazione e il ministero di Gesù fossero una proclamazione della fine dell'esilio[72]. La sua tesi, benché vera, va relativizzata: le concezioni sull'esilio e il motivo del futuro raduno d'Israele sono aperti a diverse interpretazioni, data la vasta "efflorescenza" delle correnti ebraiche del tempo. Ciò che accomuna alcuni gruppi religiosi (ma non tutti) è comunque l'attesa della redenzione e del messia.

La posizione farisaica sull'esilio e la restaurazione era senz'altro la più prevalente e influente sul popolo. I farisei cercavano una via mediana fra quella erodiana, filo-romana e sadducea, decisamente cinica e opportunista, da una parte, e quella essena e apocalittica, più spirituale e idealista, dall'altra. Pur tenendo in massima stima la centralità della Città Santa e del tempio ormai ricostruito, i farisei avevano la ferma autocoscienza di essere un Israele ancora in esilio sotto il giogo romano e in attesa fervente della restaurazione messianica. Per essi, l'osservanza della Torah ("giogo della Torah" e "giogo del regno dei cieli" saranno sinonimi nella letteratura tannaitica)[73] e le opere supererogatorie avevano un ruolo fondamentale nell'affermarsi della redenzione. La loro profonda meditazione sulla Torah scritta, che ebbe come motore propulsore la sinagoga e la *bēt miḏrāš*, e il valore che attribuivano alla Torah orale, fecero sorgere tra essi ricche tradizioni circa l'esilio e la restaurazione. Tali tradizioni, che furono ulteriormente rilette e arricchite dopo la distruzione del tempio nel 70, vanno identificate singolarmente, compito non facile per gli studiosi. In generale si può asserire comunque che per i farisei la redenzione, benché attesa come intra-storica e quindi legata al messia davidico trionfante sui nemici che doveva stabilire lo *šālôm* messianico e rinstaurare il vero regno d'Israele (quello erodiano era per loro illegittimo), era legata ad ogni modo alla risurrezione finale e alla retribuzione escatologica (Eden per i giusti, Geenna per i malvagi).

Secondo alcuni ebrei della diaspora, come per Filone, la dispersione degli ebrei nel mondo conosciuto era vista come provvidenziale "colonizzazione" e

---

72 Si veda N. T. Wright, *Jesus and the Victory of God. Christian Origins and the Question of God, vol. 2*, London – Minneapolis 1996.

73 Si veda, ad es., *mBer* 2,2.5; *MekhY* a Es 20,2-3; cf. anche *Jub* 50,9; *bBer* 15a; *TanB* Lekh lekha 6.

perfino come una missione: essi vivevano in condizioni prospere nell'Impero romano e godevano di privilegi senza pari rispetto ad altre popolazioni autoctone soggette a Roma. Lo stesso ritorno fisico alla terra, del resto, poteva non essere un valore assoluto per gli ebrei della diaspora: come visto, nella fine allegoria di Filone, il raduno d'Israele aveva il significato simbolico di un pellegrinaggio verso la virtù e l'unione con Dio. Filone è ovviamente un esponente dell'aristocrazia ebrea nella seconda città dell'Impero, Alessandria, e quindi non si deve pensare che tutti gli ebrei della diaspora condividessero *in toto* la sua posizione. Al contrario, in alcuni libri tardivi dell'AT (Tb, 2Mac, Sir), il ritorno degli ebrei della diaspora in terra d'Israele è interpretato come una realtà che deve avvenire storicamente, giacché l'esistenza tra le nazioni pagane costituisce uno stato infelice e a continuo rischio d'impurità o sincretismo, stato che può essere risanato solo dal ritorno alla terra.

La maestosa ricostruzione del tempio di Gerusalemme ebbe grande influsso negli abitanti di Gerusalemme, tra gli erodiani e i filo-romani come anche tra le élites sacerdotali, sadducee e farisee. Lo stesso Erode aveva pretese "messianiche" e quelli del suo partito vedevano in lui l'inizio della restaurazione: il regno d'Israele, benché sotto il controllo romano, era stato ristabilito e il tempio ricostruito. In merito, va notato che la riedificazione del tempio da parte di Erode non era stata ancora completata alla morte di Gesù e ciò indica quanto fosse vivo il fermento intorno alla restaurazione. Per di più, le élites sacerdotali e gli abitanti di Gerusalemme che beneficiavano della piena attività del culto del tempio (non solo religiosamente, ma anche politicamente ed economicamente), potevano vedere nei fatti menzionati l'inizio della realizzazione delle promesse di restaurazione e in Erode (almeno all'inizio del suo regno) lo strumento di attuazione del piano divino. Molti vedevano nell'alleanza con i romani un'occasione propizia per il rafforzamento d'Israele e nell'imperatore un "Ciro *redivivus*".

Com'è noto, Giuseppe Flavio scrive le sue opere dopo il 70 d.C., per cui non abbiamo trattato la sua concezione dell'esilio e della restaurazione in modo approfondito. Vale la pena, tuttavia, farvi un breve cenno, anche per comprendere la posizione degli zeloti alla quale Giuseppe si oppone nettamente. Lo storico ebreo considera l'esilio come una realtà ancora in atto. Egli è consapevole che solo le due tribù di Giuda e Beniamino sono tornate dall'esilio insieme ai leviti, mentre le altre dieci tribù d'Israele sono ancora disperse, giacché al tempo del ritorno da Babilonia queste scelsero di non abbandonare le loro proprietà e così si moltiplicarono in "innumerevoli miriadi il cui numero è impossibile da accertare"[74]. Ciò che a noi interessa qui è evidenziare come Giuseppe sia un accanito sostenitore dell'intervento divino nella battaglia contro i nemici d'Israele[75] e nella restaurazione dell'esilio. Il ritorno dall'esilio babilonese, infatti, avvenne per intervento diretto di Dio, mediante un pagano, Ciro[76]. Al contrario, quando gli ebrei vollero armarsi senza il consenso divino fallirono miseramente[77]. Così, Giuseppe Flavio attribuisce la distruzione di Gerusalemme avvenuta nel 70 al fatto che una parte degli ebrei abbracciò la rivolta armata, atto di *hybris* che scatenò la terribile reazione romana e in definitiva l'ira divina[78]. La via della restaurazione dall'esilio è quindi solo una per gli ebrei dopo il 70: accettare passivamente e senza ribellarsi gli eventi e il dominio di Roma come volontà di Dio, lasciare le armi, convertirsi a Dio, avere compassione della propria terra e tornare alla bellezza dei luoghi santi che hanno tradito[79].

In vari circoli apocalittici, invece, nel post-esilio e poi in epoca asmonea e erodiana, la delusione verso l'attuazione concreta della restaurazione, avvenuta tra corruzioni (si veda la tragica unione fra regno e sommo sacerdozio in epoca asmonea) e violenza (cf. le malefatte di Erode)[80], fece sorgere l'idea che la restaurazione dovesse avvenire per intervento divino e per opera del messia. La maggioranza degli ebrei sentiva di essere in qualche modo in esilio perfino in terra d'Israele e attendeva i tempi escatologici della restaurazione del regno d'Israele[81]. Fra essi, vi erano senz'altro gli esseni e gli uomini di Qumran. In vari scritti a essi legati, il tema del raduno d'Israele è riferito solo a un resto, in altre parole a un gruppo di ebrei giusti e santi. La speranza del ritorno dall'esilio è così indissolubilmente congiunta alla fedeltà alla Torah e all'alleanza, mediante un cammino d'iniziazione sotto la guida di un maestro e della comunità santa, e poi a un intervento divino escatologico mediante il messia. Questa corrente vedeva non solo una forte opposizione tra ebrei fedeli e pagani empi, ma anche all'interno degli stessi ebrei, tra fedeli e apostati. Alcuni membri di tale corrente si sottomettevano perfino a un esilio volontario nel deserto, in attesa del nuovo esodo.

---

74 Cf. Giuseppe Flavio, *Ant* 11,8.133 (la citazione è tratta da quest'ultimo paragrafo).
75 Si veda Giuseppe Flavio, *Bell* 5,379-391.
76 Cf. Giuseppe Flavio, *Bell* 5,389.
77 Cf. Giuseppe Flavio, *Bell* 5,391-398.
78 Cf. Giuseppe Flavio, *Bell* 5,399-401.
79 Si veda Giuseppe Flavio, *Bell* 5,415-417.
80 Erode era conscio di aver "strappato" il titolo di "re dei giudei" ai romani senza averne il diritto. Per consolidarlo, fu re sanguinario e senza scrupoli: fra i tanti, fece uccidere anche suoi familiari stretti fra cui i due cognati Aristobulo e Giuseppe, l'amata moglie Mariamne e i tre figli Antipatro, Aristobulo e Alessandro.
81 E. P. Sanders, *Jesus and Judaism*, London – Philadelphia 1985, 97, afferma a buon diritto che l'escatologia ebraica e la restaurazione d'Israele sono pressoché sinonimi.

Al partito erodiano e filo-romano si opponeva radicalmente il partito degli zeloti. Ai tempi di Gesù, il ricordo della liberazione armata per opera dei Maccabei e il desiderio di una rinnovata lotta armata contro l'oppressore pagano dovevano essere particolarmente vivi, per evidenti ragioni: un nuovo dominatore pagano, Pompeo Magno, come aveva già fatto un secolo prima Antioco Epifane IV, soggiogò nel 63 a.C. la Siro-Palestina ed entrò nel tempio profanandolo. I romani, per di più, diedero inizio a una serie d'ingiustizie inaccettabili agli ebrei: le insegne dell'esercito romano furono poste all'interno del tempio. Non è da escludere che vari discepoli di Gesù provenienti dalla Galilea fossero zeloti (cf. Lc 6,15), così diffusi in quella regione che lo stesso appellativo "galileo" poteva essere sinonimo di "zelota"[82]. Come ci riferisce Giuseppe Flavio, gli zeloti concordavano con i farisei circa l'interpretazione della Torah e le questioni dottrinali, con la differenza che "avevano un'invincibile *erōs* ("passione") per la libertà"[83], riconoscendo Dio come unico Capo e Signore. Essi, pertanto, attendevano un messia politico che liberasse Israele dall'occupazione nemica e cacciasse i pagani[84].

Fra gli zeloti sorsero vari "pseudo-messia": rivoluzionari e carismatici, si presentavano o erano riconosciuti come messia e liberatori, facendo discepoli tra le classi più povere e aspirando a divenire "re dei giudei"[85]. Gli Atti degli apostoli citano Teuda, che fece quattrocento discepoli, e Giuda il Galileo, che "indusse gente a seguirlo" (cf. At 5,36-37). Sugli stessi due personaggi ci riferisce Giuseppe Flavio[86], che enumera ben sette zeloti presentatisi come messia mediante la lotta armata. A Sefforis, Giuda, figlio del "capo-brigante"[87] Ezechia, raccolse una banda di disperati e cominciò a seminare il terrore, essendo "zelante" al fine di conquistare "onore regale": il governatore Publio Quintilio Varo

---

82 Così Giuseppe Flavio, *Bell* 3,42: "I galilei sono bellicosi fin da piccoli e sono stati sempre numerosi; e come gli abitanti non hanno mai conosciuto la vigliaccheria, così la regione non ha mai conosciuto lo spopolamento".

83 Giuseppe Flavio, *Ant* 18,23.

84 Gesù è un galileo, cresciuto a Nazaret e stabilitosi, come predicatore itinerante, per la sua opera di evangelizzazione, a Cafarnao, centro strategico vicino alle città nelle quali gli zeloti ebbero grandi *leaders*. È necessario entrare in tale ambiente, per comprendere la forza delle parole di Gesù sul monte delle Beatitudini, quando proclama: "Io vi

dico di non opporvi al malvagio (...). Amate i vostri nemici e pregate per quelli che vi perseguitano" (Mt 5,38.44).

85 Cf. Giuseppe Flavio, *Ant* 17,285; *Bell* 2,55; si veda anche *Ant* 17,278-281, ove si narra la rivolta di Atronge (avvenuta quando Gesù era ancora un bambino), acclamato come "re" da una grande moltitudine.

86 Su Teuda, si veda Giuseppe Flavio, *Ant* 20,97-98; su Giuda il Galileo, Id., *Ant* 18,3-4.23; *Bell* 2,118.

87 S'impiega qui il termine *archilēstēs*, che può alludere a un "capo zelota".

rispose inviando i legionari, sedò la rivolta, occupò la città e l'incendiò, venden-
do i suoi abitanti come schiavi[88]. Poiché la tragedia avvenne a pochi chilometri
da Nazaret, essa dovette pesare sui nazaretani e su Gesù stesso, nato poco
prima[89]. Lo zelota più noto della Galilea fu tuttavia Giuda di Gamla, detto "il
Galileo", che cominciò a rimproverare gli ebrei di pagare il tributo a Cesare e di
farsi comandare da padroni mortali e non dall'unico Signore[90]. Capo degli zeloti, istigò i compatrioti a riprendersi con forza la libertà incitando alla rivolta tra
il 6 e il 9 d.C., quando Gesù era un ragazzino[91].

Gesù e i suoi contemporanei, pertanto, hanno dovuto prendere necessa-
riamente posizione circa la modalità di attuazione della restaurazione finale,
affrontando così la drammatica scelta fra rivolta armata, alleanza con i romani,
non-resistenza al male o attesa di un intervento divino miracoloso, scelta ancora oggi cruciale e che si può esplicitare nelle seguenti domande: come si attuerà
la redenzione? Che tipo di messia la porterà? Un messia politico/rivoluzionario
o spirituale? Un messia trionfante o sofferente?[92] Non è da escludere, in questo
senso, che alcune tradizioni marginali sulla figura di un messia sofferente, chiamato "figlio di Giuseppe" o "di Efraim" (essendo *Yᵉhôšua'*, Giosuè, il figlio più noto
di tale tribù!), circolassero già ai tempi di Gesù[93], Secondo tali tradizioni, il mes-

---

88 Cf. Giuseppe Flavio, *Ant* 17,271-272.288-289;
    Bell 2,68. Non è da escludere che Giuseppe
    e Gesù, ai quali nel NT si attribuisce il titolo
    di *tektōn*, "costruttore" e non solo "falegna-
    me" (Mt 13,55; Mc 6,3) abbiano lavorato
    nella ricostruzione di Sefforis, fatta iniziare
    da Erode Antipa tra il 2 a.C. e il 20 d.C. e
    quindi completata quando Gesù era ormai
    un uomo.

89 Indubbiamente la tentazione zelota di un mes-
    sia che s'impone con la forza deve essere
    stata grande anche per Gesù. Del resto, una
    delle trappole a lui tesa dal maligno nel de-
    serto fu esattamente quella di indurlo a non
    accettare la sua identità e la sua missione di
    messia sofferente (cf. Mt 4,5-6 e par.).

90 Cf. Giuseppe Flavio, *Bell* 2,118.

91 Cf. Giuseppe Flavio, *Ant* 18,3-4.23. Giuda pro-
    veniva da Gamla, città arroccata su un colle
    inespugnabile a forma di gobba di cammel-
    lo (in aramaico *gamlā'* significa "cammello")
    a mezza giornata di cammino da Cafarnao.
    Qui gli zeloti si rifugiarono durante la prima
    rivolta giudaica, finché i romani nel 67 d.C.,

guidati dal futuro imperatore Vespasiano,
conquistarono la città, provocando il suici-
dio in massa dei loro abitanti.

92 Gesù dovette meditare queste domande, fin-
    ché, alla luce delle Scritture e della relazione
    con il Padre, prese coscienza di dover incar-
    nare sì il messia trionfante, ma in senso
    escatologico, come "Figlio dell'uomo", cioè
    dominando in altro modo rispetto al messia
    politico atteso dalla maggioranza. Egli sa-
    rebbe dovuto passare per il fallimento, nel-
    la ferma coscienza di non essere un libera-
    tore meramente politico. L'amore ai nemici,
    è quindi la vera rivoluzione di Gesù, che ha
    scelto di "incarnare" il messia umile fino a
    soffrire il rifiuto per compiere la vocazione
    cui Israele era stato chiamato, quella cioè di
    essere luce delle genti e di radunare i figli
    di Dio dispersi.

93 Come ho tentato di dimostrare in F. G. Voltag-
    gio, "Il messia sofferente nella tradizione
    ebraica antica", *La Sapienza della croce* 33/2
    (2018), 9-50.

sia avrebbe dovuto soffrire l'esilio della sofferenza e della morte nella battaglia escatologica contro Roma, per poi riportare la vittoria definitiva e decretare la fine degli esili[94]. Del resto, già i figli di Efraim, come il loro capostipite Giuseppe, furono esiliati e pianti, ma fu loro profetizzato il ritorno (Ger 31,15-18).

8. ESILIO E RESTAURAZIONE NEL NUOVO TESTAMENTO E NELLA PRIMA CHIESA

Nel NT, la deportazione in Babilonia è menzionata nella genealogia di Matteo (1,11-12.17) come un evento che marca la storia. Il Messia viene a riscattare tale tragico evento, portando la storia al suo culmine (secondo Mt 1,17, Gesù inaugura la settima serie di sette generazioni).

La figura di Giovanni il Battista, sacerdote "esule" nel deserto, richiama l'attesa della restaurazione tramite il nuovo esodo per mano del Messia: egli annuncia l'imminente restaurazione del regno divino (Mt 3,2 e par.). Luca narra che Giovanni "visse in regioni deserte fino al giorno della sua manifestazione a Israele" (1,80)[95]. Al tempo di Gesù, vari personaggi andavano a vivere nel deserto, almeno per un tempo. Giuseppe Flavio ci riferisce riguardo a un certo Banno, il quale "viveva nel deserto, non usava altro vestito se non quanto cresceva sugli alberi, non prendeva altro cibo se non quanto germogliava spontaneamente e si lavava in acqua fredda frequentemente, giorno e notte, per preservare la castità"[96]. Giuseppe Flavio confessa di esser divenuto "zelante" o "geloso" di lui (secondo i due significati del termine greco *zēlōtēs* impiegato) e di aver cominciato a imitarlo[97]. Va notato che lo storico ebreo era di famiglia sacerdotale, proprio come Giovanni il Battista. Sia quest'ultimo sia gli uomini di Qumran,

94 Così recita *TgPsJEs* 40,9-11 (in corsivo si indicano le aggiunte al TM): "Prenderai l'olio dell'unzione e ungerai con esso la Dimora e quanto vi sarà dentro e la consacrerai *a causa della corona della regalità della casa di Giuda e del re messia che è destinato a liberare Israele alla fine dei giorni*. Ungerai l'altare degli olocausti e tutti i suoi utensili. Ungerai anche l'altare ed esso diventerà cosa santissima *a causa della corona di sacerdozio d'Aronne e dei suoi figli e d'Elia, il gran sacerdote, che è destinato a essere inviato al termine degli esili*. Ungerai anche il bacino con il suo piedistallo e lo consacrerai, *a causa di Giosuè, tuo servitore, il capo del sinedrio del suo popolo, per le cui mani la terra d'Israele è destinata a essere distribuita, e del messia figlio d'Efraim, che uscirà da lui, per le cui mani la casa d'Israele sarà destinata a riportare la vittoria su Gog e Magog e le sue bande, alla fine dei giorni*".

95 La predicazione del Battista sembra far riferimento al raduno escatologico degli eletti (Mt 3,12; Lc 3,17).

96 Giuseppe Flavio, *Vita* 11-12.

97 Giuseppe Flavio, *Vita* 12.

che davano grande importanza al sacerdozio (pur sconfessando quello ufficiale legato al tempio) ed erano pervasi da una fervente attesa messianica, attendevano nel deserto la rivelazione di Dio e la consolazione d'Israele, secondo quanto profetizzato dal "libro della consolazione" d'Isaia (40,1-3a). Secondo i vangeli (Mt 3,3; Mc 1,3-4; Lc 3,3-4), Giovanni compie tale profezia nella sua stessa persona. Come Israele sperimentò dopo grandi sofferenze la liberazione per mano di Mosè, primo redentore, e dal deserto salì alla terra promessa, così la redenzione definitiva doveva giungere dal deserto. Per tale ragione, la prima cosa che fa lo stesso Gesù, come il Battista, è recarsi nel deserto (Mt 4,1-11 e par.), e solo dopo si manifesterà pubblicamente. Giovanni il Battista, tuttavia, non vedrà mai il compimento del nuovo esodo profetizzato da Isaia. Egli, proprio come Mosè, muore nel deserto, di là del Giordano (Macheronte).

Nel vangelo di Luca, Gesù è presentato come il Messia davidico e il "corno di salvezza"[98] che inaugura il regno eterno (1,32-33.69; 2,10), la luce per rivelare Dio alle genti e la gloria d'Israele (2,32). Ciò significa che egli compie la doppia missione indicata da Dio al Servo di YHWH in Isaia, di "restaurare le tribù di Giacobbe e ricondurre i superstiti d'Israele" ed essere "luce delle genti", portando la salvezza "fino all'estremità della terra" (49,5-6). Gesù annuncia la venuta del regno di Dio chiamando alla conversione cioè al "ritorno" (Mt 4,17 e par.), il che implica il raduno delle dodici tribù d'Israele: la scelta dei Dodici rappresenta proprio un'anticipazione di tale raduno escatologico (Mt 10,1-6 e par.; 19,28; cf. Ap 21,14). "Dodici" è, infatti, un numero ideale come principio di unità di tutto Israele[99], specialmente nelle profezie del raduno[100]. Nei Dodici, nonostante le drammatiche divisioni[101], le dodici tribù sono ristabilite in unità, secondo le antiche promesse[102]. In questo senso si deve interpretare l'originario comando di Gesù ai Dodici di non entrare nelle città dei pagani né in quelle dei samaritani, ma di rivolgersi esclusivamente "alle pecore perdute della casa d'Israele" (Mt 10,6), come a dire che loro prima missione è chiamare al "raduno escatologico" le pecore disperse della casa d'Israele. In tale direzione va inter-

---

98 Simbolo di regalità, ma al tempo stesso della chiamata al raduno escatologico, come profetizzato in Is 27,13: "Avverrà che in quel giorno suonerà il grande corno (beŝôpār gādôl), verranno gli sperduti nella terra d'Assiria e i dispersi nella terra d'Egitto. Essi si prostreranno al Signore, sul monte santo, a Gerusalemme".

99 Si veda, ad es., Gen 49; Es 24,4; 28,21; Nm 34; Dt 1,23; Gs 3,12; 4,2-9; Ez 47,13.

100 Cf. Sir 44,23; Ez 48; si veda anche At 26,7; Gc 1,1.

101 Cf., ad es., Mc 14,20; 16,14; Lc 22,24 e par.; Gv 6,70-71.

102 Si veda Gen 42,13; 45,3-5; Sir 36,13; Is 49,6; Ez 37,19; cf. anche At 26,7; il compimento di ciò è chiaro spec. in At 1,15-26.

pretato anche il dettaglio dei pezzi avanzati dopo la moltiplicazione dei pani e dei pesci, pezzi raccolti in dodici ceste, (Mt 14,20; Mc 6,43; Lc 9,17) che sono riempite affinché "nulla vada perduto" (Gv 6,12-13).

Gesù profetizza il raduno escatologico degli eletti alla fine dei tempi (Mt 24,31 e par.)[103], presi anche dai pagani (Mt 8,11), mentre impiega la figura della "dispersione" per descrivere la fuga dei discepoli dinanzi allo scandalo della croce e la disgregazione della loro unità (Mt 26,31 e par.; Gv 16,32). Del resto, la dipartita di Gesù è interpretata come un "esodo" (Lc 9,31; cf. Gv 13,1), che comporta le sofferenze dell'esilio, del rifiuto da parte dei capi (come già Geremia al tempo dell'esilio) e della morte.

Negli Atti degli apostoli, l'unità dei suoi è ristabilita con la risurrezione di Cristo (1,15-26; cf. 1Cor 15,5)[104] e il dono dello Spirito Santo, in virtù del quale la dispersione di Babele è cancellata (At 2,1-12) e i suoi divengono "un cuore solo e un'anima sola" (At 4,32; cf. 2,44). Da questo momento in poi, come si evidenzia in Atti, ogni "dispersione" sarà provvidenziale, perché servirà alla missione tra le genti, analogamente a quanto suggerito da Filone (8,1.4; 11,19). Il movimento di "sistole e diastole" tra Gerusalemme e le nazioni favorirà la prima evangelizzazione (18,2.18; 9,10; 22,12; 11,19.27; cf. Gv 7,35; Gc 1,1; 1Pt 1,1).

Nel vangelo di Giovanni, Gesù è presentato come Colui che inaugura il culto "senza tempio", ovvero "in spirito e verità" (4,20-24), e come il luogo della presenza divina (1,14) e il nuovo Tempio escatologico (2,21-22) da cui zampilla l'acqua viva (19,34; cf. Ez 47): egli dà inizio così al compimento del ritorno dall'esilio e della restaurazione. Egli è anche il buon pastore che raduna il gregge, comprese le pecore che non sono "di quest'ovile" (un chiaro riferimento alle genti pagane) che saranno ricondotte all'unità totale (Gv 10,16). La missione di Gesù, secondo le parole del sommo sacerdote, ritenuto sintesi e ricapitolazione delle dodici tribù e delle genti (fine ironia giovannea!), è di morire "non soltanto per la nazione, ma anche per riunire insieme i figli di Dio che erano dispersi" (Gv 11,52). In Gv 17, Gesù prega per l'unità dei suoi e di tutti i credenti: in lui il raduno escatologico è cominciato e si compirà alla fine dei tempi. La stessa Pasqua di Gesù può essere interpretata nel quarto vangelo come l'esilio-restaurazione da lui compiuta: le sue sofferenze sono le "doglie del parto" (16,21-23)[105],

---

103 Un'allusione al raduno escatologico degli eletti è rinvenibile anche in Mt 13,30.47-50; 25,32.

104 Che la notte di Pasqua avesse un forte significato escatologico sin da prima di Cristo è testimoniato da Ger 38,8 secondo la versione greca della LXX: qui si aggiunge al testo ebraico che la salvezza e il raduno del popolo dall'esilio avranno luogo *en heortē fasek* ("nella festa di Pasqua").

105 Cf. Ger 4,31; 6,24; 13,21.

la sua morte e risurrezione corrispondono alla distruzione e riedificazione del vero tempio, che ora è il suo corpo (2,19-21).

Per quanto riguarda i vangeli, dobbiamo fermarci qui per motivi di brevità. Si potrebbero leggere tuttavia tante parole di Gesù alla luce del modello di "esilio/restaurazione". Basti pensare, ad esempio, alla parabola del granellino di senapa (Mt 13,31-32) che diviene un grande albero, in cui Gesù fa riferimento a Ez 17, ove si profetizza che il "ramoscello" del popolo esiliato diventerà un "cedro magnifico" sul "monte alto d'Israele", tanto che "sotto di lui tutti gli uccelli dimoreranno" (vv. 22-23); o, ancora, alla profezia di Cristo, secondo la quale, Dio "manderà i suoi angeli, con una *grande tromba* ed essi *raduneranno* i suoi eletti *dai quattro* venti, da un estremo all'altro dei cieli" (Mt 24,31, *cors. nostro*): questo detto escatologico mostra un impressionante somiglianza con la benedizione *Qîbbûṣ gᵉlûyôṯ*, citata all'inizio del nostro studio, in cui si invoca il suono della *grande tromba* (*šhôp̄ār*) per *radunare* Israele dai *quattro* angoli della terra (le somiglianze, qui notate in corsivo, meritano uno studio a parte).

Paolo mostra una concezione alquanto elaborata dell'esilio. In 2Cor 5,1-9 egli afferma che la stessa vita terrena è un "esilio lontano dal Signore" (v. 6), "come in una tenda" in attesa della dimora celeste (vv. 1.4). Ciò significa che per Paolo la restaurazione, già iniziata in Cristo, avrà compimento solo nell'*eschaton*. A tale compimento, di cui già gode un "resto" eletto per grazia (secondo Rm 11,5), parteciperanno anche gli ebrei, perché Dio non ripudia il suo popolo ma lo salverà "tutto" (cf. Rm 11,2.15.25-26). All'esilio terrestre partecipa perfino tutto il cosmo, che si trova nelle "doglie del parto" in attesa della redenzione dei figli di Dio (Rm 8,18.21). Tuttavia, già in questa vita si può compiere un "esilio dal corpo" per abitare presso il Signore (2Cor 5,7-8): ciò significa che è possibile un "esilio volontario" e, per così dire, mistico. In ogni caso, per Paolo, la vera cittadinanza del cristiano è quella celeste (Fil 3,20; cf. Ef 2,19). Anche la lettera agli Ebrei presenta il soggiorno di Abramo in Canaan "come in una regione straniera" (11,8): benché giunto nella terra promessa, egli è pur sempre un "esiliato", in attesa della città celeste (11,10.13).

La lettera di Giacomo si apre con l'indirizzo alle "dodici tribù che sono nella diaspora" (1,1). Esso non è rivolto solo a cristiani provenienti dalla circoncisione (può indicare anzitutto gli ebrei credenti in Gesù dispersi nell'Impero romano), ma a tutti i cristiani che godono del compimento della promessa fatta ad Abramo: "Saranno benedette in te *tutte le tribù della terra*" (Gen 12,3). In ogni caso, l'espressione segnala contemporaneamente la totalità e l'unità del popolo nuovo.

L'esilio è una delle principali chiavi ermeneutiche della prima lettera di Pietro: i fedeli vivono come stranieri e "dispersi" nelle diverse regioni del mondo (1,1.17). Lo stesso autore dichiara di scrivere da "Babilonia", un nome evidentemente simbolico, forse per indicare Roma (5,13) Tale condizione è non solo fisica, ma soprattutto spirituale e in vista della missione tra i pagani (2,11). La seconda lettera di Pietro riprende l'immagine usata in Paolo della vita terrena come un pellegrinaggio provvisorio nella "tenda" (1,13-14).

L'Apocalisse presenta la redenzione e la restaurazione non solo come un nuovo esodo, con chiari riferimenti alla festa di *Sûkkôt*, ma anche come una definitiva conclusione dell'esilio: basti pensare alla caduta della nuova Babilonia (14,8; 16,9; 17,5; 18), cioè Roma e, più in generale, della città nemica di Dio, presentata come prostituta e quindi antitesi della Gerusalemme Celeste-Sposa. L'esilio terreno, nonostante le grandi tribolazioni e persecuzioni che comporta, è passeggero e avviene sotto la protezione di Dio. Ad esempio, in 12,14 la donna è portata dalle "ali della grande aquila" e condotta "in esilio" nel deserto, per esservi nutrita "per un tempo, due tempi e la metà di un tempo", simbolo di un tempo limitato e circoscritto[106]. In Ap 7 è già vista compiuta la salvezza degli eletti provenienti dalle dodici tribù d'Israele (7,1-8)[107] e da tutti i popoli pagani (7,9-17), una folla innumerevole di ogni "nazione, tribù, popolo e lingua" (v. 9). Il termine "tribù", alla luce del contesto che precede (in 7,4-8 il termine ricorre tredici volte e le tribù di Israele sono riportate minuziosamente), non è casuale e assume una valenza particolare: il contrasto è grande e rimarca le tribù ora sono quelle di tutta la terra! L'autore vuole dunque presentare tale folla innumerevole come gli eletti dispersi in tutta la terra che Dio ha finalmente voluto radunare, in conformità alla sua promessa. Il ritorno dalla diaspora è universale e non più limitato a Israele: Dio raduna tutte le genti. Il simbolismo del "dodici" e dei suoi multipli[108] è centrale nell'Apocalisse e, più in particolare, nella descrizione della Gerusalemme celeste (12,1; 21,12.16.21; 22,2), ove il raduno escatologico si è pienamente adempiuto: la salvezza in Cristo radunerà gli eletti anche dal settentrione e le porte della Gerusalemme celeste saranno sempre aperte anche verso nord, proprio da dove venne, per quella terrestre, la sven-

---

106 Insieme a "tre anni e mezzo", "milleduecento-sessanta giorni" e "quarantadue mesi", che indicano la stessa quantità di tempo.

107 In Ap 7,4 si dice che la provenienza dei 144000 è "da ogni tribù dei figli d'Israele". Essi provengono esclusivamente dalle tribù di Israele e questo dato è accentuato dalla ripetizione, per ben dodici volte, del sintagma "da ogni tribù", seguito dal nome proprio di ogni singola tribù.

108 Vedi i multipli "24" (Ap 4,4-10; 5,8) e "144.000" (Ap 7,4-8; 14,1.3).

tura dell'esilio (Ap 21,13-14.25; cf Ez 48,30s; Lc 13,29), mentre i dodici apostoli sono i basamenti della Gerusalemme celeste (Ap 21,14).

Non avendo potuto esaminare in questa sede i testi della letteratura targumica e rabbinica, vale la pena farvi ora un breve cenno. In Gen 28,11, Giacobbe prende *dalle pietre* del luogo e le pone come cuscino, mentre nel v. 19 si parla di *una sola pietra*. La tradizione targumica palestinese al v. 10 sottolinea che le pietre prese da Giacobbe si fondono in una sola, in modo prodigioso, per azione di Dio. Nel v. 11, il *Targum Pseudo-Jonathan* aggiunge che Giacobbe fa una scelta e prende quattro pietre[109]. Nel prodigio delle quattro pietre fuse in una, il targumista della glossa marginale (M) del *Targum Neofiti*, vede una profezia su Israele: le dodici tribù, benché nate dalle quattro matriarche, saranno una cosa sola. Il *Midrash Pirqé de-Rabbi Eliezer* parla invece di dodici pietre, tratte "dalle pietre dell'altare su cui il padre Isacco era stato legato", cioè l'altare del futuro tempio di Gerusalemme[110]. Le dodici pietre sono simbolo delle dodici tribù e la loro fusione simbolo dell'unione delle tribù in un solo popolo, mentre l'unica pietra preconizza la pietra di fondazione del tempio. La tradizione delle dodici pietre come fondamento del tempio è antica, perché se ne trova un'allusione in Filone e per l'appunto nell'Apocalisse[111].

La prima Chiesa, pur credendo che in Cristo si è *già* compiuta la redenzione, vivrà nel *non ancora* del compimento definitivo della restaurazione; essa esprimerà ciò in termini ebraici, persino quando lo farà in polemica verso gli stessi ebrei. Per fornire solo qualche esempio, nella più antica preghiera eucaristica, riportata nella *Didachè*, sia prima che dopo la comunione, si fa riferimento al raduno dei dispersi: "Come questo pane spezzato era sparso sui colli e raccolto divenne una cosa sola, così la tua Chiesa si raccolga dai confini della terra nel tuo regno"[112]; "Ricordati, Signore, della tua Chiesa, liberala da ogni male, rendila perfetta nel tuo amore e santificata raccoglila dai quattro venti nel tuo regno che ad essa preparasti"[113]. In tal modo, la Chiesa apostolica esprimeva il suo anelito escatologico come un riscatto dall'esilio terreno. Ignazio di Antiochia, nel suo esilio/tramonto "da oriente a occidente" fino a Roma dove sarà martirizzato, considera il cristianesimo come compimento dell'unità delle lingue e quindi come conclusione della dispersione di Babele[114]. L'autore del

---

109   Questa è già l'interpretazione di Filone, *Som* 1,128, che spiega allegoricamente la scelta delle pietre.

110   *PRE* 35.

111   Filone, *Sobr* 66, sembra mettere in relazione le dodici tribù e il tempio, inteso in senso spirituale. Ap 21,14 presenta i dodici apostoli come le dodici fondamenta della nuova Gerusalemme (cf. anche Ef 2,20-21).

112   *Did* 9,4.

113   *Did* 10,5.

114   Cf. *Magn* 10,3.

Pastore di Erma vede nei veri credenti in Cristo le dodici tribù del mondo, ormai unite in una sola mente e un solo animo, in un'unica fede e carità[115]. Giustino esprime la redenzione finale come il raduno sul "monte santo" dei gentili cristiani che "avranno parte all'eredità insieme ai patriarchi, profeti e i giusti della stirpe di Giacobbe" e agli altri ebrei, ma solo se si pentiranno[116].

L'esilio, infine, è un problema che riguarda la nostra esistenza di oggi. Non dobbiamo dimenticare che è proprio dai nostri esili personali, dalla nostra *gālût* ("esilio"), che viene la *hitgallût* ("rivelazione"). I rabbini (come, ad es., il Maharal di Praga, morto nel 1609) hanno evidenziato che per passare dalla *gālāh* (גלה, "essere in esilio") alla *g^eullāh* (גאלה, "redenzione") non si deve che aggiungere una *alef* (א), simbolo dell'unità (la *alef* nella gematria corrisponde a *'eḥād*, il numero "uno"): per i cristiani, l'Alfa è Cristo stesso, che è anche l'Omèga (Ap 1,8; 21,6; 22,13), Colui che riconduce tutti all'*Eḥād*, all'"Uno".

9. BIBLIOGRAFIA

M. M. Brod, *I Giorni del Messia. Redenzione e avvento messianico nelle fonti della tradizione ebraica*, Rho (Milano) 1997.

J. G. Campbell, "Essene-Qumran Origins in the Exile. A Scriptural Basis", *JJS* 46 (1995), 143-156.

R. P. Carroll, "Deportation and Diasporic Discourses in the Prophetic Literature", in J. M. Scott (ed.), *Exile. Old Testament, Jewish, and Christian Conceptions* (JSJ.S 56), Leiden 1997, 63-85.

J. A. Denis, *Jesus' Death and the Gathering of True Israel. The Johannine Appropriation of Restoration Theology in the Light of John 11.47-52* (WUNT 2.217), Tübingen 2006.

D. Dimant, "4QFlorilegium and the Idea of the Community as Temple" in A. Caquot, M. Hadas-Lebel e J. Riaud (eds.), *Hellenica et Judaica. Hommage à Valentin Nikiprowetzky*, Leuven – Paris 1986, 165-190.

—"Not Exile in the Desert but Exile in Spirit: The Pesher of Isa. 40:3 in the *Rule of Community*", *Meghillot* 2 (2004), 21-36 (ebr.).

---

115 Cf. *Erm* 94,1-5.

116 Giustino, *Dial* 26,1; cf. anche 80,1; 113,3-4; 139,4-5.

M. E. Fuller, *The Tradition of Restoration. An Examination of the Motifs of Israel's Re-gathering and the Fate of the Nations in Early Jewish Literature and Luke-Acts*, Durham Theses, Durham 2005.

—*The Restoration of Israel. Israel's Re-gathering and the Fate of the Nations in Early Jewish Literature and Luke-Acts* (BZNW 138), Berlin 2006.

B. Gärtner, *The Temple and the Community in Qumran and the New Testament. A Comparative Study in the Temple Symbolism of the Qumran Texts and the New Testament* (MSS.NTS 1), Cambridge 1965.

N. Hacham, "Exile and Self-Identity in the Qumran Sect and in Hellenistic Judaism", in E. G. Chazon, B. Halpern-Amaru e R. A. Clements (eds.), *New Perspectives on Old Texts. Proceedings of the Tenth International Symposium of the Orion Center for the Study of the Dead Sea Scrolls and Associated Literature, 9-11 January, 2005*, Leiden – Boston 2010, 13-14.

M. A. Halvorson Taylor, *Enduring Exile. The Metaphorization of Exile in the Hebrew Bible* (VT.S 141), Leiden 2011.

M. A. Knibb, "The Exile in the Literature of the Intertestamental Period", *HeyJ* 17 (1976), 253-272.

D. C. Mitchell, "A Dying and Rising Josephite Messiah in 4Q372", *JSPE* 18 (2009), 181-205.

C. Newsom, *The Self as Symbolic Space, Constructing Identity and Community at Qumran*, StTDJ 52, Leiden – Boston 2004.

V. Nikiprowetzky, "La spiritualisation des sacrifices et le culte sacrificiel au temple de Jérusalem chez Philon d'Alexandrie", *Sem* 14 (1967), 97-116.

M. D. Owens, *As It Was in the Beginning. An Intertextual Analysis of New Creation in Galatians, 2 Corinthians and Ephesians*, Eugene (OR) 2015.

M. Rossetti, *Giuseppe negli scritti di Qumran. Studio sulla figura del patriarca a partire da 4Q372 1. Excerpta ex dissertatione ad Doctoratum in Facultate Biblica Pontificii Instituti Biblici*, Roma 2006.

E. P. Sanders, *Judaism. Practice and Belief 63 BCE-66CE*, London – Philadelphia 1992.

E. Schuller, "Prayer at Qumran", in R. Egger-Wenzel e J. Corley (eds.), *Prayer from Tobit to Qumran. Inaugural Conference of the ISDCL at Salzburg, Austria, 5-9 July 2003*, Berlin – New York 2004, 411-428.

J. M. Scott (ed.) *Restoration. Old Testament, Jewish and Christian Perspectives* (JSJ.S 72), Leiden 2001.

D. R. Schwartz, *Studies in the Jewish Background of Christianity* (WUNT 60), Tübingen 1992.

M. M. B. Turner, *Power from on High. The Spirit in Israel's Restoration and Witness in Luke-Acts* (MSS.Pneuma 9), Sheffield 2000.

F. G. Voltaggio, "Il messia sofferente nella tradizione ebraica antica", *La Sapienza della croce* 33/2 (2018), 9-50.

C. Werman, "God's House: Temple or Universe", in R. Deines e K. W. Niebuhr (eds.), *Philo und das Neue Testament* (WUNT 172), Tübingen 2004, 309-320.

N. T. Wright, *The New Testament and the People of God*, London 1992; D. Ravens, *Luke and the Restoration of Israel* (JSNT.S 119), Sheffield 1995.

—*Jesus and the Victory of God. Christian Origins and the Question of God*, vol. 2, London – Minneapolis 1996.

PIEZAS LITÚRGICAS EN TORNO A SION

Daniel Alberto Escobar Portillo
Universidad San Dámaso

1. INTRODUCCIÓN

Mi aportación se sitúa en el ámbito de las fuentes litúrgicas del rito romano y, más específicamente, en la eucología menor destinada para el canto en las celebraciones de esta familia litúrgica. El objetivo de este estudio es poner de manifiesto la relevancia que un lugar concreto, el monte Sion, adquiere, al convertirse en *locus theologicus*, primero en la Biblia, y constatar cómo más adelante influirá también de modo decisivo en la *lex orandi* cristiana y, en particular, por medio del amplio repertorio de obras litúrgicas en las que de modo directo se alude o se cita el monte Sion. De no ceñirnos a las referencias expresas sería una empresa inabarcable, debido a que existe una multitud interminable de menciones al lugar por excelencia en el que se rinde culto a Dios en Jerusalén.

Este capítulo se va a centrar en los textos de los cantos medievales del Oficio divino y de la Misa. En las últimas décadas los trabajos sobre este corpus se han beneficiado de la obra del benedictino Réné-Jean Hesbert[1], que complementa la colección sobre el repertorio hímnico iniciada por Guido Maria Dreves[2].

---

1 R.-J. Hesbert (ed.), *Antophonale Missarum Sextuplex*, Bruxelles 1935. Id., *Corpus Antiphonalium Officii*, 6 vols. (Rerum Ecclesiasticarum Documenta, Series Maior, Fontes 7-12) Roma 1963-1979.

2 G. M. Dreves *et alii* (eds.), *Analecta Hymnica Medii Aevi*, 55 vols, Leipzig 1886-1922.

Más recientemente se han añadido otras publicaciones, que comprenden el conjunto de las oraciones, prefacios, bendiciones episcopales, antífonas de procesión y tropos[3]. El interés en este tipo de estudios, horadado ya en algunas direcciones[4], nace de la ventaja de disponer de nuevos medios digitales que facilitan y amplían enormemente el acceso a las fuentes y la búsqueda textual. He utilizado, en concreto, el catálogo Cantus Index[5], que centraliza las principales bases de datos del repertorio musical de la Edad Media. Este archivo sobresale por incluir la edición completa de los textos, así como por la posibilidad de búsqueda por géneros y palabras, fiesta litúrgica y manuscrito en que se localiza cada pieza. En la actualidad Cantus Index registra cerca de 40.000 obras pertenecientes a los ritos romano e hispano[6].

Además del acceso a las fuentes litúrgicas, en este estudio se analizarán las fuentes bíblicas que inspiran estas piezas. Se propone una mirada a la tradición orante de la Iglesia desde la perspectiva hermenéutica bíblica. Con este fin hemos recopilado numerosos textos litúrgicos, conforme aparecen en el propio del tiempo y en las principales fiestas del santoral hasta el siglo XV, dejando para un ulterior trabajo el análisis de las melodías de estos textos, interesantes también por su mensaje teológico y por constituir un lenguaje estético de primer orden.

La estructura del presente estudio presenta tres vertientes. En primer lugar, se tratará de mostrar la Sagrada Escritura, y en particular el Antiguo Testamento, como la principal fuente inspiradora del canto litúrgico en torno a Sion. A continuación, se presentarán las principales ocasiones litúrgicas y el

---

3   E. Möller (ed.), *Corpus Benedictionum Pontificalium*, 3 vols. (Corpus Christianorum. Series Latina 162 A-C) Turnhout 1971-1979; E. Möller-B. Coppieters (eds.), *Corpus Praefationum*, 4 vols. (Corpus Christianorum. Series Latina 161 A-D) Turnhout 1980-1981; L. Albiero (ed.), *Repertorium Antiphonarum Processionalium*, Lugano 2016; R. Jonsson *et alii* (eds.), *Corpus Troporum*, 11 vols. (Studia Latina Stockholmiensia 21, 22, 25, 26, 31, 32, 34, 61, Corpus Troporum 9, 10, 11) Stockholm 1975-2014.

4   Cf. J. P. Rubio Sadia, "María, esplendor de la belleza, en la tradición litúrgica romana", *Estudios Marianos 85* (2019) 117-138.

5   Online Catalogue for Mass and Office Chants, cantusindex.org.

6   Por motivos prácticos mantenemos en nuestro trabajo las abreviaturas de Cantus Index: A = antífona, Al = aleluya, AlV = versículo de aleluya, Ca = cántico, Cm = comunión, CmV = versículo de comunión, D = elemento de drama litúrgico, Gr = gradual, GrV = versículo de gradual, H = himno, I = invitatorio, In = introito, InV = versículo de introito, L = lamentación, Of = ofertorio, OfV = versículo de ofertorio, PS = salmo, R = responsorio, Sq = secuencia, Tc = tracto, TrV = versículo de tracto, V = versículo de responsorio, W = versículo. Asimismo, después de cada pieza citada se proporciona, entre paréntesis, el número de identificación dentro del catálogo.

sentido por el que la liturgia cristiana ha adoptado la referencia a Sion para esas celebraciones. Por último, no se puede olvidar la influencia de estos textos musicalizados para la comprensión teológica y litúrgica del Misterio de Cristo celebrado por la Iglesia. Por este motivo, se hará una reflexión sobre algunos de los principales temas teológicos que subyacen en este tipo de eucología.

2. LA BIBLIA COMO FUENTE DE INSPIRACIÓN DE LA EUCOLOGÍA

La constitución *Sacrosantum Concilium* (=SC) sobre sagrada liturgia del Concilio Vaticano II presenta un texto fundamental para la comprensión de la relación entre Biblia y Eucología:

> La importancia de la Sagrada Escritura en la celebración de la liturgia es máxima. En efecto, de ella se toman las lecturas que se explican en la homilía y los salmos que se cantan; las preces, oraciones y cantos litúrgicos están impregnados de su aliento y de su inspiración; de ella reciben su significación las acciones y los signos (SC 24).

En este número se hace una referencia a las múltiples presencias de la Biblia en la liturgia: por una parte, la presencia de las lecturas de la Palabra de Dios y los salmos y, por otro lado, la que inspira e impregna en muy diversos grados y modalidades el conjunto de la eucología, las preces y los cantos. Así pues, la celebración litúrgica lleva a cumplimiento la comprensión de "los tesoros bíblicos" de la Iglesia (cf. SC 51).

Así pues, la Escritura constituye el fundamento del diálogo entre Dios y su pueblo, actualizado en el paradigma *Lectio cum cantico*[7]. Esto tiene varias implicaciones: la primera es que la presencia de la Palabra de Dios en la celebración adquiere diversas modalidades, como refiere SC 24; la segunda es que la liturgia atribuye a los textos bíblicos el valor de una palabra actual, pronunciada para el *hodie* de cada generación; la tercera, y más interesante para la temática que abordamos, es que esto no se refiere únicamente a la lectura de

---

7 Cf. J. P. Rubio Sadia, "La Biblia en el Misal Romano: formas de presencia y procedimientos de redacción", *Pastoral Litúrgica* 354 (2017) 107-109.

la Palabra de Dios, sino que se manifiesta también en las oraciones, aclamaciones y cantos que acompañan las lecturas[8].

Desde los inicios de la Iglesia la oración ha tenido su fuente principal en el texto bíblico, existiendo lo que el profesor Renato De Zan denomina un *continuum* extratextual entre Biblia y liturgia. Esta característica se percibe de modo particular en eucología a través de dos procedimientos: la citación y la alusión[9]. Así pues, el conjunto de la oración litúrgica muestra una variada impregnación bíblica, encontrando, en el primer caso, palabras idénticas al texto escriturístico y en el segundo caso una identidad temática expresada con términos diferentes[10].

2.1. UNA TIPOLOGÍA BÍBLICA

El repertorio litúrgico se ha conformado gracias a un lento proceso que ha durado siglos, en el que se ha producido una auténtica interacción litúrgica con la Escritura. En esta interconexión tuvo mucho que ver no solo la comprensión de la Escritura en la primitiva Iglesia, a través de la teología y la práctica celebrativa; también la oración del Templo de Jerusalén o en la sinagoga tuvo que aportar, sin duda, su visión en la plasmación de las oraciones utilizadas en una Iglesia que asume y reinterpreta lo que recibe de una transmisión ininterrumpida[11].

2.2. DIVERSAS IMÁGENES DE SION EN LA SAGRADA ESCRITURA

En la Biblia, la localización más antigua del nombre Sion se encuentra en 2Sam 5,7 = 1Cro 11,5. Aquí se designa a la antigua ciudad de los jebuseos como la "fortaleza de Sion". Esta expresión es explicada por medio de "ciudad de David" en 1Re 8,1 = 2Cro 5,2, donde se narra que el arca fue trasladada desde aquí al nuevo templo. Desde esta perspectiva, el vínculo Sion-ciudad (de David) estará presente en el canto litúrgico cristiano a lo largo del año litúrgico, como se puede observar en estas dos antífonas:

A. O paucis quondam trinitas Sion nota Colonis quam laudat grandis civitas ad fines Aquilonis (206586). Santísima Trinidad.

---

8 Cf. A.-G. Martimort, "El diálogo entre Dios y su pueblo", en A.-G. Martimort *et alii*, *La Iglesia en oración*, Barcelona 1964, 159.

9 Cf. R. de Zan, "Bibbia e liturgia", en A. J. Chupungco (dir.), *Scientia liturgica I*, Casale Monferrato 1998, 49-50 y 58.

10 Cf. R. de Zan, "Ermeneutica", en A. J. Chupungco (dir.), *Scientia liturgica I*, 383, nota 64.

11 Cf. E. H. van Olst, *The Bible and Liturgy*, Michigan 1991, 50.

A. De te Sion civitas sunt dicta gloriosa quam nunc fundavit deitas in arma generosa ut tua speciositas sit cunctis fructuosa (206898) Inmaculada Concepción.

Así pues, el canto litúrgico ha querido adoptar también en ocasiones litúrgicas heterogéneas las referencias bíblicas más antiguas a Sion como ciudad de David-ciudad del rey y tabernáculo del Dios altísimo, vinculando de modo especial la virtud de la fortaleza a este lugar. Es desde allí desde donde Yahvé garantiza su dominio como rey sobre los pueblos extranjeros enemigos, como refleja el Sal 109, en el que se hace una transposición explícita de la idea real jebusea al rey israelita de Jerusalén:

v. 2: Virgam virtutis tuae emittet Dominus ex Sion: dominare in medio inimicorum tuorum.

Esta referencia al poder que despliega el Señor desde el monte de Sion, frente a sus enemigos, se encuentra reflejada literalmente en una antífona para el común de mártires (005441) y con una variante para la fiesta de los ángeles custodios, donde se destaca la actuación del Señor a través de su ángel, con el fin de liberar la ciudad del poder de sus enemigos[12]. En este caso, se sustituye la expresión *virgam virtutis* por la de *angelum virtutis*.

Asimismo, de este lugar procederán las bendiciones del Señor y los bienes que recibirá el pueblo de Dios, siguiendo el Sal 127 y 133,3.

A. Benedicat tibi dominus ex Sion et videas bona Jerusalem (205379) (sábado *per annum*).

Un ejemplo de la aplicación de esta idea será el asumido en la liturgia matrimonial en dos obras centrales de la Misa: un versículo de tracto y un aleluya. Se quiere subrayar con ello que desde Sion procede la bendición del Señor, expresando la permanencia de la bendición en concordancia con el carácter perpetuo del sacramento, a través de la expresión *omnibus diebus vitae tuae* (todos los días de tu vida). Igualmente, cuando en el aleluya se habla de una bendición del creador, con la expresión *qui fecit caelum et terram*, se destaca que el sacra-

---

12 *Angelum virtutis suae emisit dominus ex Sion*
    qui liberavit civitatem nostram de medio ini-
    micorum suorum (a00028).

mento procede de la voluntad de Dios, como se expresa en el relato de la Creación del mundo, y se refuerza la idea de que esta bendición es la única "que no fue abolida ni por la pena del pecado original, ni por el castigo del diluvio", como encontramos en un formulario de bendición nupcial del *Ritual del Matrimonio*[13]:

> TcV. Benedicat tibi Dominus ex Sion et videas bona Jerusalem omnibus diebus vitae tuae (g01506).
> Al. Alleluia Benedicat vobis Dominus ex Sion qui fecit caelum et terram (g01508).

La gradual adopción de diferentes citas o alusiones bíblicas en el canto cristiano con relación al tema "Sion" está propiciado por el hecho de que en la Biblia el nombre de Sion aparece casi con exclusividad en pasajes de un destacado valor cultual. Este motivo justifica que a menudo la Sagrada Escritura se refiera a Sion simplemente para hacer referencia a la ciudad de Jerusalén, que ambos nombres se encuentren en paralelo y que, consiguientemente, se utilicen como equivalentes en la oración cristiana. Así se halla en algunos de los ejemplos señalados más arriba, en correspondencia con algunas citas escriturísticas:

> Is 2,3: Venite et ascendamus ad montem domini et docebit nos dominus vias suas et ambulabimus in semitis ejus quia de Sion exibit lex et verbum domini de Jerusalem.

El núcleo de este paralelismo, formulado por la expresión *de Sion exibit lex et verbum domini de Jerusalem*, ha quedado fijado en varias piezas litúrgicas destinadas al tiempo de Adviento, como se puede ver a continuación:

> A. De Sion exibit lex et verbum domini de Jerusalem alleluia (002119).
> R. Docebit nos dominus vias suas et ambulabimus in semitis ejus quia de Sion exibit lex et verbum domini de Jerusalem (006481) Tercer domingo de Adviento.
> V. De Sion exibit lex et verbum domini de Jerusalem (006672za).
> A. Venite ascendamus ad montem domini et docebit nos dominus vias suas et ambulabimus in semitis ejus quia de Sion exibit lex et verbum domini de Jerusalem (a00251-a00252) Tiempo de Adviento.

---

13 *Ritual del Matrimonio, Edición típica*, Barcelona
    [8]2004, 44-45.

DANIEL ALBERTO ESCOBAR PORTILLO

Asimismo, de un modo natural, no solo la Escritura, sino la celebración, y, por lo tanto, la fe, asumirá los paralelismos asociados a ambos lugares: en este caso, se observa claramente el paralelismo entre la *ley* y la *palabra del Señor*.

En esta línea también se halla una correspondencia entre las expresiones *filia Sion* y *filia Jerusalem*, con distintas variantes escriturísticas, que se reflejarán, asimismo en las variantes litúrgicas. Como modelo, se puede citar el pasaje de Sof 3,14, en relación con Zac 9,9: *Lauda, filia Sion; jubila, Israel: laetare, et exsulta in omni corde, filia Jerusalem*, que ha dado lugar a distintas variantes litúrgicas durante el periodo de Adviento y Navidad:

> A. Jucundare filia Sion exsulta satis filia Jerusalem alleluia (003509) domingo I Adviento.
> V. Exsulta satis filia Sion jubila filia Jerusalem (007033b) domingo II Adviento.
> Of. Exsulta satis filia Sion praedica filia Jerusalem ecce rex tuus venit tibi sanctus et salvator (g00527) (sábado tiempo de Adviento).
> Cm. Exsulta filia Sion lauda filia Jerusalem ecce rex tuus venit sanctus et salvator mundi (g00552) Navidad.

De modo particular, Sion designa a Jerusalén como la ciudad de Yahvé, y a su morada, el templo. Cuando se usa la expresión "mi monte santo" se piensa en primer lugar en el monte del templo, poniéndose en paralelismo Sion, Jerusalén y el monte del templo. De hecho, siguiendo a Is 2,2 = Miq 4,1, se adopta para la liturgia la expresión *mons domus domini*, que, sin nombrar explícitamente al monte por su nombre propio, se refiere al lugar donde habita el Señor, y término de peregrinaciones de todos los pueblos:

> A. Erit in novissimis diebus praeparatus mons domus domini in vertice montium (002671) domingo I Adviento.
> A. Erit in novissimis diebus praeparatus mons domus domini in vertice montium et fluent ad eum omnes gentes alleluia (201601) domingo III Adviento.

El monte Sion es, pues, la morada y la sede del trono de Dios, como lo refleja el verbo *habitare* (cf. Sal 9,12, Sal 134,21, Is 8, 18, Zac 2,10), o el sustantivo *habitatio* (cf. Sal 75,1, Sal 131,13, Is 12,6, Jer 51,35). Asimismo, el monte Sion es objeto de la elección por parte de Yahvé. No pasa desapercibida la expresión *vertice montium*: si se trata de la morada del Altísimo, también la geografía ha de expresar esa realidad teológica, señalándolo como el lugar más alto del mundo.

Al hablar de elección y de morada del Señor, de modo inmediato se abre la aplicación de la idea morada-Sion a María, la madre de Dios. Esta realidad se hace patente al utilizar estas profecías en fiestas de hondo calado mariano, como la Anunciación del Señor, la Visitación o la Asunción de María.

Pero, sin duda, Sion será ante todo el lugar de la intervención salvífica de Yahvé, que ayuda a su pueblo. Esta afirmación tiene en la Biblia un doble sentido:

Por una parte, Dios asiste a su pueblo desde Sion, como reflejan los Sal 13,7 o 19,3, reflejados en los siguientes elementos litúrgicos, que pueden concretar los destinatarios de este auxilio, esta *salus*, tal y como ocurre en el Aleluya de la misa por los esposos:

Cm. Quis dabit ex Sion salutare Israel cum averterit Dominus captivitatem plebis suae exsultabit Jacob et laetabitur Israel (g00758).
Al. Alleluia Mittat vobis Dominus auxilium de sancto et de Sion tueatur vos (g02731a) Pro sponso et sponsa.

Por otra parte, la ayuda de Yahvé se dirige a Sion (Sal 68,36: *Quoniam Deus salvam faciet Sion*). En este auxilio divino, el beneficiario de esta acción será, ante todo, el pueblo de Dios, representado por su rey en la lucha contra los pueblos extranjeros enemigos, como ha sido visto más arriba, con un elemento tomado del Sal 109,2: *Virgam virtutis tuae emittet Dominus ex Sion: dominare in medio inimicorum tuorum*.

En este contexto encontramos también la imagen de la gran peregrinación pacífica de los pueblos para ser instruidos por Yahvé en Sion, conforme se expresa en Is 2,3: *venite et ascendamus ad montem Domini*, plasmado en estos dos textos del tiempo de Adviento.

Sion es, por lo tanto, un lugar de la acción de Dios. Para el cristiano, a través de la oración litúrgica, se convierte también en lugar de contemplación de la acción de Dios, un incentivo para levantar la mirada hacia lo que Dios ha hecho por su pueblo a lo largo de los siglos.

Otra de las notas que sobresalen es Sion como compendio de la belleza. Así lo expresa el Sal 49, 2.3.5, vinculado tradicionalmente a múltiples componentes litúrgicos del tiempo de Adviento y de Navidad, y a María, al unir estrechamente la venido del Mesías con el *pulchrum*.

Yahvé ha fundado el monte Sion, tal y como se refleja en Is 14,32 (*Dominus fundavit Sion*). En Is 28,16 se señala que en Jerusalén está la piedra angular

(*Ecce ego mittam in fundamentis Sion lapidem, lapidem probatum, angularem, pretiosum, in fundamento fundatum*). La utilización de los términos *lapis*, *fundamentum* o *angularis* tendrá suma relevancia por aparecer en el Nuevo Testamento en Rm 9,33 y 1Pe 2,6, para hablar de Jesucristo como de la piedra angular.

La adopción por parte de los profetas de la tradición de Sion en varias formas va, por lo tanto, unida a la misión de Dios que habita en Sion (cf. Is 8,18) y promete la protección de Yavhé para su ciudad (cf. Is 14,32). Pero esta ayuda no se lleva a cabo si los habitantes de Jerusalén no se comportan conforme a la voluntad y las obras de Yahvé. Así pues, la eficacia de las disposiciones de Yahvé significa también un juicio para la ciudad. El enemigo que acosa a la ciudad se convertirá en instrumento del juicio en manos de Yavhé (cf. Is 10,32ss). Aun manteniendo la idea de que Sion es la obra de la creación más antigua de Dios, si no se vive conforme a los mandatos del Señor, el destino de la ciudad será la ruina y la cautividad (cf. Is 28,16ss). Para el profeta Miqueas, Sion no ha sido obra de Yahvé, sino que ha sido edificado a costa de sangre e injusticia (cf. Miq 3,10). Como consecuencia de esta realidad, la ciudad quedará completamente destruida y despoblada (cf. Miq 3,12). Con la destrucción de Jerusalén por obra de Babilonia en el 587 a. C. se confirmaron las amenazas contra la Sion destruida. Así se expresa en el libro de las Lamentaciones, como se muestra sobre todo en los capítulos 1, 2 y 5. Puesto que las Lamentaciones son utilizadas por la liturgia judía en cada aniversario de la destrucción de Jerusalén, es muy natural que el cristianismo las haya incorporado a la liturgia de la Semana Santa, para evocar la Muerte de Jesús, adquiriendo un fuerte cariz penitencial que, a su vez, ha pasado a integrar el patrimonio litúrgico musical en la tradición monódica y en la polifónica a partir del Renacimiento.

Sin embargo, pronto nace la esperanza en la iniciativa de Yavhé para la reconstrucción y para la salvación en general (cf. Sal 50,20 *Benigne fac Domine in bona voluntate tua Sion ut aedificentur muri Jerusalem*; Sal 101,14 *Tu exsurgens misereberis Sion, quia tempus miserendi ejus, quia venit tempus*. Las ideas de una nueva edificación, de surgir y de la llegada de un nuevo tiempo en el que primará la misericordia quedarán reflejadas en la liturgia, especialmente para el tiempo de Adviento, como muestra el responsorio *Tu exsurgens domine misereberis Sion* (007790), del domingo I Adviento[14].

---

14 Hay otros ejemplos para las ferias mayores de Adviento: TcV (g00876e), OfV (g01543b), GrV (g02730e). El Sal 125,1 también refleja esta idea: *In convertendo dominus captivatem Sion facti sumus sicut consolati* (920125).

La esperanza en la llegada del Mesías al final de los tiempos, mientras recordamos su primera venida, se considera como la llegada de ese nuevo tiempo de misericordia: la principal compasión que Dios ha mostrado a los hombres ha sido precisamente su Encarnación, como se canta en los cantos evangélicos del *Benedictus* y del *Magnificat*, íntimamente unidos al ciclo litúrgico de la manifestación del Señor.

La Biblia refleja que en el exilio se cantaban los antiguos cantos a Sion, entre el escarnio de los enemigos, como refleja el célebre salmo 136,1 *Super flumina Babylonis illic sedimus et flevimus, cum recordaremur Sion.*

En ese contexto se esperaba la venganza de Yahvé por los crímenes de Babilonia contra su santuario (Jr 50, 28 y Jr 51,10.24). Es aquí cuando irrumpe el mensaje de salvación del déutero-Isaías. Yahvé retorna y vuelve a asumir su soberanía real. La queja de Sion queda definitivamente satisfecha por la respuesta eficaz de Yavhé, puesto que la salvación irrumpe y los exiliados vuelven a su tierra. La salvación y la gloria hacen acto de presencia en este entorno (cf. Is 41,27; 46,12). En la liturgia son varias las ocasiones en que encontramos estas piezas que invitan a retomar la esperanza en una salvación cercana. Cada una de ellas está unida a los pasajes del déutero-Isaías:

Al. Alleluia Primus ad Sion dicet ecce assunt et Jerusalem evangelistam dabo (g02343) Común de evangelistas.

V. Dabo in Sion salutem et in Jerusalem gloriam meam (007660b) domingo II de Adviento[15].

Con todo, la esperanza en la acción de Dios desde Sion no decaerá durante la época postexílica. Más bien al contrario, se habla de ella de un modo decisivo. Puesto que Yahvé mora en Sion, se invita a la alegría y los antiguos temas presentados son objetos de las expectativas futuras de salvación que traerá el Mesías. Así se muestra en Sof 3,14 y Zac 9,9, ya analizados al referirnos a la *filia Sion-filia Jerusalem*. De modo genérico, los antiguos temas son objeto de las expectativas futuras de salvación.

Por último, en el Nuevo Testamento no aparecerán referencias nuevas a Sion que no sean citas o alusiones al Antiguo Testamento. La obra litúrgica tratará de dar un sentido y a justificar la utilización de este monte, que confor-

---

15   Con el mismo texto encontramos una antífona para el domingo III de Adviento (002094) y un versículo para el domingo IV del mismo periodo litúrgico (007045zb).

mará en la liturgia cristiana un *locus theologicus-liturgicus* en la medida en que se integra en la estructura oracional de la Iglesia a lo largo de los siglos.

3. HACIA UNA HERMENÉUTICA LITÚRGICA

3.1. EL CICLO DE ADVIENTO-NAVIDAD

3.1.1. Adviento. *Venite ascendamus ad montem Domini*

Durante este tiempo litúrgico Sion se sitúa especialmente como término *a quo* de la acción salvífica de Dios, que tiene en Jerusalén el origen de esa esperanza. Asimismo, Sion será término *ad quem*, lugar de atracción divina. Así se deduce a partir de las expresiones *ex Sion* o *de Sion*, para el primer caso, o *ad montem (filiae) Sion*, para el segundo. El ejemplo más destacado lo constituye la antífona *Venite ascendamus ad montem domini et docebit nos dominus vias suas et ambulabimus in semitis ejus quia de Sion exibit lex et verbum domini de Jerusalem* (a00251-a00252), tomada de Is 2,3 = Miq 4,2, en la cual se perciben las dos facetas de origen y término. Esta antífona aparece en el catálogo de cantos con la indicación *in tempore Adventus*, sin especificar más.

Vamos a detenernos en algunas cuestiones terminológicas que se presentan desde el primer domingo de Adviento. En primer lugar, el uso del verbo *venire*, que hace alusión al movimiento de Dios hacia el hombre: *dicite filiae Sion ecce rex tuus veniet tibi mitis ut salvet te* (002200). Se trata de una antífona que anticipa el nuevo tiempo de salvación que ahora se inaugura, a través de la tensión entre el movimiento y la realidad, expresada por la expresión *ecce* ("he aquí" o "aquí está"). Junto al verbo *venire* aparece el verbo *salvare*, referente a la acción de Dios que va a tener lugar. El texto está dirigido a las *hijas de Sion*. Sin embargo, pese a concretar el grupo de destinatarios, la liturgia otorgará un valor universal a la presencia de Dios, debido a la fuerza y el poder con que se acerca. En efecto, se aproxima el *rex*, referido ahora a Jesucristo, hijo de David, y, por ese motivo, de dinastía real. El carácter de esta venida no será oculto, sino claro y manifiesto, tal y como expresa el adverbio *manifeste*[16], con una alusión nítida a la parusía. Además, la referencia al Cordero, destinado a dominar la tierra, destaca también la dimensión victoriosa de esta venida, mediante la

---

16 Así se expresa en el versículo *Ex Sion species decoris ejus R. Deus noster manifeste veniet* (008060).

antífona *emitte agnum Domine dominatorem terrae... ad montem filiae Sion* (008051).

Las actitudes espirituales que rodean la cercanía del Señor se detienen especialmente en el gozo y la alegría, sintetizados en las expresiones *gaude et laetare filia Jerusalem*[17] o *jucundare*[18], evitando cualquier resquicio de temor, a través de la expresión *noli timere*[19].

La antífona de introito del segundo domingo de Adviento confiesa al pueblo de Sion como el beneficiario de la salvación de Dios, caracterizando así este domingo:

> In. Populus Sion ecce dominus veniet ad salvandas gentes et auditam faciet dominus gloriam vocis suae in laetitia cordis vestri (g00495).

Sion es *Urbs fortitudinis nostrae*; una ciudad fortificada por el Salvador, que ofrece seguridad (*quia nobiscum deus*)[20]. La venida del Señor a Sion es recibida con el canto de trompetas, que expresa así el gozo ante nuestro Señor que llega con la gran salvación (*salute magna*)[21]. Este responsorio une el canto de la trompeta con la cercanía del día del Señor, al que el canto alude, según el texto de Joel 2,1: *venit dies domini*.

No se puede olvidar que, junto al gozo de la llegada del Salvador, la llamada a la conversión, donde también destaca la presencia de la viña que el Señor plantará en lo alto del monte, anuncio del don auténtico de la salvación del Señor[22].

En línea con la riqueza y abundancia de la salvación, la liturgia ha situado este responsorio, destinado para la misma ocasión litúrgica, en el que, de nuevo, la llegada del Señor aparece unida a *germinare* y a *fructus*, concreción del don que el Señor realiza en favor de su pueblo[23].

---

17 Cf. A. 201897.

18 Cf. A. 003509.

19 Cf. A. 002201 y A. 201897.

20 Cf. A. 005281: *Urbs fortitudinis nostrae Sion salvator ponetur in ea murus et antemurale aperite portas quia nobiscum deus alleluia.*

21 Cf. 006639c: *Canite tuba in Sion et exsultent filiae Judae et laetentur quia dominus noster veniet cum salute magna.*

22 Cf. R. 007033: *Jerusalem plantabis vineam in montibus tuis et exsultabis quia dies domini veniet surge Sion convertere ad deum tuum gaude et laetare Jacob quia de medio gentium salvator tuus veniet.*

23 Cf. R. 007178: *Monte Sion ramos vestros expandite germinate et fructus vestros afferte populo meo Israel quia ecce ego venio dicit dominus.*

A medida que avanza este tiempo litúrgico, la obra litúrgica asume el concepto de Sion con el fin de revelar en qué consiste la salvación y preparar la manifestación de la gloria de Dios, aplicable a la primera venida o a la segunda.

Para el tercer domingo de Adviento encontramos como antífona el versículo *Dabo in Sion salutem* (002094) y aparece la novedad de la referencia a Sion como lugar de belleza, a través del versículo *Ex Sion species decoris ejus deus noster manifeste veniet* (007485a).

En el domingo IV de Adviento se añaden referencias marianas, típicas de este día, entre las que destacan la alusión a María como *Nova Sion*:

R. Gaude et laetare nova Sion ecce enim rex tuus veniet mitis et salvans animas nostras (002923).

Sin duda la expresión *nova Sion* puede ser puesta en paralelo con *Filia Sion*, pues las hallamos en el mismo contexto semántico y celebrativo, como muestra el versículo *Gaude et laetare filia Sion* (007903za), destinado también para este domingo último del tiempo de Adviento y en otros elementos litúrgicos donde explícitamente se hace referencia a la Madre de Dios o bien se aplica a una fiesta mariana.

Durante este tiempo se anhela la llegada de la paz para los habitantes de Sion. Así aparece en un responsorio con claras alusiones a Is 40,9: *Dic civitatibus Juda: ecce Deus vester*.

R. Clama in fortitudine qui annuntias pacem in Jerusalem dic civitatibus Judae et habitatoribus Sion ecce deus noster quem exspectabamus adveniet (006292).

3.1.2. Navidad. *Ecce rex tuus venit*

La presencia de Sion en la eucología de este tiempo es menos frecuente que en Adviento. Retomando algunos temas del Adviento, los cantos inciden en el testimonio de los acontecimientos de la llegada del rey y de la presencia del verdaderamente santo y salvador del mundo (cf. Zac 9,9). Este suceso propicia un gozo en el creyente tal que se convierte en alabanza a Dios por boca de Jerusalén o por boca de Sion (cf. Sal 147,1):

Cm. Exsulta filia Sion lauda filia Jerusalem ecce rex tuus venit sanctus et salvator mundi (g00552).
CmV. Lauda Jerusalem dominum lauda deum tuum Sion (g00552b).

La fiesta de los Santos Inocentes, estrechamente unida con la Natividad del Señor, tomará la asociación entre el Cordero y el monte Sion, de Ap 14,1, que alude, a su vez a Is 16,1. Si las profecías veterotestamentarias mencionaban Sion como lugar desde donde se ejerce el dominio de las naciones, la liturgia cristiana, siguiendo el modelo trazado por el libro del Apocalipsis, subrayará el poder de ese Cordero, muerto y victorioso, a quien se ha asociado los miles de santos que han sufrido una muerte como la suya y que se presenta victorioso sobre el monte Sion, en el que ha sido constituido *rex super Innocentium*, contra quien braman sin éxito los reyes de la tierra[24].

> A. Rex terrae infremuit adversus Christum quia rex in Sion constitutus super Innocentium milia regnat (004658).

3.2. EL CICLO PASCUAL

3.2.1. Cuaresma. *In terra aliena*

Como tiempo de camino hacia la Pascua y hacia Jerusalén, la referencia más significativa a Sion es la nostalgia a causa de hallarse en tierra extranjera. El antiguo domingo de Septuagésima, que preparaba la Cuaresma, presentaba con la antífona siguiente, que cita el Sal 136, con claras alusiones al destierro en Babilonia. Se trata de la imposibilidad de elevar un canto en tierra extranjera.

> A. Hymnum cantate nobis alleluia de canticis Sion alleluia quomodo cantabimus canticum domini in terra aliena alleluia septuaginta annos super flumina Babylonis sedimus et flevimus dum recordaremur Sion alleluia ibi suspendimus organa nostra alleluia (003152).

La temática del canto *in terra aliena*, aunque no está asociada exclusivamente a este tiempo litúrgico[25], se expresa con nitidez en un versículo de ofertorio, que cita de nuevo el Sal 136,2-4, aplicado esta vez para el jueves de la semana V de Cuaresma, donde la proximidad de la Pasión refuerza el cariz penitencial de la Cuaresma.

Sin embargo, no por ello se olvida la esperanza y la protección que procede de Dios[26]. El introito del domingo II de Cuaresma nos invita a la esperanza

---

24 Cf. A. 002555, A. 004658, R. 006617.

25 Se hace referencia a la dificultad de entornar un cántico de Sion en tierra extranjera en una antífona de la solemnidad del *Corpus Christi* (a00647).

26 Cf. Of. g03103: *Domine deus meus in te speravi salvum me fac ex omnibus persequentibus me et eripe me*; Cm. g03104: *Custodi me domine ut pupillam oculi sub umbra alarum protege me*.

en el Señor que habita en Sion, tomando el texto del Sal 9,12. En esta línea, el cuarto domingo, dominado por la temática del introito *Laetare Jerusalem*[27], nos llama, a través del tracto y del ofertorio, a la esperanza con un texto del Sal 124,1, que asegura una estabilidad comparable a la del monte Sion para quien confía en el Señor. Asimismo, se nos invita a bendecir al Señor, que habita en Jerusalén[28].

El domingo de Ramos, en el que la primera parte de la celebración contiene referencias significativas a la realeza del Señor y a la manifestación velada de su gloria, retoma los temas de la realeza y la salvación presentados en Adviento y Navidad, a partir de la cita de Zac 9,9.

Jerusalén es ahora la hija de Sion. En dos antífonas de este día se refleja el gozo del pueblo por poder contemplar cuanto habían prometido los profetas: que un hijo de David estaría destinado a ser el rey de Israel. *Rex, salus* y *redemptio* serán los términos principales que vayan asociados, junto con la *hija de Sion* a este día[29].

El repertorio himnódico cristiano también contiene un canto para este día en el que se alaba a quien se presenta como rey de reyes y luz del mundo, recogiendo las alabanzas de la Escritura y vinculando la realeza con la gloria y la salvación ligadas a la ciudad santa:

> H. En rex venit mansuetus tibi Sion filia mystica humilis sedens super animalia quem venturum jam predixit lectio prophetica | Salve quem Jesum testatur plebs Hebraeorum obvia cum palmis tibi clamans verba salutis | Hic est qui te Edom venit tinctis bosra vestibus in stola sua formosus gradiens virtutibus non in equis bellicosus nec in altis curribus | Salve lux mundi rex regum gloria caeli cui manet imperium laus et decus hic et in aevum | Hic est ille qui ut agnus insons morti traditur mors mortis inferni morsu morte donans vivere ut quondam beati vates promserunt prophetice | Salve nostra salus pax vera redemptio virtus ultro qui mortis pro nobis jura subisti (a01485).

3.2.2. Pascua. Dominus in Sion magnus et excelsus

Para el domingo de Pascua contamos con un versículo de ofertorio que cita el Sal 75,3: *Et factus est in pace locus ejus et habitatio ejus in Sion* (g01012b), que

---

27 In. g00776: *Laetare Jerusalem et conventum facite omnes qui diligitis eam gaudete cum laetitia qui in tristitia fuistis ut exsultetis et satiemini ab uberibus consolationis vestrae.*

28 Cf. Tr. g00779; Of. g00781c.

29 Cf. A. 001983; A. 001983.1; A. a01746.

puede aplicarse a todo el Misterio Pascual, ya que también aparece el domingo III de Pascua. Sion es la ciudad desde donde reina el ahora resucitado de entre los muertos. Es el lugar de donde viene la paz y donde ha puesto la morada definitiva el Señor.

De nuevo aparece durante este tiempo la mención al reinado de Dios, tal y como encontramos en dos piezas del domingo III de Pascua, que citan el Sal 145,8-10, poniendo de manifiesto que ahora el Dios de Sion reina para siempre, de generación en generación:

> AlV/ OfV. Dominus erigit elisos dominus solvit compeditos custodit dominus pupillum et advenam et viduam suscepit et vias peccatorum exterminabit regnabit dominus in eternum deus tuus Sion in saeculum saeculi (g02085b; g01061b).

Dentro de la dinámica de gozo que invade el tiempo pascual, la solemnidad de la Ascensión del Señor constituye por excelencia la celebración de la exaltación de Cristo, junto al Padre, desde donde reina[30], y a quien constantemente se nos invita a ensalzar y a dar gloria. No domina la escena litúrgica la referencia a Sion, pero sí el final de la cautividad a través de la unión de todos los hombres a ese ascenso que significa la liberación definitiva del dominio del mal sobre el hombre. El cielo es ahora la sede definitiva del Señor, como se formula a través del responsorio *Dominus in caelo paravit sedem suam alleluia alleluia* (006519), que cita el Sal 102,19.

Sí corresponde, en cambio, a esta fiesta la antífona *Dominus in Sion alleluia magnus et excelsus* (002409), donde a través de la cita del Sal 98,2, se establece un interesante paralelismo: la liturgia compara el cielo con el monte Sion. Puesto que en la nueva economía no existe el Templo como lugar de la presencia de Dios, los diferentes elementos litúrgicos de este día se sirven de la imagen de Sion para referirse al cielo, encontrando el paralelo con la antífona citada anteriormente: *Dominus in caelo-Dominus in Sion*, aplicados ambos a una realidad de término de la acción redentora de Cristo.

En la solemnidad de Pentecostés la presencia de Sion está asociada a la alabanza del canto del aleluya, formulada mediante la antífona *Dum compleren-*

---

30   La antífona *O rex gloriae domine* (004079) refrenda el carácter de triunfo de Cristo unido al acontecimiento de la Resurrección-Ascensión del Señor. La misma idea está expresada en el himno *Aeterne rex altissime redemptor et fidelium cui mors perempta detulit summae triunphum gloriae*.

tur dies pentecostes alleluia venit laus in Jerusalem alleluia in Sion (002441). La primera parte procede de Hch 2,1, que da la indicación temporal; la segunda parte, que incorpora la referencia de la alabanza en Jerusalén (en Sion), hace referencia al Sal 102,21, en el que se afirma: *ut annuntient in Sion nomen Domini, et laudem ejus in Jerusalem.* No solo se está aludiendo a Sion como lugar de anuncio del nombre del Señor. En el versículo siguiente se hace referencia al momento en el que a una se congregarán los pueblos y los reyes servirán al Señor. La justificación de la referencia a Sion en esta fiesta tiene, en consecuencia, la finalidad de poner de manifiesto que con la venida del Espíritu Santo ha llegado el momento de pregonar por todo el orbe la salvación del Señor y a presentar a todos los pueblos de la tierra bajo su potestad.

3.3. LAS REFERENCIAS A SION EN LAS FIESTAS MARIANAS
3.3.1. Concepción y Natividad. La *pulchritudo*

Es manifiesto el vínculo entre Sion y María a través de la expresión *Hija de Sion.* De este modo, comenzando por la solemnidad de la Inmaculada Concepción de la Virgen María, se encuentran abundantes referencias, cuyo punto de partida es la referencia al acontecimiento de la salvación que nos llegará a través de María. Desde el punto de vista temático, destaca el siguiente introito:

> In. Egredimini et videte filiae Sion reginam vestram quam laudant astra matutina cuius pulchritudinem sol et luna mirantur et iubilant omnes filii dei (g02872).

Partiendo de Cant 3,11, la tradición ha sustituido *regem Salomonem* por *reginam vestram.* Por lo tanto, la *Hija de Sion* es ahora reconocida por todos; en primer lugar por los habitantes de Jerusalén y después por todos los hombres. Esta admiración que suscita María va unida a la *pulchritudo*, la belleza que hace referencia a la concepción inmaculada, sin pecado; idea que se va extendiendo en el repertorio litúrgico desde el siglo XII[31]. Se trata, por lo tanto, del esplendor y magnificencia de Salomón, aplicado ahora a la Madre de Dios.

El himno *Gaude Sion quod cypressus super te extollitur ex qua ramus est progressus de quo flos egreditur cujus fructu nece pressus ad vitam reficitur* (830441)

---

31 Cf. J. P. Rubio Sadia, "María, esplendor de la belleza", 135-136.

considera a María como un ciprés plantado en el monte Sion, siguiendo Eclo 24,17: *quasi cypressus in monte Sion*. De ella surgirá el fruto de la salvación.

Interesante es también cómo se aplica el Sal 86, que es cantado en ese día, a María, asignándole términos asociados originalmente a la ciudad de Dios. Destacan, entre otros, los términos *fundamenta*, señalando, al mismo tiempo, que ella misma fue fundada por el Altísimo. Se señala este lugar como morada de Dios hacia donde acudirán las naciones. María es, por lo tanto *gloriosa* y *civitas Dei*.

La fiesta de la Natividad de la Virgen incluye una antífona en la que se le aplica a María el título de *Porta Sion*[32].

3.3.2. Anunciación del Señor y Visitación. La morada del Señor

La solemnidad de la Anunciación del Señor, al igual que la Presentación del Señor en el Templo, ha tenido históricamente un notable carácter mariano. María es reconocida en esta solemnidad como la Hija de Sion, donde el Dios viene y pone su morada: *Gaude et laetare filia Sion quia ecce ego venio et habitabo in medio tui dicit dominus* (002921). Con la expresión *in medio tui* se subraya que a través de María se lleva a cabo la presencia de Cristo en nosotros, cooperando con la dinámica de la Encarnación.

En la fiesta de la Visitación de María es preciso referirse al ambiente de gozo y al natural uso de la expresión *habitatio Sion*, morada de Sion[33].

3.3.3. *Purificatio Mariae. Adorna Sion thalamum*

La Presentación del Señor en el Templo, *Purificatio Mariae*, fue instituida en el siglo VII bajo el influjo de Bizancio[34]. La multitud de piezas litúrgicas destinadas a este día es una prueba evidente de su antigüedad. En ella se acude también a la imagen de Sion de dos maneras:

En primer lugar, se refleja la alegría ante la acción de Dios en su pueblo, del cual María es aquí la máxima representante. Así se ve en el siguiente invitatorio:

I. Ecce venit ad templum sanctum suum dominator dominus gaude et laetare Sion occurrens deo tuo (001072).

---

32 Cf. A. 001532: *Aula Maria dei casti titulusque pudoris porta Sion rutilis semper fundata sapphiris quae soli cunctis patuisti clausa tonanti suscipe servorum miserans pia vota tuorum.*

33 Cf. V. 602226a.

34 Cf. D. M. Montagna, "La liturgia mariana primitiva": *Marianum* 24 (1962) 97.

La presentación del niño en el templo es vista como signo de la llegada de Dios, que establece su morada en medio de los hombres. Este hecho provoca el gozo y la alegría, reflejados en el *Gaude et laetare* de Zac 2,10, donde la liturgia juega con la ambivalencia de Sion como la ciudad santa o sus habitantes, o Sion, como la hija de Sion, donde se pone en primer plano el gozo de la Madre del Señor.

La presencia de Dios en medio de su pueblo se muestra, asimismo, por el fuerte carácter pneumatológico de esta celebración. Así se observa en el siguiente versículo:

> V. Responsum accepit Sion a spiritu sancto R. Non visurum se mortem nisi videt Christum domini (008184.1)

A partir de la revelación del Espíritu Santo al anciano Simeón, de Lc 2,26, este versículo sustituye la alusión a Simeón por Sion, que es quien recibe el oráculo de no morir sin ver al hijo de Dios. La liturgia nos permite ver el pueblo de Israel, representado aquí por Simeón, como beneficiario de la acción salvadora que ya ha comenzado su etapa final.

En segundo lugar, encontramos la referencia nítida a María a través del himno *Adorna Sion*[35], cuya primera estrofa dice así:

> Adorna, Sion, thalamum, quae prestolaris Dominum; sponsum et sponsam suscipe vigil fidei lumine, cuya traducción es: Adorna tu tálamo, oh Sion, que esperas al Señor, y acoge al esposo y a la esposa, en vigilia de luz y de fe[36].

En el mismo plano encontramos la siguiente antífona:

> A. Adorna thalamum tuum Sion et suscipe Regem Christum amplectere Mariam quae est caelestis porta ipsa enim portat Regem gloriae novi luminis subsistit Virgo adducens manibus Filium ante luciferum quem accipiens Simeon in ulnas suas praedicavit populis Dominum eum esse vitae et mortis et Salvatorem mundi (g00068).

---

35 Fuente: AH 48, 169; RH 516. Se trata de un himno compuesto por Pedro Abelardo (+1142).

36 Cf. F. M. Arocena, *Los himnos de la tradición. El himnario de la liturgia horarum y otros himnos de la tradición litúrgica*, Madrid 2013, 190-191.

Desde el punto de vista semántico queda de manifiesto el paralelismo entre Sion y María, al mismo tiempo que Sion como destinataria de la salvación traída por el rey de la gloria, de la cual la Virgen es puerta de entrada.

3.3.4. Asunción de María. *Quasi cypressus in montem Sion*

La fiesta de la Asunción de la Virgen María adopta el lugar de Sion para referirlo principalmente a dos realidades teológicas: la exaltación de María y su belleza. La primera de estas realidades se muestra en la siguiente antífona:

> A. Quasi cedrus exaltata es in Libano et quasi cypressus in montem Sion sancta dei genitrix (004450).

Esta cita de Eclo 24,17 asigna a María la magnificencia de los cedros del Líbano, al mismo tiempo que la coloca en el punto más visible del monte más importante de la tierra. Se está hablando, por lo tanto, de la Sion celestial, lugar desde el cual María sobresale.

No se puede poner en duda que esta fiesta, introducida en Roma en tiempos del Papa Sergio I (687-701), está cargada de un lenguaje especialmente simbólico. Su repertorio litúrgico, enriquecido en la época carolingia, sobresale por la mayor riqueza de expresiones relativas a la *pulchritudo* mariana. Para ello se ha acudido como fuente de inspiración de estas piezas al Cantar de los Cantares; algo que va a repercutir en la interpretación mariana de este libro bíblico. Su lenguaje poético proporciona una fuente bíblica sin parangón para encumbrar la belleza de Sion-la Madre de Dios. Mediante la centonización de versículos, se forma un repertorio lleno de delicadeza, que mira a Sion-Jerusalén como *formosa*, *sicut sol*, *suavis*, *pulchra* o *speciosa*, aplicados indudablemente a María[37].

3.4 LA PRESENCIA DE SION EN OTRAS FIESTAS

3.4.1. Corpus Christi. Presencia y banquete

De origen medieval, la fiesta del *Corpus Christi* incorpora elementos litúrgicos que quieren subrayar la presencia real de Cristo en la Eucaristía, como respuesta celebrativa a las controversias eucarísticas del Medievo. Por eso la fiesta se va acercar a Sion como lugar de la presencia de Dios. Esto explica la utilización

---

37   Cf. J. P. Rubio Sadia, "María, esplendor de la belleza", 126-127.

del Sal 98,2.6, un canto en el que se subraya la grandeza de Dios que reina desde el monte Sion. Este dominio se entiende ahora como el reinado de Cristo en su Iglesia. Asimismo, alude a Moisés y a Aarón, como tipos del sacerdocio de la nueva alianza, que hará posible un nuevo modo de presencia del Señor entre su pueblo:

A. Dominus in Sion magnus Moyses et Aaron in sacerdotibus ejus (a01126).

La fiesta incorpora la célebre secuencia *Lauda Sion* (ah50385), incluida en el oficio del *Corpus Domini*, tras su creación en 1264, y musicalizada por tantos autores a lo largo de los siglos. Esta gran secuencia posee un indudable carácter didáctico y lírico, y convoca a todos a la alabanza al Santísimo Sacramento del altar, al mismo tiempo que muestra el cumplimiento de las profecías antiguas. La expresión inicial, *Lauda Sion*, alude al salmo 147 (*Alleluja. Lauda, Jerusalem, Dominum; lauda Deum tuum, Sion*). Jerusalén-Sion son comprendidos aquí como imagen de la Iglesia, que, a través de sus fieles, se acerca a alabar a Dios, presente en el Santísimo Sacramento.

Además de la presencia, a través de Sion se acentúa la comprensión de la Eucaristía como *convivium* o banquete. En la antífona de esta fiesta que vincula Sion con el lugar del convite se cita una profecía de Is 25,6. Los destinatarios de los manjares preparados por Dios serán todos los pueblos. Con ello se destaca también Sion como el lugar de la abundancia de Dios. Acudir a Sion es recurrir a una seguridad, que fue entendida por los habitantes del destierro como confianza material y espiritual, y ahora es comprendida como el signo de la riqueza de Dios que, a través del sacramento eucarístico derrama su gracia hacia quienes acuden a él:

A. Faciet dominus exercituum omnibus populis in monte Sion convivium pingvium convivium vindemiae pingvium medullatorum vindemiae defaectae (a00489).

3.4.2. Dedicación de una iglesia. *Angularis fundamentum*

La presencia de Sion en la dedicación de una iglesia es el elemento litúrgico que con mayor fuerza compara a la Iglesia con el monte santo de Dios y, en concreto, con su Templo. Asimismo, el repertorio hace referencia a la Sion santa, que es la Jerusalén del cielo.

El responsorio *Fundata* o el introito y aleluya *Fundamenta* resumen los dos elementos claves que describen el ser de la Iglesia: una realidad fundada por el Señor como su casa, hacia la cual están llamadas a venir todas las naciones cantando con alegría, por haber sido lugar de la predilección de Dios. La expresión *venient ad eam omnes gentes* no puede más que referirse a la congregación que está llamada a realizar la Iglesia, al mismo tiempo que una alusión a la presencia y acción del Espíritu Santo, que la dirige y la guía:

> R. Fundata est domus domini super verticem montis Sion et super cacumen ejus mater exsultet ecclesia et venient ad eam omnes gentes et laetabuntur quia in ea decantant vox laetitiae (006755).

> InV/Al. Fundamenta ejus in montibus sanctis diligit dominus portas Sion super omnia tabernacula Jacob; cf. Sal 86,2 (g02362-g02593).

Por otra parte, la piedra angular de este edificio es Cristo, como canta el himno *Angularis fundamentum*[38], cuya primera estrofa cita y alude a los apóstoles y profetas que, junto con Cristo, piedra angular, han hecho posible el edificio de la Iglesia, citando a Ef 2,20.

Este himno es la segunda parte del *Urbs Jerusalem* y está asignado para las Laudes de la fiesta de la dedicación de una iglesia. En sus estrofas se engarzan alusiones y referencias poéticas al Templo celeste y a los espacios celebrativos de la tierra.

3.4.3. Oficio de difuntos. *Te decet hymnus in Sion*

Como no puede ser de otro modo, las alusiones a Sion en el oficio de difuntos presentan un destacado carácter escatológico, en el que la mirada está dirigida hacia Sion y Jerusalén como patria definitiva y punto de llegada al que espera acudir el fiel. No faltan en este oficio las imágenes acerca del cielo, como lugar de atracción y de descanso definitivo.

El versículo del introito *Requiem aeternam*, del Sal 64,2 ha de ser comprendido como una llamada a cantar un canto de Sion definitivo:

> InV. Te decet hymnus deus in Sion et tibi reddetur votam in Jerusalem exaudi orationem meam ad te omnis caro veniet (g01566a).

---

38   Fuente: AH 51, 110; RH 20918.

Si la experiencia de Israel ha de ser valorada como una alternancia entre periodos de opresión-destierro y épocas de libertad, para el cristiano la posibilidad de cantar un canto en Sion, como aquí se formula, supone la llegada definitiva hacia una patria que será inexpugnable, ya que se trata del lugar del consuelo y de la paz definitiva.

4. CONCLUSIONES TEOLÓGICO-LITÚRGICAS EN TORNO A SION

4.1. SION COMO IRRADIACIÓN DE LA SANTIDAD Y GLORIA DE DIOS[39]

El monte Sion aparece en la liturgia ante todo para designar el lugar de la presencia de Dios. Y ese lugar no puede ser otro que el Templo. La escena se corresponde con descripciones y modelos de las ceremonias reales en el antiguo Oriente Próximo. Las imágenes del trono excelso y del monte elevado sirven para acentuar la presencia de Dios[40]. Además, en el repertorio litúrgico examinado hemos visto que se señala Sion como *excelsus*, *magnus* o *caelestis*.

4.1.1. Señor de los ejércitos

El Templo es, asimismo, el lugar desde el que Yahvé despliega su señorío sobre el mundo[41]. De hecho, las preposiciones que más abundan junto al nombre Sion son *ex* y *de*, para mostrar la procedencia de algo: desde allí nos vendrá (*veniet*) la *salus*, la *redemptio* y el *auxilium*.

No cabe duda de que estamos ante el núcleo de la intimidad de Dios. Precisamente en el libro de Isaías, cuyas citas y alusiones son frecuentes en el repertorio litúrgico sobre Sion, se refiere la santidad de Dios, unida a algunos elementos, como la gloria y la realeza, que han sido destacadas en estas páginas. Así pues, en Is 6,3, se lee:

Et clamabat alter ad alterum et dicebat:
Sanctus, Sanctus, Sanctus Dominus exercituum;
plena est omnis terra gloria eius.

39 Acerca de la santidad, gloria y realeza de Dios es interesante D. A. Escobar Portillo, *Te Deum laudamus. La formulación y la celebración de la gloria de Dios a través de una forma hímnica*, Roma 2018, 50-55.

40 Cf. W. A. M. Beuken, *Jesaja 1-12*, Freiburg 2003, 169.

41 Cf. Beuken, *Jesaja 1-12*, 172.

El profeta relata un hecho extraordinario que consiste en la visión de Dios. El pasaje se limita a dar cuenta de que Isaías lo ha visto sobre el trono en el desempeño de su dominio[42] y ejerciendo su majestad[43]. La primera mitad de este himno celeste de alabanza exalta la esencia más íntima de Dios, que se extiende sobre toda criatura[44]. La triple repetición del adjetivo "santo"[45] califica al Señor en el monte Sion como ser único y más alto que cualquier otro. La santidad, predicado propio de Yahvé, tiene su origen en la adoración del dios El en Canaán[46]. A partir de aquí, parece que el concepto fue paulatinamente asumido por la teología del culto de Jerusalén, guardando estrecho vínculo con los salmos de entronización (cf. Sal 98,3.5.9), en los que se nos invita a la adoración de Dios, que la liturgia ha adoptado, uniéndolos a Sion como *locus theologicus* para la fiesta de la Ascensión del Señor y para el *Corpus Christi*. Esta nueva visión cambiaría el sentido originario del término, ya que en el antiguo Israel el referente primario de santidad fue Israel, pueblo de Dios o *gens sancta* (Ex 19,6)[47]. Esta es la visión que hay en el origen de la designación del pueblo de Dios como *Populus Sion*, o *Filii Sion*.

"Yahvé Sabaot" o *Dominus exercituum* es el nombre cultual aplicado al Dios de Jerusalén[48]. *Et congregatus est omnis* exercitus *et ascenderunt in montem* Sion se afirma en un versículo para la fiesta de los mártires macabeos[49]. El término "Sabaot" tiene especial resonancia en esta escena de aclamación, debido a que los serafines representan el ejército del cielo[50]. La calificación de Yahvé

42 Cf. O. Kaiser, *Isaia*, Brescia 1998, 167.
43 Cf. H. Wildberger, *Jesaja, Kapitel 1-12*, Neukirchen-Vluyn 1980, 236.
44 Cf. Beuken, *Jesaja 1-12*, 171.
45 N. Walker presenta una serie de argumentos que tratan de probar que el triple *Sanctus*, fue originariamente simple. Cf. "The origin of the Thrice-Holy", *New Testament Studies* 5 (1958-1959) 132-133. Frente a esta hipótesis, B.M. Leiser defiende la originalidad de la triple repetición en "The Thrisagion of Isaiah's visión", *New Testament Studies* 6 (1960) 261-263. Walker matiza poco después su primera teoría, reconociendo que no es posible llegar a una conclusión definitiva sobre este problema y sugiriendo la posibilidad de una fusión entre distintas fases redaccionales. Cf. "Disagion versus

Trisagion", *New Testament Studies* 7 (1961) 170-171.
46 En este sentido, W. Schmidt señala: "Vor der Einwanderung ins Kulturland und der Begegnung mit der kanaanäischen Religion scheint Israel nicht von Jahwe als einem 'Heiligen' geredet zu haben". "Wo hat die Aussage: Jahwe 'der Heilige' ihren Ursprung?", *Zeitschrift für die alttestamentliche Wissenschaft* 74 (1962) 65.
47 Así lo señala H. Wildberger al afirmar: "Jesaja denkt gerade nicht an den Gegensatz von Gott und Welt oder Schöpfer und Geschöpf. Israel ist Jahwes Volk, und seine Geschöpfe haben als solche ihre eigene Würde". *Jesaja*, 248-249.
48 Cf. H. Wildberger, *Jesaja*, 248.
49 Cf. 1Mac 4,37 (a014116a).
50 Cf. H. Wildberger, *Jesaja*, 248.

como "Sabaot" define el poder absoluto de Dios sobre todas las potestades celestes y terrestres. Es difícil conocer si este atributo, traducible como "de los ejércitos", originariamente se refería solo al Señor-guía del ejército israelita, es decir, de los ejércitos terrenales, o si también se aludía al Señor de la milicia celeste. Una tercera opción entendería la expresión como un plural abstracto para referirse a la potencia divina[51].

4.2.2. *Splendor gloriae*

Con el término *gloria* se alude a lo que confiere importancia y respeto a un hombre o a Dios, es decir, su honor y majestad (cf. Sal 8,6; Sal 28,2). En la teología sacerdotal, con "kabod de Yahvé" se hace referencia a la presencia divina en esplendor tras la nube (cf. Ex 16,10; 24,16; 1Re 8,10; etc.). La asociación con el término "tehilla" (gloria) en Is 42,8 o Is 48,11 muestra que "kabod" tiene un sentido análogo. El paralelo más cercano al v. 3 es el deseo manifestado en el Sal 71,19: *Et benedictum nomen maiestatis eius in aeternum; et replebitur maiestate eius omnis terra*. A pesar de que la Neovulgata traduce *gloria* en Isaías y *maiestas* en el libro de los salmos, se entiende que el sentido es el mismo. Por lo tanto, la alusión al término "majestad" aclara que la "gloria" de Dios llena el mundo entero[52]. No se trata de que la tierra muestre la gloria de Dios, sino de que, a través de su gloria, el "Santo" ejerce su poder soberano sobre todo ser viviente en la tierra[53]. La segunda sección se puede comprender, asimismo, como una frase contra los ídolos, es decir, el hecho de que la gloria del Señor llene toda la tierra implica que ya no hay lugar en ella para dios o ídolo alguno[54]. Por consiguiente, el culto que celebran los seres celestes, situados directamente ante Dios, presente en toda su gloria, majestad y poder, debe celebrarse igualmente sobre la tierra (cf. Sal 95,7)[55].

En la división bipartita de este himno, que exalta la santidad y la gloria de Dios, se encierra parte de la Revelación, que implica siempre un desvelamiento y una afirmación del misterio de Dios[56]. De este modo, Yahvé es denominado "santo", conforme a su naturaleza más íntima, y la "gloria", que exige el "honor" debido a él, se corresponde con la faceta revelada de esta naturaleza[57].

51 Cf. Kaiser, *Isaia*, 170-171.
52 Cf. Kaiser, *Isaia*, 171.
53 Cf. Beuken, *Jesaja 1-12*, 172.
54 Cf. Beuken, *Jesaja 1-12*, 172.
55 Cf. Kaiser, *Isaia*, 171.
56 Cf. Kaiser, *Isaia*, 172.

57 Aunque la palabra "gloria" hace referencia habitualmente a algo que aparece objetivamente, también suele significar "honor". De hecho, el honor que pertenece a Dios se corresponde con el que se le ofrece a través de sus criaturas. Cf. H. Wildberger, *Jesaja*, 249.

Además, al adoptarse los vocablos "gloria" y "honor" para referirse al reinado celeste y terrestre de Yahvé, el Señor es designado como "rey de la gloria" (cf. Sal 23,7.9)[58]. Por ende, en último término, la santidad de Dios se asocia en este pasaje, al igual que en otros fragmentos bíblicos (Ex 15,11.18; Sal 23,1.7), al reinado de Yahvé, siguiendo la estela de la tradición del culto en Jerusalén[59].

En clave escatológica, la aparición de la gloria de Yahvé constituye el principal acontecimiento futuro, conforme lo muestran determinados textos veterotestamentarios pertenecientes a la esfera litúrgica (cf. Sal 56,6.12; 71,19; Num 14,21). Se anticipa con ello la hora en la que toda la tierra será llenada de la gloria de Dios. Este dato se corresponde con la comprensión de los salmos de entronización, según la cual el reinado del Señor es una realidad presente, aunque no completamente visible hasta la llegada de la plenitud de la salvación de Dios[60]. La llamada del canto, tomado de Is 52,1, hacia Sion para vestir el traje de gala (*induere vestimentis gloriae*[61]) en el oficio de Navidad y de la Purificación de la Virgen despejan cualquier duda sobre la relación del término *gloria* con la presencia de Dios en medio de su pueblo.

4.2. SION COMO SÍMBOLO DE SEGURIDAD Y REFUGIO

4.2.1. Sion como seguridad

La visión de Sion como el lugar de la morada de Dios, creador del orden cósmico y defensor de Israel se basa en la presencia de Yahvé en el monte santo[62]. Hemos estudiado el modo en que la liturgia utiliza determinadas expresiones para subrayar la confianza en Dios, que protege a su pueblo desde su santa morada. Se trata de un lugar en el que se han destruido los materiales de guerra para que reine la paz, como expresa el Sal 75,3: *Et factus est in pace locus ejus, et habitatio ejus in Sion*. La vinculación de esta paz y seguridad con el Misterio Pascual, puesto que este salmo se escucha tanto en el sábado santo como en el domingo de Pascua, permite comprender la paz como uno de los frutos de la victoria de Yahvé a través de Jesucristo.

No es el único salmo que refleja la seguridad de este monte. El Sal 19,3, pone en primer plano el *auxilium* que procede *de sancto* y *de Sion*, utilizando el verbo *tueor*, que significa defender, presente en celebraciones *pro sponso et sponsa*, y destacándose, por lo tanto, un valor permanente de ese auxilio divino, al vincularse al sacramento del matrimonio. Asimismo, el Sal 9, que describe a

---

58 Cf. Wildberger, *Jesaja*, 250.
59 Cf. Beuken, *Jesaja 1-12*, 171.
60 Cf. Wildberger, *Jesaja*, 250.
61 Cf. V. 006051b.
62 Cf. B. C. Ollenburger, *Zion. The city of the great King*, Sheffield 1987, 66-80.

Dios como protector, invita en el v.12 a cantar al Señor que habita en Sion, recordando que no se olvida del que llora y del oprimido, y expresando junto con el canto una profesión de fe. La idea de que el pobre y el oprimido no encuentran seguridad más que en Dios, que habita en Sion, es recibida por la liturgia cristiana para trasladar esa visión a todo cristiano que se presenta ante Dios con humildad, como muestra la utilización de este canto como introito del segundo domingo de Cuaresma. Nadie puede asegurar la salvación, salvo Yahvé que ejerce un recto juicio. Desde este punto de vista, el "pobre" es el que depende de la gracia de Dios y persevera con paciencia[63], así como el oprimido, como indica el mismo salmo.

El Sal 47 es particularmente interesante porque es utilizado como antífona para la dedicación de iglesias, con una invitación a la alegría, a la par que se subraya la fortaleza del monte Sion. El poder asociado a la montaña no procede de la mitología, sino de ser el lugar de la morada real de Dios[64].

Aunque no nombre explícitamente a Sion, el Sal 79 pone de manifiesto que la morada de Yavhé en Sion es la base teológica para considerar Sion como símbolo de seguridad, especialmente en los v. 2-3. El lenguaje utilizado está estrechamente ligado a la tradición del Arca, que es la principal fuente teológica de la tradición en torno a Sion. El v.2 *Qui regis Israel intende qui deducis tamquam oves Joseph qui sedes super cherubim manifestare* es utilizado especialmente en Adviento, así como en la dedicación de iglesias, a través de varios elementos litúrgicos.

No es posible separar la seguridad que representa Sion sin mencionar del poder de Dios como creador. En el marco del culto de la ciudad de Jerusalén, el Sal 23 coloca en primer plano el retorno ritual del arca de la alianza, simbolizando la presencia de Yavhé y proclamando que toda la tierra pertenece a Dios, puesto que la ha creado. La entrada de Yavhé a través del arca es anunciada por palabras que ensalzan el poder de Dios como *rex gloriae*, término que más tarde será aplicado también a Cristo y utilizado por la eucología cristiana en la fiesta de la Ascensión del Señor, así como en otras fiestas del Señor.

4.2.2. Sion como refugio

El carácter de Sion como protección lo encontramos en la liturgia a través del Sal 47. Aquí Sion se identifica como la ciudad de Yavhé, el gran rey. La estrecha unión entre la presencia real de Yavhé y su poder como símbolo de refugio es

---

63 Cf. Ollenburger, *Zion*, 68.   64 Cf. Ollenburger, *Zion*, 71.

evidente en la conclusión del salmo, donde Dios mismo asume los atributos de una ciudad. Este hecho justifica, como hemos visto anteriormente, que el versículo 13 se haya adoptado como antífona para la dedicación de una iglesia, tomando el paralelismo entre edificio sagrado-Sion y, por otra parte, Sion-Dios. La ciudad, pues, se presenta como una fortaleza inexpugnable, donde muros y torres manifiestan el poder absoluto de Dios. El léxico que rodea gran parte de las alusiones litúrgicas hace referencia a sustantivos como *porta* y *fundamenta* o a verbos como *fundare, aedificare*, que denotan no solo seguridad o refugio, sino también estabilidad, como imagen del carácter eterno del lugar y, por tanto, del dominio de Dios sobre el mismo. El mismo hecho de referirse a Sion como término de peregrinación (cf. Is 2,3: *Venite et ascendamus ad montem Domini*), es otra muestra de la confianza que ofrece ese lugar y el motivo, según la liturgia, de caminar hacia el Señor que viene a nuestro encuentro.

De modo natural, la liturgia cristiana no dudará en cantar la protección que Yavhé le ofrece, a través de los Sal 86,1: *Fundamenta ejus in montibus sanctis* (dedicación de iglesias); y Sal 124,1: *Qui confidunt in domino sicut mons Sion* (tracto del IV domingo de Cuaresma).

La estrecha asociación, que se manifiesta a menudo como ambigüedad, entre Sion y Yahvé, aparece de modo más visible en un rasgo que es más visible en los salmos que designan a Yahvé como roca. La expresión *dominus firmamentum meum et refugium meum et liberator meus*, tomada del Sal 17,3, es habitual en las celebraciones litúrgicas del periodo preparatorio y que sigue a la Semana Santa: en Cuaresma sirve para expresar la confianza de quien invoca al Señor y en Pascua para constatar la victoria definitiva a través de los acontecimientos pascuales. La liturgia nos constata, por lo tanto, que el monte Sion es el lugar en el que Yahvé se revela a sí mismo como el que protege a su pueblo e interviene contra los poderes del mal y de las naciones enemigas[65]. El énfasis en la confianza en Dios está estrechamente ligado a la exclusión de la confianza en nadie más y supone una particular llamada a descubrir la ineficacia de cualquier poder humano. En definitiva, se trata de una confesión de fe y un credo en el poder absoluto de quien el pueblo de Israel considera el autor de esa protección[66].

---

65 Cf. B. C. Ollenburger, *Zion*, 77.

66 Cf. U. Berges, "Die Zionstheologie des Buches Jesaja", *Estudios Bíblicos* 58 (2000) 186.

4.3. LA PEREGRINACIÓN A SION

Sion aparece asociado a dos temas principales: el primero es el afianzamiento del culto en el Templo; el segundo, estrechamente ligado al primero, la peregrinación de todos los pueblos al monte santo. Sin embargo, en estas líneas vamos a tratar de superar una concepción puramente histórica y local con el objetivo de ahondar en las implicaciones que han tenido en la celebración cristiana estas connotaciones presentes en la tradición bíblica. Los versículos de Isaías 2,3, también presentes en Miqueas 4,2: *venite et ascendamus ad montem Domini (...) de Sion exibit lex et verbum Domini de Jerusalem*, recibidos en contexto cristiano, juegan un papel clave para comprender esa *lex*, "torá" y ese *verbum*, como la fuente de la vida que nos es dada y que esperamos. Junto a aquello que esperamos, al hombre se le pide recorrer un camino sacramental e interno de ascenso, no solamente para reconocer a Dios como salvador, sino también como autor de la creación y único Dios[67]. Este camino de ascenso hacia Dios no estará restringido a quienes provienen de la primera alianza, sino que supone una apertura a los creyentes de todos los pueblos, como muestra especialmente Is 56-66[68].

4.3.1. De la muerte a la vida

En nuestro análisis sobre piezas litúrgicas en torno a Sion hemos puesto de manifiesto cómo a lo largo del año litúrgico las referencias al monte santo aparecen constantemente de un modo determinado: Sion es el lugar de la luz y un centro de atracción. El verbo más habitual en la liturgia unido al nombre propio de Sion suele ser *veniet*. Igualmente, el uso del verbo *illuminare*, para referirlo al trono de Dios o la alusión al *splendor gloriae*, quieren denotar algo más que una luz material, utilizándose como imagen de la vida.

Frente a la vida, existe, sobre todo en el libro de Isaías, una imagen clara de la muerte. Francis Landy presenta el exilio como metáfora de la muerte[69]; algo que permite percibir la vuelta a Jerusalén como un retorno a la vida; desde el punto de vista celebrativo estaremos presentando Jerusalén como el lugar de la presencia de Dios, desde el cual recibimos la gracia sacramental, y desde una óptica espiritual el camino hacia el Señor como el modo de recibir la verdadera vida. Muerte y vida forman un paralelo con exilio (Babilonia) y Sion

67 Cf. Berges, "Die Zionstheologia", 180.
68 Cf. Berges, "Die Zionstheologia", 189.
69 F. Landy, "Metaphors for Death and Exile in Isaiah", en K. Høgenhaven, F. Poulsen y C. Power (eds.), *Images of Exile in the Prophetic Literature. Copenhagen Conference Proceedings 7-10 May 2017*, Tübingen 2019.

(Yahvé). La destrucción de Jerusalén y la deportación son un ejemplo del destino de todas las naciones, del sentido de extrañeza y del duelo, pérdida y deseo nostálgico[70]. De modo casi automático viene a la mente el *Super flumina Babylonis* y el *cum recordaremus Sion*, que en la liturgia no aparece ligado a una celebración concreta, sino que manifiesta una continuidad de la búsqueda del hombre hacia Dios y la seguridad que él le aporta. El capítulo 5 de Isaías presenta el exilio como un descenso al *sheol*, al lugar de los muertos y a una ignorancia. Ciertamente, el exilio hace referencia a la deportación, pero también a una condición interna, que revela un alejamiento de la gloria de Yavhé, que ahora es percibida como ausencia[71]: *Dabo in Sion salutem et in Israel et in Jerusalem gloriam meam*, cantamos durante el tiempo de Adviento, los domingos segundo y tercero (cf. Is 46,12).

Uno de los rasgos comunes de la obra litúrgica en torno a Sion es el carácter de movimiento en los implicados en la acción de Sion. La utilización de los tiempos futuros no solo se justifica por el carácter profético, sino también por la existencia de un punto de partida y un punto de llegada. De este modo, el exilio es el lugar del cual uno viene, su lugar original, su hogar. El camino que se ha de recorrer se comprende como un nuevo éxodo, una nueva creación y, en último término, la victoria sobre el mal. Esta visión está unida a la comprensión del judaísmo como una dialéctica entre el aquí y el allí, Jerusalén y el exilio, estar en casa o fuera de casa, estar cautivo o ser libre[72].

Al igual que sucede en las vicisitudes de Israel, la liturgia nos mostrará que Sion, como imagen de Dios, está presente sacramentalmente, del mismo modo que Sion estaba en el exilio, a partir de una personificación de ese lugar, como si se tratara de una tardía *Shekinah*. De hecho, el final del exilio se manifestará como la revelación de la gloria de Dios (cf. Is 40,5). El final de esta peregrinación consistirá en el establecimiento de los cielos nuevos y la nueva tierra, como nueva creación (cf. Is 65,17 y 66,22). En ese nuevo orden Sion aparece como el hogar universal, comparable al paraíso. Esta perspectiva justifica la presencia de Sion no únicamente durante el tiempo de Adviento o Navidad, sino también su adopción en las celebraciones que ponen en primer plano la glorificación de Dios o la participación de esa gloria por parte de los mártires y santos que son convocados de todas las naciones, como afirma el libro de Isaías. O también la esperanza de los difuntos de cantar un himno en Sion,

---

70 Cf. Landy, "Metaphors", 15.
71 Cf. Landy, "Metaphors", 16-17.
72 Cf. Landy, "Metaphors", 21.

como aparece en el versículo de la misa de difuntos (cf. Sal 64,2). Se trata, en suma, de alcanzar la vida verdadera y sin ocaso.

4.3.2. *Sion deserta facta est*. El éxodo-retorno a Jerusalén

Civitas sancti tui facta est deserta, Sion deserta facta est, Jerusalem desolata est, cantamos en una de las estrofas del célebre *Rorate caeli*. El versículo está tomado del Tritoisaías (Is 64,10), un conjunto de versículos fuertemente influenciados por la visión del exilio y del retorno. A pesar de que el pasaje parece ser postexílico, Jacob Stromberg señala que el exilio sigue siendo un tema importante del libro, debido a que el glorioso retorno de Babilonia, la vuelta a casa de los que están dispersos y la espectacular reconstrucción de Jerusalén se seguían esperando[73]. Como hemos puesto de relieve más arriba, más allá de las vicisitudes históricas, existe la idea de un "exilio teológico" que se extiende más allá del ámbito temporal y de sus implicaciones geográficas[74]. Para entender esta realidad es interesante unir el exilio en Babilonia con la cautividad en Egipto. La liberación de ambas situaciones se comprende como la prueba definitiva del poder salvífico de Yavhé frente a los dioses del resto de las naciones. Sin duda alguna, la antigua tradición de Éxodo 14-15 se utiliza de modo nuevo en Is 52, donde el profeta llama a salir de Babilonia, con la diferencia de que aquí no se librará una batalla contra el enemigo. La llamada inicial de los dos primeros versículos de Is 52 a levantarse y sacudirse el polvo: *Consurge, consurge, induere fortitudine tua, Sion!*, expresando el inicio de la liberación, concuerda con la utilización de estos versículos en la Natividad del Señor, donde, precisamente se celebra el inicio de esta salvación. A través de la imagen del comienzo del fin del destierro, se subraya que el nacimiento del Redentor es antitipo de la salida de Egipto o de la llamada a volver a Jerusalén-Sión. Desde el punto de vista espiritual, supone la salida de uno mismo para cumplir la voluntad de Dios, como expresan las ideas de camino, caminar o venir. Esto se constata cuando, incluso llegados a su destino son conminados a continuar en movimiento[75], de un modo paralelo al que se da en la vida de la Iglesia, que solo responde a su esencia si no se detiene en ese camino hacia el Señor que viene. Lo contrario al desierto es la presencia; presencia de Yahvé y presencia de cuantos acogen cuanto por Yavhé es promulgado y, principalmente, la revelación de su gloria.

---

73   Cf. J. Stromberg, *Isaiah after Exile. The Author of Third Isaiah as Reader and Redactor of the Book*, Oxford 2011.

74   La idea de exilio teológico corresponde a una cita de Bradley Gregory en U. Berges, "The

Individualization of Exile in Trito-Isaiah", en K. Høgenhaven *et alii, Images of Exile*, 64.

75   Cf. Berges, "The Individualization of Exile", 65.

5. REFLEXIÓN FINAL

Al término de este recorrido por los formularios de piezas litúrgicas en torno a Sion, merece la pena sintetizar algunos puntos:

1) En la obra litúrgica en torno a Sion, la Biblia es la principal fuente de inspiración, a través de la citación o la alusión, en conformidad con lo expresado por SC 24, y actualizando el diálogo entre Dios y su pueblo a través de la música, mediante el clásico paradigma *Lectio cum cantico*.

2) El repertorio musical sobre Sion se conforma paulatinamente gracias a un lento proceso que ha durado siglos, en el que se ha producido una auténtica interacción litúrgica con la Escritura. En esta interconexión tuvo mucho que ver no solo la comprensión de la Escritura en la primitiva Iglesia, sino también visión teológica y la práctica celebrativa.

3) Las diversas imágenes sobre Sion que se encuentran en la Sagrada Escritura serán incorporadas al ámbito litúrgico para referirlas a distintas realidades salvíficas, utilizando un elemento unificador, que es Sion como el lugar de presencia de Dios, trono de la santidad y de su gloria. El resto de imágenes de Sion, siempre estará asociado a Dios y, en la liturgia cristiana, especialmente a Jesucristo, que mora en ese lugar.

4) Las distintas celebraciones a lo largo del año litúrgico consisten en un despliegue celebrativo del misterio de Jesucristo (cf. SC 102), en el que Sion será una referencia cristológica que expresará ante todo la gloria de Cristo alcanzada a través de su Misterio Pascual, con un especial acento en el comienzo de esta salvación mediante la Encarnación y Nacimiento del Señor. En estas celebraciones María será la morada de Sion y su presencia se asociará de modo particular al monte Sion.

5) Las nociones de nostalgia y recuerdo de Sion serán adoptadas por la liturgia cristiana para comprender de modo privilegiado la celebración y la vida cristiana como un continuo caminar hasta el Señor, junto al cual el cristiano espera llegar como a su patria definitiva al final de los tiempos o al término de su vida, tras el éxodo-destierro de esta vida. También es comprendido como un camino desde la condición pecadora del hombre a la vida de gracia.

BIBLIOGRAFÍA

L. Albiero (ed.), *Repertorium Antiphonarum Processionalium*, Lugano 2016.

F. M. Arocena, *Los himnos de la tradición. El himnario de la liturgia horarum y otros himnos de la tradición litúrgica*, Madrid 2013.

U. Berges, "Die Zionstheologia des Buches Jesaja", *Estudios Bíblicos* 58 (2000).

—"The Individualization of Exile in Trito-Isaiah", en en K. Høgenhaven, F. Poulsen y C. Power (eds.), *Images of Exile in the Prophetic Literature. Copenhagen Conference Proceedings 7-10 May 2017*, Tübingen 2019, 63-78.

W. A. M. Beuken, *Jesaja 1-12*, Freiburg 2003.

G. M. Dreves *et alii* (eds.), *Analecta Hymnica Medii Aevi*, 55 vols, Leipzig 1886-1922.

D. A. Escobar Portillo, *Te Deum laudamus. La formulación y la celebración de la gloria de Dios a través de una forma hímnica*, Roma 2018.

R.-J. Hesbert (ed.), *Antophonale Missarum Sextuplex*, Bruxelles 1935. Id., *Corpus Antiphonalium Officii*, 6 vols. (Rerum Ecclesiasticarum Documenta, Series Maior, Fontes 7-12), Roma 1963-1979.

R. Jonsson *et alii* (eds.), *Corpus Troporum*, 11 vols. (Studia Latina Stockholmiensia 21, 22, 25, 26, 31, 32, 34, 61, Corpus Troporum 9, 10, 11) Stockholm 1975-2014.

O. Kaiser, *Isaia*, Brescia 1998.

F. Landy, "Metaphors for Death and Exile in Isaiah", en K. Høgenhaven, F. Poulsen y C. Power (eds.), *Images of Exile in the Prophetic Literature. Copenhagen Conference Proceedings 7-10 May 2017*, Tübingen 2019.

A.-G. Martimort, "El diálogo entre Dios y su pueblo", en A.-G. Martimort *et alii*, *La Iglesia en oración*, Barcelona 1964.

E. Möller (ed.), *Corpus Benedictionum Pontificalium*, 3 vols. (Corpus Christianorum. Series Latina 162 A-C) Turnhout 1971-1979.

D. M. Montagna, "La liturgia mariana primitiva": *Marianum* 24 (1962) 84-128.

E. Möller-B. Coppieters (eds.), *Corpus Praefationum*, 4 vols. (Corpus Christianorum. Series Latina 161 A-D) Turnhout 1980-1981.

B. C. Ollenburger, *Zion. The city of the great King*, Sheffield 1987.

E. H. van Olst, *The Bible and Liturgy*, Michigan 1991.

J. P. Rubio Sadia, "La Biblia en el Misal Romano: formas de presencia y procedimientos de redacción", *Pastoral Litúrgica* 354 (2017) 107-109.

—"María, esplendor de la belleza, en la tradición litúrgica romana", *Estudios Marianos 85* (2019) 117-138.

J. Stromberg, *Isaiah after Exile. The Author of Third Isaiah as Reader and Redactor of the Book*, Oxford 2011.

H. Wildberger, *Jesaja, Kapitel 1-12*, Neukirchen-Vluyn 1980.

R. de Zan, "Bibbia e liturgia", en A. J. Chupungco (dir.), *Scientia liturgica I*, Casale Monferrato 1998, 48-66.

APUNTES PARA UNA TEOLOGÍA DEL EXILIO

Patricio de Navascués Benlloch
Universidad San Dámaso

Podríamos decir para empezar que hay varios tipos de exilio. Está el exilio de quien no soporta más vivir en su patria y tiene que salir; y el exilio de quien quisiera quedarse en su patria y, sin embargo, es obligado a salir por motivos de diversa índole. La diferencia es de acento. En el primer caso, es, sobre todo, la persona quien decide tristemente abandonar su patria buscando un espacio de libertad; en la segunda, es la autoridad quien decide desterrarla, privándole de su tierra y de su libertad. Habitualmente se pone en relación con causas políticas o político religiosas o étnicas.

Aquí me referiré, sobre todo, al modelo de exilio que se dio con Nabucodonosor, o sea, impuesto por la autoridad política expansionista, que decretó el destierro en sucesivas etapas de gran parte de judíos. El exilio forzado, que no deja espacio a deliberación ninguna.

A propósito precisamente de este exilio, comenta recientemente en una monografía de carácter histórico el profesor de la Universidad de Münster, Rainer Albertz: «No era in Israel's history contributed more to theology than the exile. Vital elements that were to leave their mark on later Judaism and Christianity were reshaped or discovered in the exilic period»[1]. Según el criterio de

---

[1] R. Alberz, *Israel in Exile. The History and Literature of the Sixth Century* B.C.E., New York 2003, p. 435.

este profesor, la experiencia de Dios que hizo Israel en el exilio nunca había sido tan honda, nunca había desatado tanto sufrimiento y tanta alegría, tanta ira y tanta misericordia. El monoteísmo parece haberse cuajado aquí; el universalismo de Israel parece haber nacido ahora, etcétera.

1. LA ORACIÓN DE AZARÍAS (DN 3, 26-45 Lxx)

En esta reflexión acerca de lo que –con mucha audacia por mi parte– podríamos llamar *apuntes para una teología del exilio*, quisiera –para no perderme demasiado– sujetar voluntariamente mi discurso, contrastarlo como punto de referencia, con un pasaje bíblico, que conocemos como la *oración de Azarías*, y que pertenece a las llamadas *adiciones de Daniel*, cuya forma más antigua conocida está transmitida en griego o bien según la versión de los LXX, o bien según la de Teodoción, que muy pronto se impuso, también entre cristianos –en este caso–, a la primera de los LXX.

Las adiciones de Daniel tienen como marco la escena en la que Nabucodonosor ordena arrojar al horno de fuego a los tres jóvenes Ananías, Azarías y Misael, y se componen de un par de unidades en prosa, que sirven para enlazar unas con otras y también con la base precedente del texto de Daniel un par de piezas de carácter oracional, a saber: la oración de Azarías y el himno de los tres jóvenes en el horno. Las hipótesis acerca de la lengua, datación y contexto original se suceden sin alcanzar unanimidad en tiempos recientes. Podemos simplemente recordar ahora que un gran número de especialistas consideran que el marco histórico que mejor explica las peculiaridades de las adiciones de Daniel sería el período de persecución desencadenado por Antíoco IV Epífanes entre el 167 y el 164 a. C. en Jerusalén, cuando llegó a suprimir el culto (entre estos los hay quienes defiende un original arameo y otros que proponen un original griego); otros, en cambio, estiman que estas adiciones podrían ser fruto de algunos judíos exiliados en Egipto, después del año 100 a. C. (en esta hipótesis, siempre se considera que la lengua original sería el griego)[2].

---

2 Acerca de estas adiciones y las discusiones sin fin en torno a la lengua original de composición (se proponen tres hipótesis o hebreo, o arameo, o griego), cf. J. J. Collins, *Daniel*, Hermeneia. A Critical and Historical Commentary on the Bible, Minneapolis 1993, 189-190; 195-207; P.-M. Bogaert, "Daniel e LXX et son supplément grec", en A. S. van der Woude (ed.), *The Book of Daniel in the light of new findings*, BETL 106, Leuven 1993, 13-37; K. Koch, *Daniel 1-4*, Biblischer Kommentar Altes Testament XXII/1, Neukirchen-

Estas dos piezas, en la tradición textual creada en torno a los LXX, tuvieron además vida propia, funcionaron como pequeñas unidades literarias dentro del *Libro de las odas*, que recogía buena parte de *himnos* o *salmos*, no pertenecientes al libro de los salmos y distribuidos de modo disperso en el resto de libros de lo que hoy conocemos como Antiguo Testamento[3].

Este último dato no ha dejado de tener repercusión en la historia de la transmisión de la oración de Azarías, porque, desde este lugar destacado del *Libro de las odas*, pasó a formar parte en muchos de los ritos de la liturgia cristiana, si bien, probablemente hayamos de pensar al revés, es decir, que fue el uso de estos himnos o cánticos, no pertencientes a los salmos, en las asambleas de oración (ya entre judíos) lo que provocó su reunión en un único libro.

Con esto quiero poner de relieve que, tomar como criterio de referencia o punto de contraste, para la reflexión sobre el exilio, la oración de Azarías, significa iluminar nuestras palabras con un texto que no ha dejado de ser meditado nunca, en el occidente y en el oriente, a lo largo y ancho de la historia de la Iglesia.

En nuestra liturgia latina actual[4], al margen de la oración *secreta* recitada por el presidente durante la preparación de las ofrendas de la Eucaristía (*in spiritu humilitatis et in animo contrito suscipiamur a te, Domine, et sic fiat sacrificium nostrum in conspecto tuo hodie, ut placeat tibi, Domine Deus*), dos versos de la oración (Dn 3, 39-40) componen la antífona del cántico de Laudes (Dn 3, 52-57) en el primer domingo de Cuaresma, un centón desordenado de algunos versos (Dn 3, 31.29.30.43.42) configura la antífona de entrada del Domingo 26 del Tiempo Ordinario y del jueves de la quinta semana de Cuaresma y, por último, con algunas omisiones, lo podemos encontrar entero como cántico de Laudes en el martes de la semana IV, y reza así (Dn 3, 26-41)[5]:

Vluyn 2005, pp. 314-375; J. Joosten, "La Prière d'Azarias (Daniel LXX 3, 26-45). Première partie: la question de la langue originale", en D. Gerber y P. Keith (eds.), *Les hymnes de Nouveau Testament et leurs fonctions*, XXIIe congrès de l'Association catholique française pour l'étude de la Bible, Strasbourg 2007, Paris 2009, 373-384

3   Véase recientemente al respecto M. Harl, *Voix de louange. Les cantique bibliques dans la liturgie chrétienne*, Paris 2014.

4   Cf. A. Rose, *La prière d'Azarias (Dan 3,26-45) et le Cantique de Manassé dans la tradition* chrétienne et dans la liturgie, en *Liturgie, conversion et vie monastique*, en A. M. Triacca y A. Pistoia (eds.), *Conférences Saint-Serge XXX-V[e] semaine d'études liturgiques*, Paris 28 juin - 1er juillet 1988], Roma 1989, 296-297.

5   La traducción está tomada de la versión oficial de la *Liturgia de las horas*, salvo los versículos 30-33 y 42-45, eliminados en la actual liturgia latina, que han sido tomados de J. M. Cañas Reíllo (tr.), *Daniel*, en *La biblia griega. Septuaginta. IV Libros proféticos*, Salamanca 2015, 512-513. 514.

²⁶Bendito eres, Señor, Dios de nuestros padres,
digno de alabanza y glorioso es tu nombre.
²⁷Porque eres justo en cuanto has hecho con nosotros
y todas tus obras son verdad,
y rectos tus caminos,
y justos todos tus juicios.
²⁸Y sentencias de verdad cumpliste,
con todo lo que nos trajiste a nosotros,
y contra la ciudad santa, la de nuestros padres, Jerusalén,
ya que con verdad y juicio
hiciste todo esto por nuestras faltas.
²⁹Porque hemos pecado y cometido iniquidad
apartándonos de ti, y en todo hemos delinquido.
³⁰Y los mandatos de tu ley no obedecimos,
ni los observamos ni los cumplimos
³¹Y ahora todo cuanto nos trajiste,
con juicio verdadero lo hiciste.
³²Y nos entregaste en manos de nuestros enemigos inicuos
y de rebeldes muy enemigos,
y a un rey injusto, y el más perverso de toda la tierra.
³³Y ahora no nos es posible abrir la boca;
en vergüenza y denuesto se convirtió,
de tus siervos y de quienes te veneran.
³⁴Por el honor de tu nombre,
no nos desampares para siempre,
no rompas tu alianza,
no apartes de nosotros tu misericordia.
³⁵Por Abrahán, tu amigo;
por Isaac, tu siervo;
por Israel, tu consagrado;
³⁶a quienes prometiste
multiplicar su descendencia
como las estrellas del cielo,
como la arena de las playas marinas.
³⁷Pero ahora, Señor, somos el más pequeño
de todos los pueblos;
hoy estamos humillados por toda la tierra
a causa de nuestros pecados.

[38]En este momento no tenemos príncipes,
ni profetas, ni jefes;
ni holocausto, ni sacrificios,
ni ofrendas, ni incienso;
ni un sitio donde ofrecerte primicias,
para alcanzar misericordia.
[39]Por eso, acepta nuestro corazón contrito
y nuestro espíritu humilde,
como un holocausto de carneros y toros
o una multitud de corderos cebados.
[40]Que éste sea hoy nuestro sacrificio,
y que sea agradable en tu presencia:
porque los que en ti confían
no quedan defraudados.
[41]Ahora te seguimos de todo corazón,
te respetamos y buscamos tu rostro.
[42]No nos avergüences,
sino haz con nosotros según tu equidad
y según la abundancia de tu piedad.
[43]Y líbranos de acuerdo con tus hechos maravillosos,
y da gloria a tu nombre, Señor.
[44]Y que vacilen todos los que dan a conocer a tus siervos lo malo,
y que se angustien por toda soberanía,
y que su vigor se quebrante.
[45]Que sepan que tú eres el único Señor,
y glorioso en toda la tierra habitada.

A la oración de Azarías recurriré repetidas veces a lo largo de las líneas siguientes[6].

2. EL PRIMER EXILIO DE LA HISTORIA

Si lo pensamos bien, el exilio de los judíos en Babilonia no es el primer exilio que consideramos en la historia de salvación. El primer exilio fue ni más ni menos que

---

6   Haré también referencia a una entrevista realizada a Mirjam, una niña de Qaraqosh (Irak), que tuvo que huir a Jordania a causa del terrorismo de ISIS y cuyo vídeo se puede ver en https://www.youtube.com/watch?v=CeTytfj9UG8.

el de Adán. Leemos en el Génesis. Leo la versión de los LXX, Gn 3, 22-24: «Y dijo Dios: 'Mira, Adán se ha convertido en uno de nosotros que conoce el bien y el mal; no vaya ahora a extender la mano, tomar del árbol de la vida, comer y vivir para siempre'. Y el Señor Dios lo echó (ἐξαπέστειλεν) del jardín del deleite para que trabajar la tierra de la que fue tomado. Expulsó (ἐξέβαλεν) a Adán y lo hizo habitar delante del jardín del deleite, y colocó a los querubines y la espada flameante que se volvía para guardar el camino del árbol de la vida» (tr. N. Fernández Marcos)[7].

Filón de Alejandría, probablemente movido por alguna tradición precedente, era capaz de descubrir dos tipos de alejamiento de Adán respecto de Dios, apoyándose en los términos diferentes con que el Génesis se refería a cada uno. Aquí los he presentado en traducción de N. Fernández Marcos como *echó* y *expulsó*. Dice el Alejandrino en *De Cherubim* I, 1-2: «Ahora dice 'expulsó' mientras que antes dijo 'envió' (Gn 3, 23), no disponiendo las palabras al azar, sino ordenándolas como conocedor de los asuntos con propiedad y exactitud. Así pues, mientras el *enviado* no ha sido privado de alcanzar el retorno, el *expulsado* por Dios, en cambio, sufre un eterno destierro. En efecto, al que aún no ha sido apresado fuertemente por la maldad y se arrepiente le está permitido retornar, como quien vuelve a la patria, a la virtud de la que se apartó (δέδοται μετανοήσαντι καθάπερ εἰς πατρίδα τὴν ἀρετὴν ἀφ᾽ ἧς ἐξέπεσε κατελθεῖν); pero el que está abrumado y sometido por una violenta e incurable enfermedad, soporta, durante toda la eternidad, la pena de los inmortales horrores, después de ser arrojado al lugar de los impíos para que padezca una terrible y permanente desgracia»[8].

Esta tradición del doble destierro asomará posteriormente en autores cristianos como Teófilo o Ireneo, si bien con interpretaciones sensiblemente distintas de Filón[9]. Podemos distinguir, por consiguiente, dos modos de alejamiento de Adán: uno interino, con remedio y con esperanza; otro, definitivo, irremediable y desgraciado. Ya desde el principio de la historia, se apuntaría (con los dos exilios) entonces misteriosamente –según algunos autores judíos y cristianos– a la facultad concedida al hombre para ser liberado del distanciamiento de Dios y a una triste y ulterior posiblidad de ser condenado para siempre.

7   La Biblia griega Septuaginta I. Pentateuco, Biblioteca de Estudios Bíblicos 125, Salamanca 2008, p. 35.

8   J. P. Martín (ed.), Filón de Alejandría. Obras completas, vol. II, Madrid 2010, p. 37.

9   Cf. A. Orbe, Antropología de san Ireneo, [BAC Normal 286], Madrid 1969, pp. 339ss.

Es decir, por un lado, encontramos la expulsión o envío o destierro mitigado, fuera del Paraíso, con la esperanza de una comunión futura y plena con Dios, que contrasta definitivamente con el segundo tipo de exilio: un exilio sin esperanza, un exilio para una muerte eterna, de la que se haría acreedor el hombre en razón de su impenitencia, o sea, en razón de su incapacidad para el arrepentimiento. La misericordia de Dios no abandona al hombre, en su exilio del Paraíso, sino que le llama a conversión (*metanoia*, cf. texto anterior de Filón), y le concede tener en el horizonte de su mirada y en el contenido de sus sueños la patria (un poco como los prisioneros en Babilonia dejan volar a la imaginación –en el coro célebre de *Nabucco*– evocando la patria hermosa y perdida: *va, pensiero, sull'ali dorate*).

La expulsión de Adán fuera del Paraíso, entonces, si nos atenemos al primer exilio, no es una condena a muerte, antes bien oculta un grandísimo beneficio para el hombre. Lo aclara Teófilo Antioqueno, *Ad Autol.* II, 26, 1:

> «También Dios otorgó un gran beneficio al hombre, el que no permaneciera para siempre en pecado, sino que lo expulsó del jardín, a semejanza en cierto modo de un destierro (ἐν ὁμοιώματι ἐξορισμοῦ ἐξέβαλεν αὐτὸν ἐκ τοῦ παραδείσου), para que en un tiempo determinado (τάκτῷ ... χρόνῳ) pagara el pecado mediante el castigo, y así, educado, fuera otra vez llamado. De ahí que formado el hombre en este mundo, a modo de misterio se escribe en el Génesis como si hubiera sido puesto dos veces en el jardín (cf. Gn 2, 8. 15). Para que esto se cumpliera, fue puesto una primera vez allí; la segunda se cumpliría con la resurrección y el juicio. Y no solo esto sino que, como un vaso después de formado, si tuviere un defecto se lo vuelve a fundir o a modelar para que resulte nuevo e íntegro, así sucede también con el hombre por la muerte, virtualmente se lo hace pedazos para que se encuentre sano en la resurrección, es decir, limpio, justo e inmortal» (tr. J. P. Martín)[10].

De alguna manera este exilio beneficioso ya lo preveía el Génesis (cf. Gn 2, 22) cuando ofrecía como motivo de la expulsión el peligro que podía tener para Adán, siendo ya pecador, permanecer dentro del paraíso y alcanzar el fruto del árbol de la vida de modo que no muriese nunca y permaneciera eternamente pecador, sin posibilidad de llenarse de gloria –incompatible con el pecado persisten-

---

10 *Teófilo de Antioquía. A Autólico*, en J. P. Martín
    (ed.), FuP 16, Madrid 2004, 163.165.

te–, sin posiblidad, por tanto, de asemejarse en su cuerpo a Dios, tal como Dios se lo había prometido apenas fue plasmado. Desde este punto de vista, la *muerte* de Adán se dibuja en la historia, no sólo ni tampoco *in primis* como un castigo. Ciertamente, adopta rasgos de castigo. A nadie le gusta ser corregido, reconocerá la carta a los Hebreos, a nadie le gusta experimentar el sufrimiento y el dolor, sin más, a nadie le gusta morir fuera del Paraíso y, sin embargo, todos estamos, «como cautivos en Babilonia», bajo esta condena de la muerte.

Pero, para quien entiende con sencillez la pedagogía divina, el castigo de la muerte se convierte en medicina, en remedio y en fundamento de una esperanza cierta: la Jerusalén del cielo, la condición del hombre *sano en la resurección, limpio, justo e inmortal*, como recordaba Teófilo de Antioquía.

Por eso, este primer exilio es *como un destierro*, y no exacta y literalmente *un destierro*. Algunos de los primeros cristianos imaginaban la escena de la salida del Paraíso como la de tres amigos, donde uno de ellos (Dios) acompaña y consuela en su pena a los sentenciados (Adán y Eva), al tiempo que les hace abrigar, por encima de su tristeza, el consuelo de una esperanza cierta. Leemos en *La cueva de los tesoros* 5, 2-9:

> «Como salían del Paraíso con tristeza, Dios habló con Adán diciéndole: ‹Adán, no te apenes, porque tengas que salir del Paraíso debido a la sentencia, pues yo te devolveré tu herencia. Verás cuánto te he amado, porque aunque por tu causa yo he maldecido a la tierra, a ti te he preservado de la maldición... Como has transgredido mis mandamientos, tienes que salir, pero no te apenes, porque tras la consumación de los tiempos, debido a estas cosas que he dictado contra vosotros, que estéis *en una tierra extranjera*, en la tierra de las maldiciones, enviaré a mi Hijo, que descenderá para redimiros y habiará en una virgen. Por mi Hijo será llevada a cabo tu redención» (tr. P. González)[11].

Dios acompañaba a Adán, desde el Edén al valle de lágrimas, y no lo abandonaba, como tampoco abandonaba a los cristianos iraquíes que, en nuestros días, desde Qaraqosh han sido exiliados a Ankawa. Los que tienen la sencillez de la fe –como la pequeña Myriam– reconocen la presencia de Dios en medio de las espinas, *en tierra extranjera*, y su esperanza es *reunirse con el Amado*, como decía la letra de la canción escogida por la niña y se adivinaba en el párrafo del

---

11   *La cueva de los tesoros*, int. tr. nt. P. González
     Casado [Apócrifos cristianos 5], Madrid
     2004, p. 98.

apócrifo cristiano apenas citado: *Verás cuánto te he amado*. La permanente compañía de Dios, aún en el exilio de esta vida, aún en el destierro a Babilonia, es también implorada por Azarías en la oración presentada al inicio: *No apartes de nosotros tu misericordia* (Dn 3, 34).

Es una experiencia familiar a Israel, en tiempos de Antíoco IV, como sugiere 2 Ma 6, 16: *Por ello nunca retira la piedad de nosotros, y corrigiéndonos con sufrimientos, no abandona a su pueblo*; (y ya antes, 2 S 7, 15).

Pero había además un segundo tipo de exilio. En efecto, por otro lado, permanecería en pie, en frente del hombre, la posibilidad de caminar sin orientación por la vida, la posibilidad de vivir de espaldas al Edén. El hombre intuye que la pérdida irremisible del cielo, de la patria, que la condena no es irreal, sino que está delante de él. De hecho la sufren ya Satanás y sus ángeles, los cuales, no pudiendo morir por ser ángeles y no queriendo arrepentirse por anidar tanta maldad, envidiosos, contra el hombre, mueren de muerte eterna, sin fin. El contraste provoca que el rostro de la muerte física muestre aún un poco mejor la bondad de Dios que no quiere la condena eterna del hombre. Dice un cristiano de segunda mitad del s. II, Taciano:

> «Lo que [los demonios] llevan, pues, ahora de ventaja sobre los hombres, a saber: no morir de modo semejante a ellos, les será más amargo al llegarles la hora del castigo, porque no tendrán parte en la vida eterna, sino que, en lugar de una muerte física [*como la de los hombres*], participarán en una muerte inmortal. Y como nosotros, para quienes el morir ahora es fácil [*por tener cuerpo*], recibiremos luego la inmortalidad junto con el gozo, o la pena junto con la inmortalidad, así los demonios... tendrán luego la misma inmortalidad de los hombres que decidieron deliberadamente vivir conforme a la ley de los demonios» (*Ad Graecos* 14)[12].

El hombre tiene la triste facultad de pecar con un pecado como el del diablo y perderse para siempre, posibilidad que advierte Azarías y suplica verse libre de ella cuando dice: *No nos desampares para siempre* (3, 34), donde el acento hay que colocarlo en la locución *para siempre*, porque el Señor ya había librado a Israel en más de una ocasión. El peligro consistía ahora en que el desamparo en el que el hombre se veía situado permaneciera *para siempre*.

---

12 Citado por A. Orbe, *Antropología de san Ireneo*, pp. 353-354 (con ligera modificación).

Lejos de este escenario nefasto, Dios se empeña en amar a los hombres y espera y provoca su arrepentimiento para poder llamarles de nuevo a la herencia prometida, pero odia, en cambio, a aquél que sedujo al hombre en el principio, a Satanás. Así pensaba san Ireneo de Lyon[13] y lo confirma la pequeña Myriam de Qaraqosh. También en figura apuntaba la oración de Azarías al diablo. Bajo la aparente descripción de Nabucodonosor, el *rey injusto, el más perverso de toda la tierra*, Azarías y sus compañeros descubrían en vísperas de ser arrojados al horno de fuego, al causante de esa condena, al gran culpable, al verdadero *Nabucco*, que no es otro sino el odioso Satanás: «Y nos entregaste en manos de nuestros enemigos inicuos, y de rebeldes muy enemigos, y a un rey injusto, y el más perverso de toda la tierra» (Dn 3, 32).

La condena definitiva de estos que desean la ruina del hombre, el exilio del que no hay vuelta, vuelve a asomar al final de la oración en otros versículos: «Y que vacilen todos los que dan a conocer a tus siervos lo malo, y que se angustien por toda la soberanía, y que si vigor se quebrante» (Dn 3, 44)[14].

Para terminar este punto con el objetivo fijado en el exilio de Israel en Babilonia, podríamos entender que, asumido este planteamiento de la salida del paraíso como el primer exilio de la historia, la experiencia del exilio de Israel sería algo así como el recurso dramático del *teatro dentro del teatro*, o sea, el *exilio dentro del exilio*, con el fin de provocar la autorreflexión del espectador o, en este caso, de los que recibimos y acogemos, más que como espectadores como destinatarios directamente implicados, el capítulo del exilio babilónico como palabra de Dios para nuestra vida, como pieza imprescindible en el edificio de la fe, como conjunto de teselas que nos revelan un poco más el rostro de Dios y el espejo –no siempre pulido– del hombre, criatura modelada a Su imagen.

3. EL HOMBRE APÁTRIDA Y EN CASA

Todo exilio conlleva la pérdida de la patria, pero vayamos un poco más despacio, porque en el caso de Adán conviene indagar. ¿De dónde salió? Sin duda, perdió la morada del Paraíso, pero, la pregunta que ahora resulta oportuna plantear

---

13 *Adversus Haereses* 3, 23, 5: «En efecto, Dios odió a aquél que sedujo al hombre, en cambio, se apiadó paulatinamente de aquel que fue seducido».

14 Tanto Dn 3, 22 como 3, 44, han sido eliminados en la versión de la liturgia, probablemente por no saber cómo interpretarlos, por ignorar tal vez cómo algunos Padres habrían sido capaces de leerlos.

es: ¿era el Paraíso su patria *definitiva*? El primer exilio de la historia es del todo singular, pero es crucial comprender bien su sentido.

De nuevo, lo explica de modo admirable san Teófilo de Antioquía, cuando recuerda que Adán fue puesto en el paraíso como quien es colocado en un lugar medio:

> «Pues el hombre fue hecho intermedio, ni del todo mortal, ni completamente inmortal, capaz de ambas cosas; así como su lugar el jardín, en cuanto a su belleza, fue hecho intermedio entre el mundo y el cielo» (*Ad Autol.* II, 24, 7).

A la condición del hombre, en el origen, se corresponde también la del lugar donde vivía. El hombre no fue hecho, desde el principio, mortal, pues Dios sería entonces el causante de una muerte sin causa. Tampoco fue hecho del todo inmortal, pues entonces el hombre sería *dios* desde el principio, sin experiencia de haber sido hombre, sin experiencia del amor, una especie de absurdo, sin historia ni capacidad de agradecimiento. ¿Qué queda? Una tercera e insuperable situación: fue hecho ni mortal ni inmortal, fue hecho no mortal. Así Dios no es el causante de la muerte, y el hombre no es, desde el principio, inmortal como Dios, sino no mortal con vocación de llegar a ser inmortal. Eso es lo que Teófilo llama *medio*, *intermedio* (μέσος). Ahora bien, con esta condición intermedia aún no definitiva se corresponde un lugar, que no admite la muerte, pero que aún no se identifica con la vocación del hombre, de llegar a ser semejante a Dios e inmortal. Este lugar es el jardín, el Paraíso, que, en contra de lo que precipitadamente se asume a menudo en una catequesis un tanto depauperada no es aún el cielo.

Así las cosas, el primer exilio del hombre no supuso, en realidad, una pérdida de la patria, sino una salida del Paraíso, que no era aún su morada definitiva. Dicho de otro modo, Dios puso al hombre en el paraíso *con impulso de progreso* (cf. Teófilo, *Ad Autol.* II, 24, 6), Dios puso al hombre en la historia en condición de *peregrino*. Pero, entiéndase bien, la primera razón de la condición caminante del hombre no es haber pecado, ni haber sido expulsado del paraíso, la primera y fundamental razón del carácter caminante del hombre es su condición de creatura, desde el origen apátrida –si se permite hablar así–, con vocación de cielo y tierra nuevas, con vocación de Jerusalén celeste que desciende sobre la tierra, con vocación de verdadera patria, donde los hombres sean uno con Cristo, perfectamente semejantes a Dios, Su Padre, por el vínculo y caridad del Espíritu Santo.

Desde este punto de vista ninguna casa es definitiva para un cristiano. Es natural que lloremos la pérdida de lo que ha sido un regalo de Dios, como Myriam llora su casa y su escuela y sus amigas, y los cautivos del coro lamentan la lejanía de aquella patria, *si bella e perduta, oh membranza sì cara e fatal!* Pero por encima de lo que es necesario pero no definitivo se yergue la esperanza de la patria definitiva.

Ahora bien, esta condición de Adán y de todos sus hijos que he calificado un poco rigurosamente de *apátrida* no lo es tanto, y no lo es porque la patria que esperamos, el cielo, la Jerusalén, no será algo absolutamente distinto de lo que ya pisamos, y de lo que ya tenemos. Lo que Dios prepara al final de la historia no es una sorpresa improvisada sino una recreación de lo que ha ido entretejiendo. Los cielos nuevos y la tierra nueva tendrán algo de Madrid y de América, tendrán algo de China y del polo Ártico, tendrán el polvo de las estrellas y el coro de los planetas. Esta tierra, llena de violencia y de sangre, de espinas y exilios e injusticias, es también, desde el comienzo, la continuación ininterrumpida de la historia del Edén, y es, sobre todo, para los cristianos, la tierra que pisó el Hijo de Dios:

> *Porque hubo un día en que Tus pies pisaron sobre el agua dormida,*
> *no descansa la mar ni sosiegan sus olas,*
> *y la marea de todos los siglos deja continuamente Tus huellas en la playa,*
> *y en el corazón de todos los hombres un caracol de sangre murmura Tu*
> *presencia...*[15]

Esta aparente paradoja que se da en el hombre, entonces, de no vivir aún en el cielo y no sentirse, sin embargo, tampoco del todo arrojado a la existencia, expulsado a la tierra, es lo que concisamente, en un aparente *oxymoron*, volcó admirablemente el anónimo autor de *A Diogneto*: «Toda tierra extraña es para los cristianos su patria y toda patria les resulta extraña» (5, 5). Antes había dicho: «Todos ellos viven en sus respectivas patrias pero como extranjeros, participan en todo como ciudadanos, pero lo soportan todo como extranjeros» (5, 5)[16].

Late en estas afirmaciones, con aire de sentencias, un desarrollo de años, desde los primeros días de la Iglesia (Ef 2, 19; 2 Co 5, 6; Hb 11, 13-16, 1 Pe 2, 11), muy en consonancia con el pensamiento de algunos judíos. Repasemos las líneas de *Hebreos*: «Por la fe [Abraham] peregrinó por la tierra prometida como

---

15 L. Rosales, *Anunciación y bienaventuranza 2 (Abril)*, en *Obras completas*, vol. I, Madrid 1996, 143.

16 *Padres Apostólicos*, tr. int. nt. J. J. Ayán Calvo, Biblioteca de Patrística 50, Madrid 2000, 560. 561 (con ligera modificación).

en tierra extranjera, habitando en tiendas, lo mismo que Isaac y Jacob, cohere-deros de las mismas promesas, pues esperaba la ciudad asentada sobre cimien-tos, cuyo arquitecto y constructor es Dios… por lo cual, también de uno solo y ya gastado nacieron hijos, numerosos como las estrellas del cielo, incontables como las arenas de las orillas del mar, en la fe murieron todos ellos, sin haber conseguido el objeto de las promesas, viéndolas y saludándolas desde lejos y confesándose extraños y forasteros sobre la tierra. Los que tal dicen, claramen-te dan a entender que van en busca de una patria; pues si hubiesen pensado en la tierra de la que habían salido, habrían tenido ocasión de retornar a ella. Más bien aspiran a una mejor, a la celestial. Por eso Dios no se avergüenza de ellos, de ser llamado dios suyo, pues les tiene preparada una ciudad» (Hb 11, 8-16).

El nombre del Dios de Abraham, Isaac y Jacob lo pronunció con piedad el joven Azarías, delante del fuego inminente, sabedor de que, Babilonia y, al fin y al cabo, cualquier tierra de la que pudieran haber salido sus padres no merecía ser la patria prometida: *Por Abrahán, tu amigo, por Isaac, tu siervo, por Israel, tu consagrado, a quienes prometiste multiplicar su descendencia como las estrellas del cielo, como la arena de las playas marinas* (Dn 3, 35-36).

4. EL CULTO VERDADERO, LA ORACIÓN Y PIEDAD VERDADERAS: LITURGIA POLÍTICA

Los hombres quedamos a menudo muy por debajo de los caminos de Dios, como recuerda precisamente el profeta del exilio Isaías 55, 8: *Mis caminos no son vuestros caminos.* Cuando la Iglesia perdía sus estados pontificios al final del s. XIX, buena parte de los cristianos –incluidas las autoridades eclesiásticas– se lamentaban, y yo me pregunto, ¿qué haríamos ahora con todo ese lastre encima, si ya, con la mínima expresión de lo que es un Estado, somos continuamente criticados? ¿Quién advirtió que tras ese desastre el Señor liberaba a la iglesia de un gran obstáculo que impedía la evangelización? Hay cosas, proyectos, personas que cuando los perdemos nos salvan, pero hay otras que nos pierden si las perdemos.

Se recorren en este volumen suculentos versículos de Isaías 40, donde se expone la humillación y vergüenza de los judíos en medio del poder político y del éxito expansionista de los babilonios[17]. Asimismo se aprecia cómo debería imponerse a aquellos pobres judíos la avasalladora exhibición de la superficie

17   Cf. trabajo de I. Carbajosa.

de los templos reconstruidos por Nabucodonosor y todo el aparato cultual que lo rodeaba, las procesiones y las fiestas[18]. La procesión de los judíos iba por dentro, nunca mejor dicho. ¿Qué importancia, qué repercusión podrían tener aquellos extranjeros agrupados en Yahudu y controlados por el brazo político y administrativo babilonio?

«¿Dónde está tu Dios?», «cantadnos un cantar de Sión...» y expresiones semejantes de los babilonios a aquellos judíos humillados. Burlas ajenas, desesperaciones propias. ¿Por qué Dios –nos atreveremos a preguntarlo- ha querido destruir el Templo, Su casa? La alternativa a esta solución será confesar, como veíamos esta mañana, la debilidad de Dios, o, aún peor, un Dios que, pudiendo, no defiende nuestro derechos. En realidad, Dios ya les había dejado caer algún aviso por medio de Jeremías (cf. Jer 7, 4-16).

Comenta de modo agudo Dominique Barthélemy:

«Dios va a destruir el templo. ¿Por qué? No se trata pura y simplemente de castigar a Israel. Eso no sería exacto, al contrario. Yo diría más bien: para permitirle esa mutación definitiva; para que Israel no pueda tener un lugar en el que vuelva a encontrar sin cesar una seguridad engañosa, una confianza fácil, económica, una reconciliación adquirida por algunos gestos y un poco de dinero. Lo que Dios quiere es que el pecado de su pueblo no quede oculto tras falsas esperanzas, tras falsas reconciliaciones. Que el pueblo sepa al menos que es un pueblo pecador, que tiene necesidad del perdón del Señor. Pero el Templo, no tal cual había sido instituido sino tal y como era vivido, tal y como era practicado ese Templo se había convertido en una fácil excusa para una mala conciencia... A los ojos de Dios la existencia de Judá como reino, la existencia en su seno del Templo, son cosas que hay que destruir. Tiempo es que de este pueblo, o más bien de las ruinas de ese pueblo nazca finalmente el 'resto', el germen que va a ser suscitado para dar nacimiento a otro pueblo... Dios quiere ver destruidas las instituciones religiosas y políticas de Isarael como un maestro de obras derriba un andamiaje que no hace sino ocultar el edificio definitvo: la nueva y eterna Alianza finalmente instituida»[19].

En fin, a veces creo que es una batalla perdida. Me refiero a dar el verdadero significado cristiano al término 'liturgia'. No tengo nada contra los rituales y

---

18 Cf. el capítulo de C. Heidi en el presente volumen.

19 Cf. D. Barthélemy, *Dios y su imagen. Esbozo de una teología bíblica*, Madrid 2011, 186-188.

todo el complejo, riquísimo, muchas veces (no siempre) interesantísimo mundo de las fiestas y solemnidades que decimos 'litúrgicas', pero los cristianos olvidamos poco a poco, a partir del siglo III, y de modo mucho más avasallador a partir del giro político constantiniano y teodosiano, que nuestra liturgia en los orígenes ya no tenía necesidad de templos de piedras, ni de inciensos de India, ni de vestiduras para el culto, ni de sacerdotes al estilo de las otras religiones (por cierto, Jesús no sería sacerdote al viejo estilo, si viviera con nosotros, aventuró la Carta a los Hebreos 8, 4).

Los cristianos eran tachados de 'ateos' por los paganos, por encontrarse sin jefes, sin sacrificios, sin lugar donde ofrecer primicias, pero esta vez, ya no de modo forzado como los judíos en Babilonia, sino ahora voluntariamente. O mejor aún, los sacrificios, entre cristianos, eran ellos mismos, como había intuido Azarías, llevados cotidianamente al sacrificio (como afirma san Pablo 8, 36), elevando los ojos al cielo y llenándolo de incienso con sus súplicas y alabanzas (como sugiere el Apocalipsis 5, 8; 8, 4), viviendo una liturgia continua en el templo de su cuerpo bautizado, que rompía los esquemas de las viejas religiones.

A esto apuntaba en último término el desastre del exilio. Aquí se vislumbra uno de los aspectos positivos, muy positivos, de los caminos de Dios en el exilio. Aprender la verdadera liturgia política, que se extiende por todos los rincones de la ciudad durante todos los días de la semana porque no distingue ámbitos o tiempos sagrados, una vez que el Espíritu llovió en Pentecostés sobre toda la tierra. Aprender a rezar cuando uno se ha quedado sin nada, sin nada en lo que poder confiar de modo ilusorio. Aprender a dar culto a Dios precisamente ahora cuando uno no tiene la seguridad de la piedra, del rito, de la ofrenda económica y de los gestos externamente piadosos, como sugiere el converso P. Kéchichian:

> «A partir de la contradicción entre dos situaciones, una real otra ideal es como puede nacer la oración y elevarse, a veces, de modo imperceptible, otras veces torpe, a trompicones, pero formando, en su agotamiento mismo, la expresión de mi impotencia interior. Es precisamente la abdicación, la renuncia a cualquier presunción de poder lo que hace auténtica la oración»[20].

De modo que podríamos decir que la secularización del poder político se convierte en la garantía de la verdadera liturgia, una operación que la Iglesia em-

---

20 P. Kéchichian, *Petit éloge du catholicisme*, Paris 2009, 118.

prendió llena de entusiasmo y éxito, a mi juicio, en los primeros siglos, pero después retrocedió refugiándose en los templos y ritos que no necesitaba, quizás buscando también el apoyo de los poderosos los cuales, a su vez, también estaban interesados en el comercio de poder y culto contra el que se alzaba D. Barthélemy recordando a Jeremías.

Los versículos de Dn 3, 39-40, que felizmente inspiran, casi literalmente, la oración secreta de las ofrendas de la Eucaristía, desde la Edad media, ya habían sido adelantados por Miqueas, el salmo 50, y otros pasajes de época del exilio, recomendando un espíritu contrito, una honda pobreza de espíritu.

Comenta Jean-Yves Lacoste:

«Allí donde es vivida la pobreza voluntaria no se contenta con nacer de la liturgia –del culto- que le brinda el ejemplo puro de la existencia desapropiada: es ella misma liturgia. Toda elección de una cierta pobreza lleva consigo la crítica del divertimento: pero la crítica que la pobreza quiere aquí prolongar en las tareas cotidianas de la existencia constituye la recusación del divertirse supremo: aquel que hace olvidar lo Absoluto. Ciertamente, se trata también de saber que la muerte (el exilio, podríamos añadir hoy) juzga todo aquello de lo que el hombre se ha adueñado, pero se trata, ante todo, de hacer la liturgia coextensiva a la vida negando las estructuras de la experiencia que prohíben al ser-en-el-mundo alojar una liturgia. El pobre, así, se hace marginal en un mundo en el que la espontaneidad de la apropiación funda el derecho a la propiedad, y su marginalidad le permite tender a lo esencial. Al rechazar las solicitudes que le hace toda realidad entregada a la apropiación, gana liberta: lo Absoluto puede convertirse en su única preocupación y su presencia ante lo Absoluto puede subordinar a sí toda presencia... El hombre de quien se ha apropiado lo Absoluto no podrá aparecernos más que bajo los rasgos escandalosos del hombre disminuido»[21].

O sea, culto verdadero, renuncia de todo poder, apariencia de fracaso, esperanza cierta de salvación. Un lenguaje del que la Iglesia, hoy, especialmente quienes presidimos las celebraciones, estamos muy necesitados de escuchar. ¿Dejaremos de ambicionar el poder eclesiástico aquellos que estamos delante para parecer más disminuidos y poder así ayudar a rezar y adorar más libremente?

21   J.-Y. Lacoste, *Experiencia y absoluto*, Hermeneia 84, Salamanca 2010, 228. 230.

¿Nos seguirá encantando el señuelo de las piedras de Jerusalén o caminaremos hacia la implantación misteriosa del reino de Dios fermentado por la presencia de un resto, que no confía en los números ni en las estadísticas? Dn 3, 27: "Pero ahora, Señor, somos el más pequeño de todos los pueblos".

5. EL HOMBRE PECADOR ANTE EL DIOS JUSTO Y MISERICORDIOSO

Una de las consideraciones que desencadena, a veces, el análisis de la oración de Azarías es la constatación, con sorpresa, de la confesión que lleva en los primeros versos: «Porque hemos pecado y cometido iniquidad, apartándonos de ti, y en todo hemos delinquido. Y los mandatos de tu ley no obedecimos, ni los observamos, ni los cumplimos» (Dn 3, 29-30).

Se advierten los ecos de otros libros bíblicos como el Salmo 50, 5-6, compuesto en el destierro: *pues yo reconozco mi culpa, tengo siempre presente mi pecado, contra ti, contra ti solo pequé, cometí la maldad que aborreces.*

Aun dando por supuesta la construcción de esta pieza (y del entero libro de Daniel) en época ya postexílica, resulta literariamente difícil de entender que por boca de Azarías se realice una confesión de los pecados, siendo así que lo que conocemos de la vida de estos tres jóvenes es intachable.

La respuesta que, a veces, se ofrece trata de explorar el contexto histórico de estas ampliaciones del libro de Daniel: una situación de judíos (que ya no se encuentran en el horno de fuego, o que se encuentran en la diáspora de Egipto, cf. *supra*) para los que resulta más lejano ponerse en lugar de los tres jóvenes y que, no obstante, se identifican con ellos en la experiencia de lejanía, respecto de Jerusalén, o de sufrimiento a causa de su fe y como consecuencia de sus faltas. Parecería que, en estos versículos, el Azarías literario se distanciase marcadamente del histórico, para asemejarse más espontáneamente al eventual destinatario judío del s. II a. C.

Otra hipótesis que pone en el punto de mira el conjunto de la trama y el hilo del relato que resulta de la inserción de la oración de Azarías en el libro entero de Daniel, más en concreto, en el capítulo 3, estima que esta pieza literaria saldría al paso de una posible objeción. Si los tres jóvenes son tales cuales nos los ha presentado antes el libro de Daniel, ¿dónde está la justicia de Dios cuando tolera el curso de los acontecimientos provocados e instigados por Nabucodonosor? Este añadido, entre otras cosas, recalcaría que, lejos de tratarse de una condena injusta, el pecado de los jóvenes deja a salvo la justicia de Dios.

Así, podríamos entender los primeros versículos: «Porque eres justo en cuanto has hecho con nosotros y todas tus obras son verdad, y rectos tus caminos, y justos todos tus juicios» (Dn 3, 27). Y más explícitamente aún el final del v. 28: «Ya que con verdad y juicio hiciste todo esto por nuestras faltas». El vínculo entre la pena y la falta resulta explícito.

Ahora bien, a mí se me antoja plausible también otra explicación, muy del gusto de la mentalidad judía, donde el padre, lleva potencialmente dentro de sí, a todos sus hijos, hasta el punto de que determinadas figuras, muy representativas, en razón de su posición o elección en la historia (Adán, Abraham, Isaac, Jacob, Moisés...), en su individualidad pueden fácilmente, no obstante, ser tomadas por el pueblo entero. Es así que la cercanía a la muerte de los tres jóvenes que sentían ya, sin duda, el calor del fuego, aviva en el portavoz de ellos, Azarías, aires de súplica, no sólo por su propia suerte, sino por la del pueblo entero exiliado en Mesopotamia. Pienso que no es preciso acudir a una explicación que se distancie del contexto histórico de Babilonia. Evidentemente, *ex eventu*, en la Palestina de Antíoco o en el Egipto ptolemaico, dondequiera que esté el redactor de las adiciones de Daniel, podría muy bien extender la oración de Azarías a una confesión de los pecados en nombre del pueblo entero. Muy cerca de la doctrina, familiar a los cristianos, del pecado original y muy cerca de lo que, Juan Pablo II, calificó como *pecado social*[22], Azarías podría descubrir en sí mismo, en cuanto perteneciente al pueblo y a la historia del pueblo, una misteriosa solidaridad en el pecado.

Tanto más podría ser esta la explicación cuanto que, versículos después, los tres jóvenes parecen dispuestos a morir vicariamente por el pueblo entero: «Por eso, acepta nuestro corazón contrito y nuestro espíritu humilde, como un holocausto de carneros y toros, o una multitud de corderos cebados» (Dn 3, 39).

Ya Tertuliano, en los comienzos del s. III, era capaz de distinguir entre los *males fruto del castigo* y los *males fruto de la culpa*, haciendo exégesis al versículo difícil de escuchar, en un primer momento, de Isaías 45, 7 LXX: «Yo soy el que preparó la luz e hizo la tiniebla, el que hace la paz y crea los males». ¿Cómo así que Dios crea los males? ¿Cómo así que Dios, ya no sólo asiste pasivo, impertérrito, a la condena de Nabucodonosor, sino que aún más podría ser el creador de estos males? Tertuliano responde (en respuesta feliz que siglos más tarde retomará *expressis verbis* Agustín en sus primeras obras) que conviene diferenciar entre males y males, cf. *Adversus Marcionem* II, 14, 2:

---

22 Juan Pablo II, *Reconciliatio et paenitentia* 16.

«Ellos [los herejes], una vez que se dicen ‹males› tanto los pecados como las penas, se aferran a esta univocidad del término que abraza en sí dos especies de males, queriendo que Dios sea comprendido como autor indistinto de males, y, por tanto, proclamado como el creador de la maldad. Pero nosotros, distinguiendo entre forma y forma de mal, separando los males del pecado, por un lado, y los males de la pena, por otro, definimos para cada especie el autor que les corresponde: el diablo, creador de los males del pecado y de la culpa; Dios Creador, el autor de los males del castigo y de la pena, de modo que la primera sea considerada como malicia y la segunda como justicia, que crea los males justos para oponerse a los males del pecado».

Azarías concordaría con la impostación del tema hecho por Tertuliano. Los males del castigo y de la pena se experimentan en nombre de la justicia de Dios pues, con ellos, pretende oponerse a los males verdaderamente perniciosos para el hombre, que son los pecados, las culpas. Para erradicar el pecado y la culpa del olvido de Dios, considera Dios pedagógicamente saludable que el pueblo experimente el castigo y la pena del exilio en Babilonia, de modo análogo a como la muerte, para el Adán exiliado fuera del Paraíso, se convirtió en un mismo tiempo en castigo y remedio: castigo que le introdujo la novedad del dolor y de la violencia de la muerte y remedio que atajó para siempre la supervivencia del cuerpo que había pecado, facilitando así su renovación, su resurrección en un estado limpio, justo e inocente.

Desde esta perspectiva, la oración de Azarías puede aún ganar en resonancia, abriéndose a compartir la pena por excelencia de los hombres, la pena del exilio o muerte. En alguna de las exposiciones históricas que el pueblo judío hizo del exilio se acentúa al máximo esta vertiente del mal del castigo, infligido por Dios, a causa de las abominaciones cometidas por Manasés (697-642 a. C.), con términos ciertamente contundentes y muy poco esperanzadores: «Por causa de las cosas que hizo Manassés rey de Judá, estas abominaciones... y porque también indujo al pecado a Judá con sus ídolos... Yo traigo desgracias sobre Jerusalén y sobre Judá... Y borraré a Jerusalén como se borra la tablilla y se abatirá su rostro. Y borraré el resto de mi heredad y los entregaré a manos de sus enemigos, y serán botín y pillaje para todos sus enemigos, porque renunciaron a ir en pos de mí...» (1 Re 21, 11. 12. 13-15 Lxx)[23].

---

23 Cf. R. Alberz, *Israel in Exile*, 8 ss.

En esta perspectiva de la exterminación total del pueblo se apoyaría la oración de Azarías, solidarizándose con todos los hombres, que no quieren ser exterminados del todo, si bien reconocen la justicia de la pena infligida por Dios. La experiencia del sufrimiento dilata el corazón del hombre haciéndolo más capaz de compadecerse de la suerte de todos los hombres. La experiencia del dolor nos hace a los hombres partícipes de una historia mucho más grande que la nuestra, que comienza en Adán y culminará en la Jerusalén del cielo, partícipes –digo– de una historia en la que heredamos deudas, penas, inmerecidas, si se quiere, desproporcionadas, pero también y mucho más, bendiciones inimaginables, *que el ojo no vio ni el oído oyó ni la mente del hombre puede concebir*. La experiencia cristiana del dolor ensanchándonos y triturándonos nos hace, en una palabra, disponibles para la acción benefactora de Dios: «Por eso, acepta nuestro corazón contrito y nuestro espíritu humilde».

En la línea de la oración de Azarías se habría adelantado ya en época del exilio el cuarto cántico del siervo con la figura enigmática de un justo, que probaba la amargura del mal, en bien de todos los pueblos, que no abría la boca y era llevado como cordero y siervo, a un mismo tiempo (cf. Is 52-53).

En definitiva, creo que la intuición de esta experiencia de Jesús, el Siervo y cordero de Dios, es lo que está detrás de la oración de Azarías en nombre del pueblo entero. Al igual que la niña Myriam, que no está enfadada con Dios, después de haber sido 'injustamente' deportada, también Azarías, 'injustamente' condenado, descubre en los renglones torcidos de Dios un proceder justo que convierte el castigo en remedio que abre misericordiosamente a la esperanza, y la experiencia amarga del mal en un acicate para entregarse a la dulzura del bien siguiendo los pasos de Dios.

Aún más, podríamos decir, por supuesto que nadie es inocente delante de Dios, ni Azarías ni los niños, pero que, en la medida en que un justo sufre dentro del nuevo Adán, dentro del cuerpo de Cristo, que es Él, cabeza, y todo sus descendientes el pueblo, se une a la petición de uno por todos: "No nos avergüences, sino haz con nosotros según tu equidad y según la abundancia de tu piedad", con justicia y misericordia.

6. LA LIBERTAD DEL HOMBRE EN EL EXILIO Y RESPECTO DEL PASADO

Sólo el mal ha podido conducir al hombre a la experiencia del exilio, que es tanto decir como la muerte. Ya sea el mal propio de la culpa cometida, ya sea el mal de la pena impuesta, en solidaridad con todo el linaje humano. Poco importa ahora. Ha llegado el momento en el que la pena ordena al hombre detenerse y sentarse, colgar el arpa y callar, como apunta Azarías: «Y ahora no nos es posible abrir la boca»; la vida y la existencia se convierten en pasado, las posibilidades de vivir parecen que se van estrechando. Llega el tiempo de experimentar los versos de Machado:

> Al borde del sendero un día nos sentamos.
> Ya nuestra vida es tiempo, y nuestra sola cuita
> son las desesperantes posturas que tomamos
> para aguardar... Mas Ella no faltará a la cita.

El hombre, sentado, llora. *Nadie llora de pie, no lo olvidéis*, escribía otro poeta[24]. Igual que los judíos junto a los canales de Babilonia, se sentaron a llorar, pero en el llanto de la pérdida Dios provoca por contraste el recuerdo del bien perdido, convirtiendo con magnanimidad y misericordia la experiencia del mal que Dios nunca quiso en un deseo renovado de adherirse inquebrantablemente al bien que Él siempre quiso para el hombre.

Lo dice Ireneo: «El hombre empero dio cabida al conocimiento del bien y del mal. Es cosa buena obedecer a Dios y prestarle fe y guardar su precepto; tal es la Vida del hombre. Así como es cosa mala no obedecer a Dios; y ésa es su muerte. Merced por tanto a la magnanimidad de Dios, conoció el hombre el bien de la obediencia y el mal de la desobediencia, a fin de que, al tener el ojo de la mente la experiencia de ambos, elija con discreción lo mejor; y jamás se vuelva desidioso ni negligene para el precepto de Dios; y conociendo por experiencia qué malo es lo que le quita a uno la Vida, esto es, no obedecer a Dios, ni lo intente nunca siquiera; y sabiendo, en cambio, qué bueno es lo que sostiene la Vida, esto es, obedecer a Dios, lo custodie esmeradamente con todo empeño... Pues la aprehensión de lo que tenemos delante es más firme e in-

---

24 Cf. L. Rosales, *La última alegría* (*El contenido del corazón*), en *Obras completas*, vol. I, 369.

contestable que la conjetura venida de sospecha. Pues así como la lengua experimenta, mediante el gusto, lo dulce y lo amargo; y el ojo discierne... lo negro de lo blanco; y el oído... la diferencia de sonidos; así también el intelecto, por tener conocimiento del bien, mediante la experiencia de ambos, se afianza más para conservarlo, con la obediencia a Dios...» (Adv. Haer. IV, 39, 1)[25].

Comenta A. Orbe, p. 522, *ad loc.*: «El pecador, con la experiencia del mal, entiende y aprecia mejor el bien que si sólo hubiera experimentado el bien»[26]. No por eso es preferible pecar a conocer el mal en teoría, no. Esto, lo que pone de manifiesto es los planes elevados, siempre más altos de Dios, cuando se trata de ayudar al hombre en peligro, al hombre en exilio.

Algo parecido versificó el diácono san Efrén, precisamente en Mesopotamia:

> «Cuando un hombre, en efecto, tiene en sí la salud, y sólo sabe con su mente, lo que es la enfermedad, lo que tiene, le ayuda, y lo que sabe, le beneficia. Pero cuando uno ha caído en la enfermedad, y con su mente sabe en qué consiste la salud, su dolor le maltrata y su saber le atormenta. Si Adán hubiese vencido, se habría ganado la gloria para sus miembros, y el dolor, sólo para saber lo que era. Hubiera resplandecido en sus miembros y crecido en su saber. La serpiente hizo que sucediera al revés: le hizo gustar la humillación, de hecho, y la gloria, sólo en la memoria, de modo que se avergonzase de su hallazgo, y llorase por su pérdida»[27] (tr. F. J. Martínez).

El llanto del pecado aviva el deseo del bien perdido, para salir del tormento de la distancia de Dios.

La experiencia del exilio, *si vivido en compañía de Dios*, conduce a negar que existan tres tiempos, pasado, presente y futuro, distribución en la que el pasado parece colgar de nosotros como una rueda de molino sobre el cuello, recordándonos todo lo que hemos delinquido y, más aún, todo (¡cuánto será!) lo que no hemos amado. La experiencia de sentarse llorando delante del Dios de Abraham, Isaac y Jacob es liberadora, porque convierte la amargura del pecado en deseo de gracia y reconciliación. El pasado no pasó fatalmente, está vivo en nuestras manos. La pérdida no es fatal, como cantan los esclavos del coro de Nabucco. El futuro no es sombrío y atado. Está también contigo. El

25   A. Orbe, *Teología de san Ireneo*, vol. IV, BAC Maior 53, Madrid 1996, 521-523.

26   Orbe, *Teología de san Ireneo*, vol. IV, 522.

27   *San Efrén de Nísibe. Himnos sobre el paraíso* 3, 11-12, tr. int. nt. F. J. Martínez, Granada 2017, pp. 57-58.

hombre que llora en el exilio descubre lo de Agustín, que existe sólo un tiempo: el presente, con tres modalidades: memoria presente de las cosas *pasadas*, visión presente de las cosas *presentes*, expectación presente de las cosas *futuras* (*Confesiones* XI, 20, 26). Dios devuelve al hombre la libertad sobre su historia y el hombre puede volver a cantar... como Myriam en Ankaba y los judíos en Babilonia.

BIBLIOGRAFÍA

R. Alberz, *Israel in Exile. The History and Literature of the Sixth Century* B.C.E., New York 2003.

D. Barthélemy, *Dios y su imagen. Esbozo de una teología bíblica*, Madrid 2011.

P.-M. Bogaert, "Daniel e LXX et son supplément grec", en A. S. van der Woude (ed.), *The Book of Daniel in the light of new findings*, BETL 106, Leuven 1993, 13-37.

J. M. Cañas Reíllo (tr.), *Daniel*, en *La biblia griega. Septuaginta. IV Libros proféticos*, Salamanca 2015.

J. J. Collins, *Daniel, Hermeneia. A Critical and Historical Commentary on the Bible*, Minneapolis 1993.

M. Harl, *Voix de louange. Les cantique bibliques dans la liturgie chrétienne*, Paris 2014.

P. Kéchichian, *Petit éloge du catholicisme*, Paris 2009.

J. Joosten, "La Prière d'Azarias (Daniel LXX 3, 26-45). Première partie: la question de la langue originale", en D. Gerber y P. Keith (eds.), *Les hymnes de Nouveau Testament et leurs fonctions*, XXIIe congrès de l'Association catholique française pour l'étude de la Bible, Strasbourg 2007, Paris 2009, 373-384.

K. Koch, *Daniel 1-4*, Biblischer Kommentar Altes Testament XXII/1, Neukirchen-Vluyn 2005.

J.-Y. Lacoste, *Experiencia y absoluto*, Hermeneia 84, Salamanca 2010.

J. P. Martín (ed.), *Filón de Alejandría. Obras completas*, vol. II, Madrid 2010.

A. Orbe, *Antropología de san Ireneo*, BAC Normal 286, Madrid 1969.

—*Teología de san Ireneo*, vol. IV, BAC Maior 53, Madrid 1996.

L. Rosales, *Anunciación y bienaventuranza 2* (*Abril*), en *Obras completas*, vol. I, Madrid 1996.

A. Rose, *La prière d'Azarias (Dan 3,26-45) et le Cantique de Manassé dans la tradition chrétienne et dans la liturgie*, en *Liturgie, conversion et vie monastique*, en

A. M. Triacca y A. Pistoia (eds.), *Conférences Saint-Serge XXXVᵉ semaine d'étu-des liturgiques*, Paris 28 juin - 1ᵉʳ juillet 1988], Roma 1989, 293-305.

Teófilo de Antioquía. A Autólico, en J. P. Martín (ed.), FuP 16, Madrid 2004.

PATRICIO DE NAVASCUÉS BENLLOCH

EDICIONES UNIVERSIDAD SAN DÁMASO

Pedidos a SOLUZIONO I T. 91 447 35 66 I info@soluziono.com I www.soluziono.com
Catálogo completo en: www.sandamaso.es/tienda

TYPOS

1   TOMÁS RODRÍGUEZ HEVIA, *Filón de Alejandría. De Ebrietate. El uso de los tópicos filosóficos griegos* (2018) 412 pp. ISBN: 978-84-16639-81-6 [25 €]

FILIACIÓN

9   ANDRÉS SÁEZ GUTIÉRREZ – PATRICIO DE NAVASCUÉS BENLLOCH – CLARA SANVITO, *Cultura pagana. Religión de Israel. Orígenes y difusión del cristianismo* (2023) 215 pp. ISBN: 978-84-17561-73-4 [15 €]

8   A. SÁEZ GUTIÉRREZ – L. FLAMENCO GARCÍA – R. OLIVA MARTÍNEZ (eds.), *Filiación. Cultura pagana, religión de Israel, orígenes y difusión del cristianismo* (Trotta – Fundación San Justino, Madrid 2020)

7   A. SÁEZ GUTIÉRREZ – G. CANO GÓMEZ – C. SANVITO (eds.), *Filiación. Cultura pagana, religión de Israel, orígenes del cristianismo. Gnosis, Valentín, valentinianos* (Trotta – Fundación San Justino, Madrid 2018)

6   A. SÁEZ GUTIÉRREZ – G. CANO GÓMEZ – C. SANVITO (eds.), *Filiación. Cultura pagana, religión de Israel, orígenes del cristianismo. La filiación en Clemente de Alejandría* (Trotta – Fundación San Justino, Madrid 2015)

5   P. DE NAVASCUÉS BENLLOCH – M. CRESPO LOSADA – A. SÁEZ GUTIÉRREZ (eds.), *Filiación. Cultura pagana, religión de Israel, orígenes del cristianismo* (Trotta – Fundación San Justino, Madrid 2013)

4   P. DE NAVASCUÉS BENLLOCH – M. CRESPO LOSADA – A. SÁEZ GUTIÉRREZ (eds.), *Filiación. Cultura pagana, religión de Israel, orígenes del cristianismo* (Trotta – Fundación San Justino, Madrid 2012)

3   P. DE NAVASCUÉS BENLLOCH – M. CRESPO LOSADA – A. SÁEZ GUTIÉRREZ (eds.), *Filiación. Cultura pagana, religión de Israel, orígenes del cristianismo* (Trotta – Fundación San Justino, Madrid 2011)

2   J. J. AYÁN CALVO – P. DE NAVASCUÉS BENLLOCH – M. AROZTEGI ESNAOLA (eds.), *Filiación. Cultura pagana, religión de Israel, orígenes del cristianismo* (Trotta, Madrid 2007)

1   J. J. AYÁN CALVO – P. DE NAVASCUÉS BENLLOCH – M. AROZTEGI ESNAOLA (eds.), *Filiación. Cultura pagana, religión de Israel, orígenes del cristianismo* (Trotta, Madrid 2005)

TEOPOÉTICA

6   JOSÉ LARA GARRIDO, *La poesía de la contemplación. Relectura de la* Carta para Arias Montano *de Francisco de Aldana* (2023) 258 pp. ISBN: 978-84-17561-65-9 [20 €]

5   GUILLERMO JOSÉ CANO GÓMEZ (ed.), Ianua Coeli. *Umbrales y transiciones en la poesía religiosa* (2021) 275 pp. ISBN: 978-84-17561-25-3 [20 €]

4   ÁLVARO CANCELA CILLERUELO (ed.), Sermo silens: *La voz y el silencio en la poesía religiosa* (2019) 272 pp. ISBN: 978-84-17561-00-0 [20 €]